MW00658919

27-1-78

134 = 7

R-132069

FA 757

LAS CONFESIONES

DE NUESTRO GRAN PADRE

SAN AGUSTIN,

ENTERAMENTE CONFORMES

Á LA EDICION DE SAN MAURO:

TRADUCIDAS DEL LATIN AL CSTELLANO, É ILUSTRADAS CON VARIAS NOTAS TEOLÓGICAS Y CRÍTICAS

POR EL R. P. Fr. EUGENIO ZEBALLOS,
del órden de San Agustin, Maestro de sagrada teología, del número de esta provincia de Castilla, y ex-Difinidor general en San Felipe el Real de Madrid.

CUARTA EDICION,

corregida y aumentada por los continuadores de la España Sagrada.

TOMO SEGUNDO.

CON PRIVILEGIO:

MADRID: IMPRENTA DE DON RAMON VERGES.

AÑO DE 1824.

BIBLIOTECA U... F.L. MADRID

b 19401929
27138203

CONFESIONES
DE NUESTRO GRAN PADRE
SAN AGUSTIN.

LIBRO IX.

Vase Agustino con su madre y los demas compa- [illegible] á la quinta de Verecundo. Renuncia la [illegible] de retórica, y se ocupa en escribir libros. Despues á su tiempo vuelve á Milan, donde con Alipio y Adeodato recibe el bautismo. Desde alli dispone volverse á Africa en compañía de su madre y los demas. Despues refiere la vida de su santa madre, y la muerte que tuvo estando en el puerto de Ostia. Y finalmente, cuenta piadosa y elegantemente su sentimiento y llanto, como amante y buen hijo de tal madre.

CAPÍTULO PRIMERO.

Reconociendo Agustino su miseria, alaba lá suma bondad de Dios.

1 Yo, *Señor*, puedo decir con David, *soi vuestro siervo : yo soy vuestro sier-*

vo, *é hijo de una sierva vuestra. Ya que habeis hecho pedazos mis prisiones*, *quiero por tan grande beneficio tributaros sacrificio de alabanzas* (1). Alábeos mi corazon y mi lengua, y todos mis sentidos y potencias digan: *Señor*, *¿quien hay semejante á Vos* (2)? Y Vos, Señor, dignaos de responderme, *y decid á mi alma: Yo soy tu salud* (3).

¿Quien soy yo? ¿y qué tal he sido? ¿Qué les ha faltado de iniquidad á mis obras; y cuando no á mis obras, á mis palabras; cuando no á mis palabras, á los deseos y afectos de mi voluntad? Pero Vos, Señor, conmigo procedisteis como bueno y misericordioso: vuestra mano me fue tan favorable y poderosa, que me sacó de lo profundo de la muerte en que estaba sumergido, y agotó la maldad de mi corazon, que estaba hecho un abismo de corrupcion é iniquidad. Todo esto se reducia á que yo no quisiese (a) ya lo que

(1) Ps. 115. 16. 17 (2) Id. 82. 2.
(3) Id. 34. 3.
(a) En todas las ediciones anteriores á la de San Mauro se lee esta cláusula de este mo-

antes quería, y quisiese lo que Vos queríais. Pero durante toda aquella multitud de años ¿dónde estaba mi libre albedrío? ¿y de qué profundo y escondido seno hubo que sacarle repentinamente, redentor y favorecedor mio Jesucristo, para que libre y voluntariamente sugetase mi cerviz á *vuestro suave yugo*, y mis hombros á *vuestra ligera carga* (1)?

¡Oh cuán dulce y gustoso se me hizo repentinamente el carecer de unos deleites, que no eran mas que simplezas y va-

do: *Et hoc erat totum nolle quod volébas, & velle quod nolébas*: y todo esto era mi corazon, por no querer lo que vos queríais, y querer lo que Vos no queríais. Pero la edicion de San Mauro prefiere la leccion de muchos manuscritos, que dicen: *Et hoc erat totum nolle quod volêbam, & velle quod volèbas*; de modo que haga este sentido: *Todo esto* (que vuestra mano poderosa hizo en mi corazon) *era para que no quisiese ya lo que antes quería, y quisiese lo que Vos queríais*. Y aunque entrambas lecciones hacen buen sentido, y contienen buena doctrina, he preferido en el testo la que se califica de *optima* en la edicion citada, y en la del P. J. M. tambien.

(1) Mat. 130. 1.

nidades! Pues si antes me daba susto el perderlos, despues me daba gusto el dejarlos. Porque Vos, Señor, que sois el verdadero y sumo deleite, los echabais fuera de mi alma; y no solamente los echabais fuera, sino que en su lugar entrabais Vos, que sois dulzura soberana y superior á todos los deleites, aunque imperceptible por los sentidos de la carne y sangre: entrabais Vos, que sois mas claro, hermoso y transparente que toda luz, aunque mas escondido y secreto que todo cuanto hay secreto y escondido: entrabais Vos, que sois mas escelso, sublime y elevado que todos los honores, aunque no para aquellos que se tienen por grandes en sí mismos.

Ya mi alma se veia libre de los cuidados que causa la ambicion de las dignidades, la codicia de los intereses, y el deseo de saciar sus apetitos, y de hallar medios con que avivarlos y escitarlos á los deleites sensuales; y solo me gustaba hablar de Vos, que sois mi gloria y mis riquezas, mi salud, mi Dios y mi Señor.

CAPÍTULO II.

Dilata Agustino renunciar la cátedra de retórica hasta que llegasen las vacaciones del tiempo de la vendimia.

2 También determiné, habiéndolo considerado delante de Vos, que me convenia dejar la cátedra de retórica que regentaba, pero no luego al punto y arrebatadamente, sino irme poco á poco retirando de aquella ocupacion, en que con el ministerio de mi lengua hacia comercio de la locuacidad, para que de alli adelante no comprasen de mi boca las armas de la eloquencia los jóvenes estudiantes, que en lugar de aprovecharse de ellas para la observancia y cumplimiento de vuestra ley, y para conservar vuestra paz, habian de servirse de ellas para cabilaciones engañosas, y esplicar su furor en los pleitos y contiendas de los tribunales.

A esta mi determinacion favoreció la oportunidad, pues faltaban ya pocos dias para las vacaciones de las vendimias: y resolví aguardar aquel poco tiempo para retirarme pública y solemnemente, y no volver á vender mi enseñanza y doctrina despues que me habia rescatado vuestra gracia.

Este mi designio era solamente manifiesto á Vos y á los amigos y familiares que vivian conmigo; pero respecto de los demas estaba reservado. Y todos nosotros habiamos convenido en que no se divulgase nuestro intento, no obstante que Vos, Señor, á los que ya ibamos *subiendo desde este valle de lágrimas* (a), y cantando alegremente *el cántico de los grados* (1), nos habiais armado y prevenido de las *saetas agudas y encendidas ascuas*, que sirven para resistir á las *lenguas engañosas* (2) de los falsos amigos, que so color de dar consejo se oponen á nuestros buenos intentos, y con pretesto de amarnos nos destruyen, asi como acostumbra la lengua

(a) Este nombre, que aun se conserva en la liturgia, se da á quince salmos, que son el 119 y los 14 siguientes. Los intérpretes no convienen en asignar la razon de este nombre. *Véase á Mathei, tom. 6. pág. 5.*

(1) Ps. 83. 7. (2) Id. 119. 4.

hacer con el manjar, que por quererle, le deshace y consume.

3 Las saetas de vuestro amor y caridad habian traspasado ya mi corazon, y tenia atravesadas vuestras palabras en lo íntimo de mi alma; y ademas de eso, los egemplos de vuestros fervorosos siervos, que vuestra gracia habia hecho pasar de las tinieblas á la luz, y de la muerte á la vida, reunidos todos en el seno de mi memoria é imaginacion, eran como unas brasas encendidas, que quemaban y consumian todo el material pasado de los afectos terrenos, para que su gravedad no me arrastrase á las cosas de este mundo; y encendian en mi corazon tan activo fuego, que cualquier aire de contradiccion que saliese de semejantes bocas y lenguas engañosas, mas pudiera servir para avivarle que para estinguirle.

Por otra parte, siendo la santidad de vuestro nombre tan conocida y alabada en todo el mundo, es cierto que aquel buen deseo y determinacion que habiamos tomado, tendria tambien muchos que la alabasen y aplaudiesen: y podria parecer especie de jactancia no aguardar aquel poco tiempo que faltaba para las vacaciones, sino antes de que llegasen renunciar la cátedra, y retirarme enteramente de aquella mi profesion de retórica, que era pública, y todos sabian que era yo el que la enseñaba; porque esto seria llamar la atencion de todos los que vieran el hecho de mi renuncia y dimision, y darles motivo de que hablasen mil cosas, y digesen que determinadamente la habia anticipado á las vacaciones que estaban tan próximas, para que se hablase de mí, y se digese que parece deseaba ser tenido y reputado por persona de provecho, y por un hombre grande. ¿Y que necesidad tenia yo de darles motivo de hablar asi, y de que se pensase de mí con variedad, ni de que se dividiesen en dictámenes sobre mi intencion, y se hablase mucho y mal de nuestro bien?

4 Fuera de que tambien en aquel mismo verano esperimentaba que el pulmon se me habia comenzado á fatigar y ceder á mi escesiva aplicacion y trabajo; y con la dificil respiracion y dolores del pecho significaba estar algo lastimado, y no podia hablar en voz alta,

ni por mucho tiempo: lo que al principio me dió algun cuidado, viéndome casi obligado ya por necesidad á dejar la carga de enseñar la retórica, ó á lo menos á interrumpir por algun tiempo la enseñanza, mientras procurase curarme y convalecer. Pero bien sabeis, Dios mio, que luego que en mi corazon nació y se confirmó aquel deseo de dejarlo todo, y entregarme únicamente á Vos, y á meditar que Vos sois mi Dios y mi Señor, comencé tambien á alegrarme, por tener esta escusa verdadera con que templar el sentimiento de los hombres, que por el amor de sus hijos no querian que yo me viese nunca libre de la obligacion y carga de enseñarlos.

Lleno pues de esta alegría iba aguantando aquel espacio de tiempo, hasta que se acabase de pasar, que no sé si eran veinte dias cabales los que faltaban; pero los toleré constantemente, pues aunque ya me habia dejado la codicia, que era la que me ayudaba antes á llevar aquel pesado empleo, sucedió la paciencia en su lugar á darme fuerzas, para que el peso no me oprimiese enteramente llevándole yo solo,

Puede ser que alguno de vuestros siervos y hermanos mios digan que hice mal, y pequé en aguardar aquel poco tiempo; que teniendo ya mi corazon lleno de deseos y determinaciones de seguir la milicia cristiana, no debia haber permanecido, ni estar sentado siquiera por una hora en la cátedra de la mentira.

No porfio sobre esto. Pero vuestra infinita misericordia, Dios y Señor mio, ¿no me ha perdonado ya tambien este pecado, juntamente con todos los demas tan horrendos y mortales, en las santas aguas del bautismo?

CAPITULO III.

Como Verecundo le cedió á Agustino una casa de campo en que viviese, mientras llegaba el tiempo de recibir el bautismo.

5 Verecundo, muy amigo nuestro, que estaba casado con una cristiana, aunque él no era cristiano todavia, sabiendo nuestro buen propósito, y la resolucion que habiamos tomado, se consumia de pena y sentimiento, porque veia que le era

forzoso privarse de nuestra compañía, por la multitud de sus negocios é impedimentos, de que no podia desprenderse y desembarazarse, y especialmente porque siendo casado, era la muger un grillete que le oprimia y estorbaba mucho mas que todo el poder seguir nuestro camino, y abrazar el género de vida que habiamos comenzado. Ademas de esto, él decia que no queria ser cristiano (a) sino de aquel modo, del cual no podia serlo. Pero nos ofreció con toda benignidad y franqueza una casa de campo que tenia, para que la habitasemos todo el tiempo que nos habiamos de detener en Milan.

Dignaos, Señor, de pagarle esta buena obra en la resurreccion de los justos, supuesto que ya le concedisteis ser contado entre ellos. Pues cuando estabamos ya en Roma, aunque ausente de nosotros, se

(a) No queria Verecundo abrazar el cristianismo, sino siguiendo aquel método de vida que Agustino y los suyos habian proyectado, y libre de la compañía de muger; y como esto no podia ser viviendo ella, por eso decia que no queria ser cristiano sino de un modo que no le era posible.

hizo cristiano en una enfermedad que padeció, y partió de esta vida marcado con el sello de la fe: en lo cual, Señor, no solamente tuvisteis misericordia de él, sino tambien de nosotros, para que no fuesemos continua y cruelmente atormentados con la pena y dolor intolerable de no poder contar en vuestro rebaño á un tal amigo, que tan generosa y escelentemente se habia portado con nosotros.

Gracias á Vos, Señor, que somos de los vuestros, como lo dan á entender las mismas exhórtaciones que nos haceis, y los mismos consuelos que nos dais. Como tan fiel en vuestras promesas, esperamos que por aquella heredad que nos cedio Verecundo (llamada Casiciaco, en que descansamos en Vos de las fatigas del siglo), despues de haberle perdonado los pecados que cometió en este mundo, le dareis la eterna amenidad de vuestro paraiso, que nunca se marchita, y está colocado en aquel monte pingüe, monte vuestro, monte fertilísimo.

6 Angustiábase pues con nuestra determinacion el amigo Verecundo; pero se alegraba estremadamente Nebridio. Pues

aunque él tampoco era cristiano todavía, y habia caido tambien antes de ahora en el pernicioso error de creer que el cuerpo de vuestro Hijo, que es la verdad por esencia, era aparente y fantástico, no obstante ya habia salido de aquel error, y se estaba asi sin haber recibido todavía sacramento alguno de los preparatorios (a) que usa vuestra Iglesia, pero era grandísimo y vigilantísimo indagador de la verdad. El cual poco despues de nuestra Conversion y regeneracion por vuestro santo bautismo, se hizo tambien católico cristiano: y habiendo vuelto al Africa, vivió entre sus parientes observando continencia y castidad perfecta, y despues de haber hecho cristianos á todos los de su casa, fuisteis servido de sacarle de esta vida, y ahora vive en el seno de Abrahan (1).

(a) Llámanse sacramentos preparatorios para el bautismo los exorcismos, las señales de la ✠ que se hacian sobre los catecúmenos, la sal misteriosa que se les daba: todo lo cual por ser cosas sagradas y misteriosas, pueden llamarse sacramentos preparatorios, que es la frase con que tambien se esplica el P. J. M.

(1) Luc 10·22.

Sea lo que fuere lo que se entiende y significa por aquel seno, en él vive mi Nebridio: alli vive mi dulce amigo, á quien Vos, Señor, primeramente sacasteis de la sugecion de esclavo, y despues le hicisteis hijo adoptivo vuestro. Porque ¿que otro lugar correspondia á una alma como la suya? Ahora pues vive él en aquel seno, acerca del cual solia él preguntarme muchas cosas, siendo yo un hombrecillo ignorante y sin esperiencia de ellas. Ya no aplica sus oidos á mi boca para escuchar mis respuestas; sino que como eternamente bienaventurado, pone la boca de su alma á la fuente inagotable de la vida, que sois Vos, y bebe cuanto quiere y cuanto puede de vuestra infinita sabiduría. Pero juzgo que por mucho que se embriague bebiendo sin cesar de ella, no se ha de olvidar de mí; cuando Vos, Señor, que sois esa misma fuente de que él bebe, os acordais de mí.

Asi pues nos hallabamos entonces, por una parte consolando á Verecundo, que sin faltar á la amistad se entristecia del método de vida que abrazabamos por nuestra conversion: y al mismo tiempo exhortándole á que abrazase vuestra fe, y os sirviese en aquel grado que le correspondia, esto es, en el mismo estado del matrimonio en que se hallaba; y por otra parte aguardando que nos acompañase Nebridio, que facilísimamente podia egecutarlo, y estaba ya para hacerlo prontamente. Con esto se pasaron finalmente aquellos dias que se me hicieron largos y muchos, por el deseo que tenia de verme desocupado, para cantaros con todas las potencias de mi alma aquel verso de David: *Señor, mi corazon os ha dicho que yo he buscado la luz de vuestro rostro: y vuestro rostro, Señor, he de buscar* (1).

(1) Ps. 26. 8.

CAPÍTULO IV.

De los libros que escribió despues de retirado con todos los suyos á la dicha heredad de Casiciaco, de las cartas á Nebridio; efectos que esperimentaba leyendo los salmos, y como sanó milagrosamente de un vehementísimo dolor de dientes.

7 Llegó por fin el dia en que efectivamente habia de exonerarme del empleo de maestro de retórica, como ya lo estaba con la intencion y la voluntad. Efectuóse la dimision de dicho empleo, con lo cual sacasteis á mi lengua de las prisiones y grillos, de que ya habiais sacado mi corazon, y yo lleno de gozo, y dándoos muchas gracias por ello, me retiré á la quinta de Verecundo con todos los amigos (a).

(a) A la quinta Casiciaco, que era propia de Verecundo, acompañándole su madre, Alipio y otros, entre los cuales se han de contar su hijo Adeodato, Navigio, su hermano, Trigecio y Licencio paisanos y discípulos suyos, Lastidiano y Rústico, sus primos,

Los libros que assí compuse, ya de las materias que trataba y controvertia con mis compañeros, ya conmigo (a) solo y en presencia vuestra, y las cartas que escribí á Nebridio que estaba ausente, testifican la casta de estudios en que me ocupaba entonces; pues todas aquellas obras las escribí y ordené á vuestro servicio, no obstante que conservan todavía algun resabio de la escuela de la vanidad, lo cual puede compararse con aquel jadear y difícil respiracion del que va corriendo, que le dura aun despues de estar parado (b).

y tambien Evodio, como él mismo dice en los libros *de Ordine*, *de Vita-beata*, y *contra Académicos*. Y durante su estancia en Casiciaco, fue cuando vió el monasterio que habia fuera de Milan, de donde volvió muy edificado del método de vida que tenian aquellos solitarios, como el refiere en el libro *de Móribus Eccl.* 33.

(a) Los primeros de que el Santo habla, son los que acabo de nombrar en la nota anterior, y estos segundos, que dice los compuso hablando consigo mismo, fueron los *Soliloquios*, que los escribió inmediatamente despues de los otros citados.

(b) Por no entender bien los traductores

¿Pero que tiempo bastaria para que yo refiriese por menor los grandes beneficios que Vos me hicisteis en todo aquel tiempo, especialmente metiéndome mucha prisa el deseo de llegar á referir otras mayores mercedes? Porque me esta llamando, y me deleita mucho verdaderamente, el acordarme, Señor, y publicar ahora, con qué interiores estímulos domasteis mi ferocidad, y de qué modo allanasteis en mí los montes y collados de mis altivos pensamientos, enderezasteis mis caminos torcidos, y suavizasteis los ásperos y fragosos; y de qué modo tambien á Alipio, hermano de mi corazon, le sugetasteis al nombre de vuestro unigénito Hijo, nuestro Señor y Salvador Jesucristo, cuyo nombre no queria él antes de ahora que sonase en mis escritos, gustando mas de que oliesen á las soberbias doctrinas de los filósos (cedros (a) que el Señor ha-

este simil, ó se le han dejado en blanco, ó le han dado un sentido incongruo y violento.

(a) Llama cedros á los filósofos, para significar la soberbia y vanidad de sus doctrinas, por la mucha altura y elevacion que tienen los cedros; y dice que el Señor los habia ya

bia quebrantado), que á las saludables yerbas de las doctrinas sagradas, cuya virtud ahuyenta las serpientes ponzoñosas.

8 ¡Que voces os daba yo, Dios mio, cuando hallándome desocupado en aquella quinta, no obstante ser todavía catecúmeno, rudo y visoño en amaros con verdadero amor, acompañado de Alipio, que era tambien catecúmeno, y de mi madre, que era por el trage muger, por la fe varonil, por su ancianidad segura, por su maternidad amorosa, por su piedad muy cristiana, me ocupaba en leer los salmos de David, cánticos llenos de las verdades de nuestra fe, y cantares que inspiran piedad y devocion, y escluyen todo espíritu de soberbia y vanidad! ¡Que voces os daba yo, Señor, leyendo aquellos salmos, y cómo ellos me inflamaban en vuestro amor, y encendian en vivísimos deseos de irlos publicando por todo

quebrantado, para significar que ya no le llevaba la atencion, ni hacia caso de ellos; y alude á lo del salmo 28. v. 5. *Et confringet Dóminus cedros Líbani.*

BIBLIOTECA UNIVERSITARIA · MADRID · L.

el mundo, si me fuera posible, contra la hinchazon y soberbia del género humano! Bien sé que ya se cantan en todo el universo; verificándose en esto tambien, *que no hay quien se esconda de vuestro calor y luz* (1).

Con cuan vehemente y vivo sentimiento me indignaba contra los maniqueos, porque tan locamente procedian contra aquel antídoto que podia curar las dolencias de su alma! aunque por otra parte me daba lástima y compasion que ignorasen aquellos misterios, que eran las medicinas mas conducentes á su salud. Quisiera que hubieran estado allí en un sitio inmediato, y que sin saberlo yo, hubieran visto entonces mi semblante, y oido las voces que daba para esplicar los sentimientos y afectos que en mi alma habia producido la lectura del cuarto salmo, cuando le leí en el tiempo y lugar que he dicho, el cual comienza con estas palabras: *Luego que comencé á invocaros, Dios mio, principio y causa de toda mi justicia, luego al punto fue mi súplica bien*

(1) Psalm. 18. 7.

oida y despachada de Vos, y cuando me estrechaban las tribulaciones, me desahogasteis colocándome en espaciosas anchuras. Tened, Señor, misericordia de mí, y concededme lo que os pido en mi oracion. ¡ Ojalá que ellos hubieran oido todas las cosas, que yo entonces mezclé entre estas palabras! Pero lo habian de haber oido, sin saber yo que me oian, para que no juzgasen que lo decia porque ellos me escuchaban. Porque á la verdad, ni yo hubiera acertado á decir tan buenas cosas, ni las hubiera dicho de aquel modo y con tan vivos afectos, si conociera que ellos me estaban viendo y escuchando. Y dado caso que las hubiera dicho y del mismo modo, ellos no hubieran sacado de mis palabras tanto provecho, como diciéndolas yo á mis solas, y hablando conmigo mismo en presencia vuestra, movido solo del natural afecto de mi alma.

9 Bien sabeis, Padre amantísimo, que me horrorice temiendo vuestra justicia, y tambien me enfervoricé esperando y alegrándome mucho en vuestra misericordia, y que estos mismos afectos se me salian por los ojos y boca, cuando en el mismo

salmo leí aquellas palabras que dice vuestro Espíritu Santo hablando con nosotros: *Hijos de los hombres, ¿hasta cuando habeis de tener tan pesado y terreno el corazon? ¿Para que amais la vanidad, y buscais la mentira* (1)? Porque yo me hallaba comprendido en esto, pues habia amado la vanidad, y buscado la mentira; y por eso ignoraba lo que alli dice el profeta, esto es, que Vos, Señor, ya habiais glorificado á vuestro (a) Santo (2), resucitándole de entre los muertos, y colocándole á vuestra diestra, para que desde alli enviase al divino consolador, espíritu de verdad, segun lo habia prometido (3), y como efectivamente ya le habia enviado. Ya le habia enviado, porque ya él habia sido glorificado, resucitando de entre los muertos, y subiendo á los cielos, porque *hasta entonces el Espíritu Santo no habia sido dado, porque Jesucristo no ha-*

(1) Ps. 4. 8.

(a) *A vuestro Santo*, esto es, á Cristo, que es por antonomasia el *Santo*, y el Santo de los Santos.

(2) Marc. 16. 19. (3) Act. 2. 2.

bia sido hasta entonces glorificado (1).

El Real profeta clamaba: *¿Hasta cuando habeis de tener pesado el corazon? ¿Para que amais la vanidad, y buscais la mentira?* Sabed que el Señor ha glorificado ya á su Santo. Primero clama diciendo: *¿Hasta cuando?* Y despues vuelve á clamar y decirnos: *Sabed.* Y yo que fui por tanto tiempo ignorante, que amé la vanidad y busqué la mentira, por eso me estremecí todo al oir aquellas palabras, por acordarme muy bien de que yo habia sido tal como aquellos á quienes se dirigian. Porque en aquellos fantasmas que yo habia abrazado en lugar de la verdad, no habia otra cosa que vanidad y mentira. Y por eso dige entonces muchas sentencias, graves y fuertes hasta en el modo de decirlas, por el sentimiento y dolor que me causaba acordarme de aquellas cosas. ¡Ojalá que las hubieran oido los que todavía perseveran amando la vanidad, y buscando la mentira! Puede ser que al oirme se hubieran conmovido tanto, que llegasen á vomitar aquel veneno: y Vos, Señor, los

(1) Joan. 7. 39.

hubierais atendido cuando clamasen á Vos, y confesasen que padeció por nosotros verdadera muerte en un cuerpo real y verdadero, el mismo que ahora *os ruega y pide por nosotros* (1).

10 Alli tambien leia: *Servios de vuestra ira para no pecar.* Y esto, Dios mio, ¡cuanto me conmovia, por haber aprendido ya á enojarme contra mí por mis pasados desórdenes, para no volver á pecar en adelante! Y era justo enojarme contra mi, porque estaba plenamente convencido de que no era otra naturaleza del linage de las tinieblas distinta de la mia la que pecaba en mí, como enseñaban aquellos que no se irritan ni enojan contra sí mismos; pero *van atesorando contra sí vuestros enojos para el dia de la ira* (2), que es el dia de la manifestacion de vuestro justo juicio.

Tampoco miraba ya estas cosas esteriores como si fueran los verdaderos bienes á que debia aspirar, ni buscaba mi felicidad en estas cosas visibles á los ojos corporales, y que se registran con la luz

(1) Rom. 8, 34. (2) Jac. 5. 3.

del sol. Porque aquellos hereges, que querian ser felices gozando de estas cosas corpóreas y esteriores, con facilidad se ven burlados, y se vuelven inútiles y vanos sus deseos; y como derraman su corazon, y le entregan totalmente á estas cosas visibles, que duran poco y las consume el tiempo, no tienen mas recurso que estar como lamiendo con la lengua de su hambrienta imaginacion las especies ó imágenes que de aquellas cosas han quedado en ella. Y ojalá que siquiera acosados de la hambre llegasen á decir: *¿Quien nos manifestará los bienes sólidos y verdaderos* (1)? para que entonces les digamos, que atiendan al Real profeta, que dice: *Señor, la luz de vuestro divino rostro está grabada en nuestro corazon* (2). Porque nosotros no somos aquella *luz que alumbra á todos los hombres* (3), sino que somos iluminados de Vos, para que *los que antes eramos tinieblas, ya seamos luz en Vos* (4).

¡Oh si ellos vieran en su interior aquel bien eterno que yo habia comenzado á gus-

(1) Ps. 4. 6. (2) Ibid. 7.
(3) Joan. 1. 9. (4) Ephes. 5. v. 8.

tar! Me deshacia y consumia, porque me era imposible hacérsele ver á ellos, aunque me preguntaran y digeran: *¿Quien nos manifestará los verdaderos bienes?* siempre que me presentasen un corazon como el suyo, qué solo cree y asiente al informe de sus ojos, y busca solamente los bienes fuera de Vos. Porque allá en lo mas íntimo de mi alma, donde yo me enogé contra mí mismo (a), donde sentí una verdadera compuncion, donde os habia ofrecido y sacrificado mis antiguas costumbres, y esperando en vuestra gracia, habia comenzado á pensar en hacer vida nueva: allí mismo fué donde Vos, Señor, comenzasteis á darme á conocer vuestra dulzura, y *á llenar mi corazon de alegría* (1).

Al mismo tiempo que con los ojos del cuerpo iba leyendo estas cosas, y con los de mi espíritu las iba conociendo, prorumpia en varias esclamaciones, ordena-

(a) Habla del enojo que concibió contra sí, despues de haber oido toda la relacion de Ponticiano, como se dijo en lib. 8. cap. 7.

(1) Ephes. 5. 7.

das á no querer dividir mi corazon, amando la diversidad y multitud de los bienes terrenos, en que precisamente habia de gastar yo tiempo, y los tiempos me gastarian á mí, cuando hallaba y tenia en la simplicidad de un bien eterno, otra suerte *de pan, vino y aceite* que alimenta eternamente las almas (1).

11 Tambien cuando leia el verso que se sigue, esclamaba de lo mas profundo de mi corazon diciendo aquellas palabras: ¡*Oh paz!* ¡*oh inalterable descanso* (2)! ó lo que ha dicho el Profeta con decir: *En esa paz y descanso dormiré y gozaré de un consuelo delicioso!* Porque ¿quien se nos opondrá, cuando llegue á cumplirse aquella sentencia que consta de la Escritura: *Quedó la muerte absorta y convertida en victoria* (3) (a)? Vos, Señor, sois *ese mismísimo Ser*, que nunca puede mudarse, y en Vos es donde se halla ese descanso perfecto que hace olvidar todos los trabajos, pues Vos sois el solo y úni-

(1) Ps. 4. 7. (2) Ibid. 9.
(3) 1. Cor. 15. 54.
(a) San Agustin lee aqui, *in victoriam*.

co que me establecisteis y disteis seguridad en aquella única y sola esperanza que mira á Vos solamente, y no aspira á conseguir esa varia multitud de cosas, que no son lo que Vos sois.

Estas cosas leia en aquel salmo, y leyéndolas me enardecia; pero no hallaba cómo darme á entender á aquellos hereges tan sordos como muertos, de cuya pestífera secta habia sido yo antes, y poseido de aquella amargura y ceguedad habia ladrado contra las Escrituras sagradas, que comunican una dulzura que es como una miel del cielo, y una luz y resplandor, que es vuestra misma luz, y por eso me abrasaba la ira, y consumia el enojo de que hubiese quien contradigese á tan divina Escritura.

12. ¿Cuando podré recordar ni referir todos los beneficios y dulzuras que esperimentó mi alma en aquellos dias que estuvímos alli desocupados? Pero no tengo olvidado, ni quiero pasar en silencio el rigoroso azote con que me castigó vuestra justicia, y la admirable prontitud con que me remedió vuestra misericordia. Dispusisteis, Señor, que me acometiese un

gran dolor de dientes, que me mortificaba sobre manera; y habiéndose agravado tanto que ya no podia hablar, se me ofreció al pensamiento el pedir á todos mis amigos que me acompañaban, que rogasen por mí á Vos, que sois Dios y Señor de toda salud. Escribí esto en una tabla encerada, y se la dí á ellos para que lo leyesen. Y lo mismo fue ponernos de rodillas para haceros la súplica, que desaparecer enteramente aquel dolor. ¡Pero que dolor era! ¡y que repentinamente desapareció! Confieso, Dios y Señor mio, que me quedé atónito y espantado, porque en toda mi vida no habia esperimentado semejante cosa. Este admirable suceso grabó en mi corazon la idea que yo debia formar de la eficacia de vuestro poder; y alegrándome mucho de la fe que ya tenia en Vos, alabé vuestro santo nombre. Pero esta misma fe no me dejaba tener seguridad y quietud á vista de mis pecados anteriores, que todavía no se me habian perdonado por medio de vuestro santo bautismo.

CAPÍTULO V.

Consulta con San Ambrosio sobre qué libros sagrados le seria mas conveniente leer.

13 Concluido el término de aquellas vacaciones, avisé á los magistrados de Milan, que proveyesen á sus estudiantes de otro maestro de retórica, ya porque habia determinado ocuparme en vuestro servicio, ya porque no podia continuar en aquel ministerio, á causa de la dificil respiracion y dolor que padecia en el pecho. Tambien escribí al santo prelado Ambrosio mis pasados errores y estravíos, y los buenos deseos con que al presente me hallaba, para que me digese cuáles de vuestros libros sagrados me convendria mas leer, para mejor disponerme y prepararme á recibir dignamente una tan grande gracia como la del bautismo. El me mandó que leyese al profeta Isaias, y creo que lo hizo asi, porque entre los demas profetas este es el que anuncia con mayor claridad la doctrina del Evangelio, y la gracia de la vocacion de

los gentiles. Pero yo, no habiendo entendido bien lo que leí la primera vez en él, y creyendo que todo lo demas estaria tan oscuro para mí y tan dificultoso de entender como lo primero, degé de continuar en aquella lectura, con ánimo de volver á ella cuando estuviese mas hecho al estilo y lenguage de la sagrada Escritura.

CAPÍTULO VI.

Vuelve Agustino á Milan, y en compañía de Alipio y Adeodato recibe el sagrado bautismo.

14 Habiendo llegado el tiempo en que debia escribirse mi nombre en el catálogo de los que estaban admitidos para recibir el bautismo, dejamos la quinta y nos volvimos á Milan (a). Alipio quiso

(a) En el intermedio tiempo que pasó desde su llegada á Milan, hasta la pascua del año 387, hizo y escribió algunas otras obras, que las pasa en silencio: entre ellas fueron la de la inmortalidad del alma, la de la gramática, los principios de los tratados de la dialéctica, de la retórica, de la geometría, de

tambien acompañarme en renacer á Vos, para lo cual se habia preparado con la grande humildad que requieren vuestros santos sacramentos, y con tan grave y rigorosa mortificacion de su cuerpo, que se atrevió á andar descalzo por aquella tierra de Italia, estando cubierta de yelo, y no estando él acostumbrado á eso.

Juntamos tambien con nosotros al jóven Adeodato (a), que era mi hijo natural, fruto de mi pecado; pero Vos, Señor, le dotasteis de unas cualidades muy buenas y escelentes. Aun no tenia quince años, y ya se aventajaba en el ingenio á otros muchos, que por la edad y literatura pasaban por hombres graves y doctos.

Dones son y beneficios vuestros estos que os confieso, Dios y Señor mio, criador de todas las cosas, que sois poderosísimo para reformar nuestras deformidades; pues yo en aquel muchacho no

la aritmética, de la filosofía, y sobre las categorías &c.

(a) Adeodato habia nacido el año 372, no teniendo su padre mas que 18 años de edad: con que venia á tener Adeodato 15 años, y su padre 33.

tenía otra cosa mia sino el pecado. Porque el que yo le criase, enseñándole vuestro temor y doctrina, Vos, Señor, me lo inspirasteis y no otro alguno; y asi dones son y beneficios vuestros estos que os confieso.

Un libro hay mio, que se intitula *Del Maestro*; y Adeodato es aquel interlocutor que habla alli conmigo. Bien sabeis Vos, Señor, que aquellos pensamientos y sentencias que pongo alli en nombre del que introduzco hablando conmigo, todos son verdaderamente de Adeodato, cuando solo tenia diez y seis años de edad. Pero otras cosas esperimenté en él, que eran mucho mas admirables. Asombrado me tenia aquel ingenio. ¿Y quien sino Vos puede ser el autor de tan grandes maravillas? Bien presto le sacasteis de este mundo; por eso me acuerdo de él ahora con mayor seguridad, sin temer que le suceda alguna desgracia; pues ni en la puericia, ni en la adolescencia, ni en toda su vida encuentro ni descubro cosa alguna, que de ningun modo pueda darme cuidado.

Juntamos pues á Adeodato con nosotros, para que en la vida de la gracia fuese nuestro coetáneo, y para continuar educándole con arreglo á vuestra ley y doctrina. Finalmente recibimos el bautismo (a); y luego al punto se nos quitó aquel cuidado en que nos tenia la memoria de nuestra vida pasada.

Ni me hartaba en aquellos dias de la dulzura admirable que causaba en mi alma el considerar vuestra altísima é inescrutable providencia en órden á la salud del género humano. ¿Cuanto lloré tambien oyendo los himnos y cánticos, que para alabanza vuestra se cantaban en la iglesia, cuyo suave canto me conmovia fuertemente, y me escitaba á devocion y ternura! Aquellas voces se insinuaban por mis oidos, y llevaban hasta mi corazon vuestras verdades, que causaban en mí tan fervorosos afectos de piedad, que me hacian derramar copiosas lágrimas, y me hallaba bien y contento con ellas.

(a) En 25 de Abril del año 387.

CAPÍTULO VII.

Como en Milan comenzó la costumbre de cantarse himnos y salmos en la iglesia. Y como fueron hallados los cuerpos de los santos mártires Protasio y Gervasio.

15 No habia mucho que la iglesia de Milan habia comenzado á practicar este género de egercicio piadoso, que es de tanto consuelo y edificacion para los fieles, los que concurrian á él con gran celo y devocion, cantando juntamente con las voces y con los corazones. Porque habria un año ó poco mas, que la emperatriz Justina (a), madre del jóven emperador Valentiniano, habia dado en perseguir á vuestro siervo Ambrosio, por causa de la heregía de los arrianos, con que

(a) La emperatriz Justina, que era arriana, perseguia á San Ambrosio, porque no habia querido ceder á los arrianos una iglesia, y estaba tan enconada contra él, que envió á su casa un asesino para que le matase, y al ir á egecutar el golpe, se le quedó yerto el brazo y sin movimiento alguno.

ella estaba inficionada y seducida. Pasaban los fieles las noches en la iglesia, determinados y dispuestos á morir con su obispo y siervo vuestro. Mi madre, vuestra fiel sierva, á quien tocaba la mayor parte del cuidado y consternacion que padecian los fieles, era la primera en concurrir tambien á aquellas vigilias que celebraban; de modo que no vivia sino de sus oraciones. Yo, que todavía estaba frio en la devocion, y falto del calor y fervor de vuestro espíritu, no dejaba de conmoverme con el susto y turbacion que padecia toda la ciudad. Entonces fue cuando se estableció que cantasen los fieles himnos y salmos, segun se acostumbraba ya en las iglesias del oriente, para entretener y divertir el tedio y la tristeza que pudiera acabar de sobrecoger al pueblo, y desde entonces hasta el dia de hoy se ha continuado este piadoso egercicio, que le han adoptado ya casi todas las iglesias del universo, siguiendo el egemplo de la de Milan (a).

(a) Este fue el orígen de la costumbre que siguió la iglesia del occidente, de can-

16 En este mismo tiempo fue cuando en una vision manifestasteis á vuestro santo obispo el lugar donde estaban enterrados los cuerpos de los santos mártires Protasio y Gervasio, que por tantos años habiais conservado incorruptos, y escondidos en el secreto de vuestros tesoros, para manifestarlos oportunamente cuando conviniese, y reprimir la rabiosa furia de una muger, que ademas de eso era emperatriz. Porque habiéndolos descubierto y desenterrado (a), al tiempo de trasladarlos á la Basílica ambrosiana con el honor y pompa que correspondia, no solo quedaban sanos y salvos los energúmenos, á quienes mortificaban antes los espíritus inmundos, confesando vues-

tar himnos y salmos. San Ambrosio entonces compuso muchos himnos, que los cantaban los fieles en la iglesia, y al mismo tiempo que servian á Dios de alabanza, á ellos los servian de consuelo en la dura y cruel persecucion que padecian.

(a) Fue este descubrimiento de los cuerpos de San Gervasio y Protasio á 17 de Junio del año 386, segun M. Tillemont, aunque Baronio la aplica al año siguiente.

tro poder los mismos demonios, sino que tambien un ciudadano que habia muchos años que estaba ciego, y era muy conocido en toda la ciudad, preguntando el motivo que tenia el pueblo para aquellas grandes demostraciones que hacia de júbilo y regocijo, é informado bien de todo, saltó de contento y rogó al que le iba guiando, que le llevase al parage por donde pasaba la procesion. Y siendo llevado allá, suplicó que le permitiesen tocar un pañuelo al féretro donde iban los cuerpos de aquellos santos, *cuya muerte habia sido preciosa en vuestros ojos* (1). Y luego que tocó al féretro el pañuelo, y se le aplicó á los ojos, inmediatamente recobró la vista. Al instante se divulgó por todas partes la fama de este milagro; al instante resonaron por toda la ciudad vuestras alabanzas públicas y fervorosas, y con esto el ánimo de aquella enemiga del santo obispo Ambrosio, ya que no se estendió ni dilató de modo que consiguiese la santidad de la fe, á lo menos se reprimió y estrechó, cesando de perse-

(1) Ps. 113. 15.

guirle con tan gran furor.

Infinitas gracias os sean dadas, Dios mio. ¿Pero como, y hasta adonde habeis ido gobernando mi memoria, para que tambien os alabase y bendigese por estas cosas, que no obstante ser tan grandes y maravillosas, las habia olvidado y omitido? Y con todo eso, *estendiéndose tanto la fragancia de vuestros olorosos ungüentos y aromas* (1), no os seguia yo entonces todavía, ni corria (a) tras de Vos, y esto me daba despues mas motivo de llorar entre los himnos y cánticos de vuestras alabanzas; en otro tiempo, antes de ahora, como quien suspiraba por Vos; pero ahora desahogado y como quien ya respira con tanta libertad, como la que tiene el aire en una casa de heno (b).

(1) Cant. 1. 4.

(a) Como este suceso fue un año antes de que recibiese San Agùstin el bautismo, por eso dice, que todavía no corria él tras la fragancia y aromas que Dios comunicaba á los fieles.

(b) Con esta frase me parece quiere significar San Agustin la libertad con que ya *respiraba* su corazon, cuando antes oprimido *suspiraba.*

BIBLIOTECA

CAPÍTULO VIII.

De la conversion de Evodio: de la muerte de su santa madre Mónica, y de la crianza y educacion que tuvo desde sus primeros años.

17 Vos, Señor, que *haceis que vivan juntos en una misma casa los que tienen una misma voluntad* (1), tragisteis á nuestra compañía al jóven Evodio (a), que era natural de mi mismo pueblo. El cual siendo agente de los negocios del príncipe, se convirtió á Vos, y se bautizó antes que nosotros, y dejando el servicio del Emperador, se dedicó al vuestro.

Viviamos pues en amigable compañía, y con la santa resolucion de no separarnos nunca. Y buscando un lugar que nos

(1) Ps. 65. 7.

(a) Este Evodio fue despues obispo de Uzales, y se hizo muy ilustre por su virtud, por su ciencia y por los muchos y grandes servicios que hizo á la Iglesia. Este mismo es con quien habla San Agustin en el libro *de Quantitate animæ*, y en los *de Libero arbitrio.*

fuese mas cómodo y proporcionado para establecernos en él, y emplearnos en vuestro servicio, determinamos volvernos á Africa todos juntos (a); y estando en el puerto de Ostia por dónde desemboca el Tiber en el mar, falleció mi madre.

Muchas cosas paso aquí en silencio, porque voy muy de prisa á referir otras que no quiero omitir. Aceptad, Dios mio, las alabanzas que deseo daros, y la accion de gracias que os doy tambien en silencio por las innumerables cosas que dejo de referir. Pero no omitiré todas cuantas especies pueda producir mi memoria de aquella sierva vuestra, que me parió á mí, no solo con el cuerpo á esta vida temporal, sino tambien con el espíritu en órden á la eterna. Las cosas que de mi madre voy á referir, fueron dones

(a) En el poco tiempo que se detuvo en Roma, volviendo de Milan para Africa escribió un libro de las costumbres de la Iglesia católica, otro de las costumbres de los maniqueos, el ya citado de la cuantidad del alma, y los del libre albedrio; de los cuales el segundo y tercero dice que los concluyó estando ya en Africa.

y gracias mas vuestras que no suyas; pues ni ella se hizo á sí propia, ni se educó á sí misma.

Vos, Señor, la criasteis sin que tampoco supiese el padre ni la madre qué tal seria en lo venidero aquella hija que les habia nacido. La recta disciplina de Jesucristo vuestro unigénito Hijo, que era el régimen que observaba en la casa de sus fieles padres, que era una buena parte de vuestra iglesia, fue quien la hizo instruirse en vuestro santo temor (a).

Porque á la verdad, no solia alabar tanto mi madre Mónica el cuidado de su madre en órden á su educacion y enseñanza, como el de una criada que habia muy anciana, la cual en otro tiempo habia traido tambien en brazos á su padre cuando era niño, como suelen las muchachas grandecillas traer los niños en brazos.

Y en atencion á esto, y tambien por

(a) Diciendo aqui San Agustin: *In domo fideli, bono membro Ecclesiæ tuæ,* ni los traductores castellanos, ni el italiano Mazzini han atinado con la mente del Santo.

su ancianidad, y las loables costumbres que siempre habia practicado en una casa tan cristiana, era muy querida y honrada de los amos.

Por esto tambien ella cuidaba mucho de las hijas de sus amos, cuya educacion la habian encargado; y para reprenderlas, cuando era menester, era áspera con una severidad santa, y para enseñarlas, moderada y suave con prudencia. Asi fuera de aquellas horas en que las niñas tomaban su alimento muy corto y moderado á la mesa de sus padres, aunque estuviesen abrasándose de sed, no las permitia beber ni aun agua sola, para que no tomasen alguna mala costumbre, añadiéndoles estas prudentes palabras: *Ahora bebeis agua porque no teneis el vino á vuestra disposicion; pero cuando llegueis á estar casadas, y seais dueñas de las bodegas y despensas, os parecera mal el agua, y la costumbre de beber se os quedará siempre.* Con esta razon que tenia en lo que mandaba, y con la autoridad y poder para que egecutasen lo mandado, conseguia refrenar los antojos de aquella edad mas tierna, y arreglaba la sed de aquellas niñas á las leyes de la templanza, para que nunca les agradase lo que no fuese decente.

18 Y no obstante todo este cuidado y enseñanza, imperceptiblemente se le introdujo en el corazon el gusto y aficion al vino, como mi madre y sierva vuestra me contaba. Porque en la confianza de que era niña, y que no bebia vino, ella era la que por mandato de sus padres iba regularmente á sacarle de la cuba, y ella antes de echarlo en la vasija en que lo habia de llevar, aplicaba los labios al vaso con que lo sacaba, dando un sorbito, porque su paladar mismo repugnaba el beber algo mas. Porque no hacia esto en fuerza de alguna pasion que tuviese al vino, sino impelida de ciertos escesillos y antojos de que abunda aquella edad, y se desahogan y esplican en unos movimientos como burlescos; los cuales con el peso y gravedad de los mayores y maestros suelen contenerse y reprimirse en los ánimos de los muchachos. Y asi, añadiendo á aquel pequeño sorbo primero otros pequeños sorbos cotidianos (como *el que desprecia lo poco, viene á caer en lo mu-*

cho (1)), llegó á hacer tal costumbre, que ya bebia con gran gusto una copa de vino casi llena.

¿Adonde estaba entonces aquella prudente anciana, y aquella su prohibicion severa y rigorosa? ¿Mas por ventura habria alguna cosa que fuese de provecho para curar una enfermad oculta, si Vos, Señor, que sois el verdadero médico de todos nuestros males, no estuvierais siempre velando sobre nosotros? Asi un dia estando ausente el padre y la madre, y tambien los que cuidaban de su educacion, Vos, Señor, que estais presente á todos, que nos habeis criado, que nos llamais en todo tiempo, y que tambien por medio de los hombres que desde la eternidad (a)

(1) Eccl. 19. 1.

(a) Tambien este lugar les ha parecido dificultoso ó viciado en el testo á algunos hombres sabios; y asi sospecharon si habia de leerse *per perversos*, ó *per præpósteros hómines*, en lugar de *per præpósitos hómines*, que dice el testo, y es constante leccion de todos los Ms. Pero en el sentido que le damos, no tiene dificultad, y es doctrina sana y propia de San Agustin. *Nuestra edicion dice pravos.*

teneis determinados para nuestro egercicio, nos procurais y haceis lo que es bueno y conveniente para la salud de nuestras almas: ¿que fue, Dios mio, lo que hiciesteis en aquella ocasion? ¿con que remedio la curasteis? ¿con que medicina la sanasteis? ¿No es cierto, Señor, que os servisteis de aquel fuerte y agudo dicterio, que le dijo aquella otra criatura, cuya injuriosa afrenta fue como un hierro cortante y medicinal, que sacasteis de los secretos senos de vuestra providencia, con el cual de un solo golpe cortasteis toda aquella corrupcion?

Porque aquel dia que ella estaba sola con una criada, que era precisamente la que solia acompañarla cuando iba por el vino, riñeron las dos entre sí, como muchas veces sucede en las casas, y la criada la echó en rostro esta mala costumbre que su ama menor tenia, y con un modo áspero y desabrido la insultó llamándola *borrachuela*. Estimulada con esta injuria, abrió los ojos para ver aquella fea costumbre, y desde aquel instante la condenó ella misma y la dejó.

Ello es cierto, que asi como los amigos adulando nos pervierten; así muchas veces los enemigos injuriando nos corrigen; pero Vos, Señor, les dareis el pago que corresponde á la voluntad é intencion que ellos tuvieron, y no el que corresponde á lo que Vos mismo haceis por medio de ellos. Porque aquella criada llevada de la ira no pretendia verdaderamente sanar á su ama menor, sino injuriarla y zaherirla, y por eso aquella reprehension se la dió sin testigo y á escondidas, ó porque el lugar y tiempo de la riña casualmente las cogió solas, ó acaso recelosa de que á ella le viniese algun daño, por no haberlo descubierto antes. Mas Vos, Señor, que gobernais todas las cosas del cielo y de la tierra, y que de todas usais, haciendo que sirvan al cumplimiento de vuestra voluntad, y dando su debida ordenacion, aun á las cosas que desordenadamente siguen el curso perturbado de los siglos, aun de la misma enfermedad de la una os servisteis para sanar á la otra; y asi cualquiera que advierta y reflexione esto, no tendrá motivo para atribuirse á sí mismo el buen efecto que sus palabras hicieron tal vez en otro, á quien queria corregir de algun defecto.

CAPÍTULO IX.

Continúa Agustino refiriendo las loables costumbres de su madre.

19 Siendo pues criada mi madre con la honestidad y templanza, y hecha por Vos obediente á sus padres, mas que hecha por ellos obediente á Vos, luego que cumplió la edad que se requiere para el matrimonio, obedecia y servia al marido que la dieron sus padres, como á su señor: y puso gran cuidado en ganarle para Vos, diciéndole y esplicándole vuestro ser y perfecciones, no tanto con sus palabras como con sus costumbres, por las cuales la hicisteis tan hermosa y amable á su marido, que al mismo tiempo le causaba respeto y admiracion.

Pero ella de tal suerte toleró las injurias de sus infidelidades, que jamas tuvo por esto la menor desazon con su marido: porque esperaba que vuestra misericordia habia de concederle primeramente la fe, y despues la castidad conyugal. Ademas de esto era mi padre por una parte muy benigno y amoroso, y por otra muy iracundo y colérico; pero ella cuando le veia enojado, tenia la advertencia de no contradecirle ni de obra ni de palabra; y despues cuando la ocasion le parecia oportuna, y pasado aquel enojo estaba él ya sosegado, entonces le informaba bien de su hecho, si acaso aquel enojo habia nacido de su falta de consideracion, y de no estar bien informado.

Asi cuando otras muchas matronas, cuyos maridos eran mas pacíficos y tratables, traian sus rostros señalados y afeados con cardenales de los golpes que las daban: en sus conversaciones amigables solian ellas reprender la conducta de sus maridos, y mi madre sus lenguas: acordándolas como por chanza (pero en la realidad con mucho juicio), que desde que se les leyeron los contratos matrimoniales debian considerar que se les habia leido una obligacion, con la que habian quedado hechas criadas de sus maridos; y teniendo esto presente, y que estaban en calidad de criadas, no debian engreirse y ensoberbecerse contra sus señores. Y admirándose ellas (que sabian muy bien cuan feroz marido tenia que sufrir), de que jamas se hubiese oido, ni por indicio alguno se hubiese rastreado que Patricio hubiese puesto las manos en su muger, ni que siquiera un dia hubiesen tenido alguna disension: la preguntaban con familiaridad y confianza la causa de todo esto; y ella las enseñaba la conducta que tenia con su marido, que es la misma que dejo insinuada. Las que tomaban su consejo, la daban gracias por el bien que habian esperimentado; y las que no imitaban su conducta, se veian oprimidas y maltratadas.

20 Tambien á puros obsequios, y por medio de una continua paciencia y mansedumbre supo vencer el ánimo de su suegra de tal suerte, que siendo así que antes la tenia muy enojada por los chismes de algunas malas criadas; ella misma de su propia voluntad se quejó de ellas á su hijo Patricio, y le descubrió cuales eran las que con sus malas lenguas habian sido causa de que ella estuviese mal con su nuera, y de que se hubiese perturbado la paz de su casa, y le pidió que las cas-

tigase como correspondia. Y asi despues que él, ya por dar gusto á su madre, ya por cuidar del buen gobierno de su familia, ya por atender á la paz y concordia de dos personas tan suyas, como esposa y madre, castigó á las acusadas á satisfaccion de su madre, que las habia acusado; dijo ella misma á todas las criadas, que aquellos eran los premios que de alli adelante debia esperer de su mano cualquiera que, juzgando que la agradaba, la fuese á contar algo de su nuera. Y no atreviéndose ya ninguna de ellas á egecutar tal cosa, vivieron las dos con benevolencia y union de corazones tan gustosa como memorable.

Tambien Vos, misericordiosísimo Dios y Señor mio, habiais dado á aquella tan buena sierva vuestra, en cuyas entrañas me criasteis, el escelente don de apaciguar, luego que podia, los ánimos de cualesquiera que estaban entre sí reñidos y discordes; portándose con tal prudencia, que oyendo de ambas partes todas las quejas, desabrimientos y palabras descompuestas, que la enemistad colérica é indigesta suele dictar y proferir cuando con una amiga presente habla otra en confianza de su enemiga ausente, exhalando por sus bocas la crudeza de sus odios y rencores, nunca descubria á las unas lo que habia oido á las otras, sino aquello solamente que podia servir para reunirlas y reconciliarlas.

Este don me pareceria pequeño si yo mismo no hubiera esperimentado con sentimiento de mi alma, lo que practican en esta materia innumerables gentes (por haber cundido dilatadísimamente no sé qué horrenda peste de pecados), las cuales no solamente acostumbran revelar á los unos airados enemigos lo que los otros enemigos suyos, enojados tambien, han dicho de ellos, sino que tambien añaden otras cosas que no han dicho; cuando debiera ser tan al contrario, que á un hombre que obra conforme á la humanidad, habia de parecerle poco el no escitar ni promover las enemistades de los hombres, hablando mal de unos á otros, si ademas de esto no procuraba tambien apagarlas enteramente hablando bien á todos. Y ve aqui lo que mi madre practicaba, siguiendo las ocultas instrucciones que

Vos, íntimo maestro suyo, la dictabais en la escuela de su corazon.

22 Finalmente, ganó para Vos á su marido, y le redujo á la fe algun tiempo antes de que él saliese de esta vida temporal (a): y desde que se hizo fiel, no le dió á mi madre motivos de llorar los malos procederes, que antes de serlo habia sufrido y tolerado.

Ademas de esto era mi madre una muger dedicada á servir á todos los que os servian (b). Cualquiera de vuestros siervos que la habia conocido, os alababa, os reverenciaba, y os amaba mucho en ella: porque los frutos de santidad de su

(a) La muerte de Patricio fue en el año de 371; y habiendo quedado sola, tuvo mas proporcion para no perder de vista á su hijo Agustino, y seguirle á Cartago, á Milan, á Casiciaco, y á todas partes adonde él iba, hasta morir en Ostia con él á la cabecera.

(b) En estos siervos entiende aqui San Agustin á los que en otras partes llama santos, por estar especialmente consagrados á Dios, y dedicados á su culto, como los eclesiásticos, los religiosos, las monjas.

inculpable vida testificaban que Vos estabais presente en su corazon.

Habia sido *muger de un solo varon* (1): habia cumplido todas las obligaciones que tenia para con sus padres; habia gobernado su familia y casa con mucha piedad: y las buenas obras que habia hecho, daban testimonio de la virtuosa conducta que habia tenido. Ella por sí misma habia criado á sus hijos, sintiendo despues por ellos los dolores de parto tantas veces, cuantas los veia apartarse de vuestros mandamientos.

Ultimamente, Señor, ya que por vuestra gracia permitis que os hablemos vuestros siervos, á todos nosotros los que antes del sueño de su muerte viviamos juntos, y unidos tambien á Vos despues de recibida la gracia de vuestro bautismo, de tal suerte nos cuidaba, como si fuera madre de todos; y de tal suerte nos servia, como si cada uno de nosotros fuera su padre.

(1) 1. Tim. 5. 9.

CAPÍTULO X.

Coloquio de Agustino con su madre acerca del reino de los cielos.

23 Acercándose ya el dia en que mi madre habia de salir de esta vida (el cual para Vos, Señor, era tan sabido, como para nosotros ignorado), sucedió (sin duda que disponiéndolo Vos por los medios investigables de vuestra providencia), que mi madre y yo estuviesemos solos y asomados á una ventana, desde donde se veia un jardin que habia dentro de la casa, que habiamos tomado en la ciudad de Ostia, donde apartados del bullicio de las gentes, pudiesemos descansar de las molestias de un largo viage, y disponernos para la navegacion. Estando pues los dos solos, comenzamos á hablar, y nos era dulcísima la conversacion: porque *olvidados de todo lo pasado, empleabamos nuestros discursos en la consideracion de lo venidero* (1). Y buscabamos en

(1) Phil. 3. 13.

la misma verdad, que sois Vos, y que estabais presente, qué tal seria aquella vida eterna que han de gozar los santos, que consiste en una felicidad, *que ni los ojos la vieron, ni los oidos la oyeron, ni el corazon humano es capaz de concebirla* (1). Abriamos la boca de nuestro corazon hácia aquellos raudales soberanos, que manan de la inagotable *fuente de la vida, que está en Vos* (2), para que rociados con sus aguas, segun nuestra capacidad, pudiesemos de algun modo pensar una cosa tan sublime y elevada.

24 Y habiendo llegado nuestra conversacion á tales términos, que el mayor deleite de los sentidos corporales que pueda imaginarse, y en el mayor auge de luz y resplandor terreno que pueda concebirse, no solamente nos parecia indigno de poderse comparar, sino tambien de que le tragesemos á la memoria, respecto de aquella delicia de la vida eterna, elevándonos con mas fervoroso afecto hácia esto mismo, fuimos recorriendo sucesivamente por sus grados todas las cria-

(1) 1. Cor. 2. 9. (2) Ps 35. 10.

turas corporales, y hasta el mismo cielo, desde donde el sol, la luna y las estrellas envian á la tierra su luz y resplandores. Y subiamos todavía mas, ya pensando interiormente en vuestras obras, ya comunicándonos uno á otro nuestros pensamientos con palabras, ya admirándonos de la escelencia de vuestras criaturas: y venimos á tratar de nuestras almas, y de allí pasamos mas adelante para llegar á tocar en aquella region de abundantes é indefectibles delicias, donde por toda la eternidad apacentais á vuestros escogidos con el pábulo de la verdad infinita: y donde es vida de todos los bienaventurados aquella misma sabiduría, por la cual fueron hechas todas las cosas que al presente son, las que han sido, y las que serán sin que ella haya sido hecha, porque es y será siempre lo que ha sido, y aun por mejor decir, no hay en ella el haber sido, ni el haber de ser, sino el ser siempre de presente, porque es eterna; y el haber sido, y el haber de ser, no se hallan ni verifican en lo que es eterno.

Y en medio de nuestro coloquio, y cuando mas ansiosamente suspirabamos por ella, llegamos á tocarla con todo el ímpetu y fuerza de nuestro espíritu, aunque repentina é instantaneamente: y suspirando por aquella eternidad, y dejándonos allí las primicias de nuestra alma, nos volvimos á nuestro comun modo de hablar, donde la palabra suena para ser oida, y se comienza, y se acaba. ¿Pero que cosa hay semejante á vuestra palabra, que es nuestro Dios y Señor, que subsiste y permanece en sí misma, y lejos de poder envejecerse, renueva todas las cosas?

25 Deciamos pues, si cesara enteramente la ruidosa inquietud que causan en un alma las impresiones del cuerpo: si no la conmovieran de modo alguno las especies que por la vista y demas sentidos corporales recibe de la tierra, de las aguas, de los cielos; y si aun la misma alma no hablase consigo misma, y como olvidada de sí, no se detuviese á reflexionar sobre sí misma: si no hablaran tampoco los sueños, ni las revelaciones imaginarias: si finalmente cesaran todas las locuciones que puede un alma percibir de las criaturas, y no la hablaran ni con palabras de la lengua, ni por medio de sig-

nos ó de señas, ni de otro cualquier modo de hablar sucesivo y pasagero, sino que enmudeciese todo lo criado, despues de haberla dicho lo que estan siempre diciendo estas cosas criadas á todo el que quiere oirlas, esto es: *No nos hemos hecho á nosotras mismas, sino que nos hizo el que permanece y dura eternamente* (1):

Si dicho esto, callara enteramente todo lo criado, y guardando un silencio profundo todo el universo, como para atender y escuchar al que le ha criado; y entonces hablase él solo á aquella alma, no por medio de las criaturas, sino por sí mismo, de modo que oigamos su palabra, no de boca de hombres, ni de voz de ángeles, ni mediante algun ruido de las nubes, ni por símbolos y enigmas, sino que al mismo criador que ella ama en estas criaturas, le oyera hablar sin ellas, como ahora nosotros mismos acabamos de esperimentar en aquel feliz instante en que nuestro espíritu subió tan alto, que rápidamente llegó á tocar nuestro pensa-

(1) Psalm. 99. 3. 5.

miento aquella sabiduría infinita, que eternamente subsiste sobre todas las cosas: pues si este conocimiento se continuara, y apartados todos los demas que son de esfera muy inferior, de modo que solo este sea el que arrebate al alma, la posea toda, y la introduzca donde esté rodeada y llena de gozos interiores, para que la vida eterna sea tal, cual ha sido este momento que hemos tenido de clara inteligencia, á la que suspiramos, ¿no seria todo esto lo que se le promete diciendo: *Entra en el gozo de tu Señor* (1)? ¿Pero esto cuando se cumplirá? ¿Será cuando se verifique *el que todos resucitaremos, pero no todos seremos inmutados* (2)?

26 Ve aqui con poca diferencia lo que entonces deciamos; aunque no fuese con estas mismas palabras, ni del mismo modo que ahora. Pero bien sabeis, Señor, que aquel dia en que estuvimos hablando de estas cosas, y que segun las ibamos tratando, nos iba pareciendo mas vil y despreciable este mundo con todos sus deleites, dijo mi madre entonces estas pa-

(1) Matt. 25. 21. (2) 1. Cor 15. 51.

labras: *Hijo, por lo que á mí toca, ya ninguna cosa me deleita en esta vida. Yo no sé qué he de hacer de aqui adelante en este mundo, ni para qué he de vivir aqui; no teniendo cosa alguna que esparar en este siglo. Una sola cosa habia, por la cual deseaba detenerme algun poco de tiempo en esta vida, que era por verte católico cristiano antes que muriese. Esto me lo ha concedido mi Dios mas cumplidamente de lo que yo deseaba; pues ademas de esto te veo en el número y clase de aquellos que despreciando toda felicidad terrena, se dedican totalmente á su servicio. ¿Pues que hago ya en este mundo?*

CAPÍTULO XI.

Del éxtasis y muerte de su madre.

27 No me acuerdo muy bien de lo que respondí á estas palabras de mi madre. Pero de allí á cinco dias ó muy poco mas, cayó enferma de calenturas. Y en uno de los dias de su enfermedad padeció una especie de desmayo, en que por algun tiempo estuvo enagenada de los sentidos.

Nosotros acudimos; pero prontamente volvió en sí, y mirándonos á mi hermano y á mí, que estabamos alli inmediatos á su lecho, nos dijo en tono de quien pregunta: *¿donde estaba yo ahora?* Y despues viéndonos sobrecogidos de afliccion, nos dijo: *aqui dejareis enterrada á vuestra madre.* Yo callaba y reprimia el llanto; pero mi hermano la dijo no sé qué palabras, que aludian á desearla (como cosa mas feliz) el que muriese en su patria, y no en pais tan estraño. Y ella habiendo oido esto, y mirándole primero á él con un rostro severo y desazonado, como reprendiéndole con los ojos que pensase de aquel modo; y mirándome despues, dijo: *Mira lo que dice este.* Y luego hablando con entrambos dijo: *Enterrad este cuerpo donde quiera, y no tengais mas cuidado de él: lo que únicamente pido y os encomiendo es que os acordeis de mí en el altar del Señor, donde quiera que os halleis.* Y habiendo manifestado éste su pensamiento con las palabras que pudo, se quedó callando: y agravándosele la enfermedad, creció tambien su fatiga.

28 Mas yo, Dios mio, considerando

los dones que vuestra inescrutable providencia derrama invisiblemente en los corazones de vuestros fieles, haciendo que de allí nazcan frutos admirables: no podia menos de alegrarme y daros muchas gracias por lo que acababa de oir á mi madre, acordándome del gran cuidado que habia tenido siempre de su sepulcro, y como le tenia ya prevenido y preparado junto al de su marido. Porque habiendo vivido los dos con grande union y concordia, queria tambien (como es propio de una alma que todavía no está perfectamente capaz de las cosas divinas) que despues de su muerte se añadiese á esta felicidad (y como tal la refiriesen los hombres), el que despues de aquella peregrinacion ultramarina la hubiese Dios concedido restituirse á su patria, para que la tierra de sus dos cuerpos se cubriese con la tierra inmediata y contigua de sus dos sepulcros. Y como ignoraba cuanto tiempo habia ya que vuestros dones habian llenado su corazon, y espelido de él un pensamiento tan vano como este, me llenó de alegría y admiracion lo que acababa de decirme. Es verdad que tambien en aquel coloquio que tuvimos los dos á la ventana, cuando me dijo: *¿Que es lo que hago en este mundo ya?* no dió á entender de ninguna manera que tuviese ya deseo de morir en su patria.

Tambien supe despues como en aquel mismo tiempo que nos detuvimos en el puerto de Ostia, un dia en que yo me hallaba ausente, estuvo mi madre hablando con unos amigos mios, á quienes trataba con la confianza que pudiera una madre con sus hijos, acerca del menosprecio de esta vida, y de los bienes y utilidades de la muerte. Y admirándose ellos de la escelente virtud que Vos habiais concedido á aquella piadosa muger, la preguntaron, si verdaderamente no la daria sentimiento alguno el morir alli, y dejar su cuerpo en una tierra tan lejos de su ciudad y patria, ella les respondió: *Nada hay lejos para Dios; ni hay que temer que se le olvide ó no sepa el lugar donde está mi cuerpo, para resucitarme en el fin del mundo.*

En fin, aquella alma tan llena de religion y piedad, fue desatada de las ligaduras del cuerpo al nono dia de su enfermedad, á los cincuenta y seis años de su edad, y á los treinta y tres de la mia.

CAPÍTULO XII.

De como lloró la muerte de su madre.

29. Al mismo tiempo que yo cerraba sus ojos se iba apoderando de mi corazon una tristeza grande, que iba á resolverse en lágrimas; pero mis ojos obedeciendo al violento imperio del alma, absorbian toda la corriente de su llanto, de modo que pareciesen enjutos, y en esta repugnancia que hacia al desahogo del llanto, tenia que vencer y que padecer mucho. Mas el jóven Adeodato, luego que mi madre dió el último aliento, comenzó á llorar á gritos; pero á persuasion de todos nosotros se sosegó y calló. A este modo tambien era lo que yo esperimentaba; pues aquel primer movimiento, que con pueril flaqueza me queria hacer prorumpir en llantos y gemidos, á la voz y precepto de mi alma, como de sugeto mas prudente y juicioso, se reprimia y callaba. Porque no pensabamos por con-

veniénte acompañar, con lamentos, gemidos y sollozos la muerte de mi madre, por ser estas unas demostraciones con que por lo comun suele llorarse ó alguna infeliz y desgraciada suerte de los que han muerto, ó con que al parecer se significa que se han consumido enteramente ó aniquilado. Pero mi madre ni habia muerto de modo que se la pudiese temer algun infeliz destino, ni habia muerto de todo punto; lo cual teniamos por verdad muy cierta, ya atendiendo á la pureza de sus costumbres y método de vida, ya á su fe no fingida, sino muy verdadera, y ya tambien por otras muchas razones que nos lo aseguraban.

30 ¿Pues que era, Señor, aquello que tan gravemente sentia en lo interior de mi alma, sino la herida reciente que en ella habia causado el haberse disuelto repentinamente aquella costumbre de vivir en su compañía, que me era tan sumamente amable y deliciosa? Es cierto que me complacia mucho lo que mi madre habia testificado de mí, aun en esta su última enfermedad, en la cual como halagándome por los obsequios que yo la hacia y

lo que la cuidaba, me llamaba *hijo piadoso*, y traia tambien á la memoria con grande afecto y ternura, que jamas habia oido de mi boca palabra ni voz alguna que la fuese molesta ni injuriosa. Pero á la verdad, Dios mio, y mi criador, ¿que importaba todo esto, ni cómo era comparable el honor y respeto que yo la tuve, con los cuidados y servicios que la debia? Y asi viendo yo que quedaba desamparado de tan grande consuelo como de ella recibia, mi alma estaba traspasada del dolor y pena, y parece que mi vida se despedazaba, pues la mia y la suya no hacian mas que una sola (a).

31 Despues que á nuestras persuasiones, como he dicho, reprimió las lágrimas y clamores Adeodato, cogió Evodio un salterio y comenzó á cantar aquel salmo: *Vuestra misericordia, Señor, y vues-*

(a) Con esta misma espresion esplicó el amor estremado que tenia á aquel amigo que se le murió en Tagaste, de quien habló en el lib. 4. cap. 6.; pero aunque retracta aquella espresion, y le parece demasiada hablando del amor de su amigo, no la retracta ni modera hablando del que tenia á su santa madre.

tra justicia cantaré en vuestra presencia (1): y le respondiamos todos los que estabamos en la casa. Al ruido de nuestras voces acudió gran número de personas fieles y piadosas de uno y otro sexo; y mientras que los que tienen esto á su cargo, disponian todas las cosas que segun costumbre se requerian para el entierro, yo en un lugar retirado, donde podia estar sin faltar á la decencia, en compañía de algunos que no tuvieron por conveniente el dejarme solo, trataba y conferenciaba aquellas materias que me parecian oportunas y propias de aquella ocasion y tiempo; cuya disputa é indagacion de la verdad servia como de lenitivo á mi dolor y tormento, que solamente á Vos era notorio, pues los demas que me acompañaban y oian atentamente nuestras conferencias, no solamente ignoraban mi pena y sentimiento, sino que juzgaban que estaba sin pesadumbre ni dolor alguno. Pero bien llegaban á vuestros oidos las interiores voces de mi alma, con que yo me reprendia á mí mismo la debilidad y

(3) Ps. 100.

poca fortaleza de mi afecto, aunque los circunstantes no pudiesen oirlas. Tambien delante de Vos comprimia el ímpetu de mi tristeza, la que cesando por brevísimo tiempo, volvia á prevalecer y apoderarse de mi corazon, aunque no tanto que me hiciese prorumpir en lágrimas, ni se advirtiese alguna mutacion en mi semblante; pero yo bien sabia cuán gravemente oprimido estaba mi corazon y acongojado. Y como por otra parte me desazonaba mucho el que hiciesen en mí tan fuerte y poderosa impresion estos sucesos humanos (que forzosa y necesariamente han de suceder, ya por el órden que vuestra providencia tiene establecido, ya por ser propios de nuestra condicion y naturaleza), con otro nuevo dolor sentia mi dolor primero, y me afligia con duplicada tristeza.

32 Llegóse el tiempo de llevar el cadáver, y no lloré en todo el camino, ni á la ida ni á la vuelta; pues ni aun en aquellas preces y oraciones que os hicimos, mientras se os ofrecia por su alma el sacrificio de nuestra redencion, estando ya puesto el cadáver junto á la sepul-

tura antes que se enterrase; como allí se acostumbra hacer, ni en aquellas preces me enternecí ni lloré; pero estuve todo el dia poseido interiormente de una gran tristeza: y del modo que me permitia la turbacion de mi alma os suplicaba que sanaseis mi dolor; pero Vos no lo haciais, y segun creo, era para que á lo menos por esta esperiencia mia aprendiese y tuviese en la memoria la gran fuerza que tienen los lazos de toda costumbre, contra todas las reflexiones que pueda hacer un alma que ya está desengañada, y no se alimenta de la falsedad y mentira.

Entonces me pareció que tambien me convendria tomar baños, porque habia oido decir, que por eso tenian el nombre latino *bálnea*, porque los griegos los llamaban βαλανεῖον (Balanion), para significar que espelen y echan fuera del alma toda afliccion y tristeza. Pero tambien debo confesar á vuestra infinita misericordia, con la que sois padre mio y de todos los huérfanos, que despues de haberme bañado, me hallé del mismo modo que antes que me bañara, porque el calor del baño no pudo hacer que espeliera por sudor la amargura y tristeza de mi alma.

Dormí despues un rato, y cuando desperté conocí que mi pena y sentimiento en parte se me habia mitigado; y estando solo en mi lecho, se me acordaron aquellos versos tan verdaderos de vuestro siervo Ambrosio, en que hablando con Vos dice (a):

¡Oh Dios! criador de todo,
Rector del cielo, que vistes
El dia de luz hermosa,
Y el sueño á la noche uniste,
Para que el cansado cuerpo
Vuelva al trabajo mas firme,
Y se alivie de nuestra alma
El llanto dañoso y triste &c.

33 Pero desde estas consideraciones

(a) Deus creâtor ómnium,
Políque rector, véstiens
Diem decóro lúmine,
Noctem sopôris gratia:
Artus solútos ut quies
Reddat labôris úsui;
Mentésque fessas állevét,
Luctúsque solvat ánxios &c.

volvia á recaer poco á poco en los antecedentes y pasados sentimientos, acordándome de aquella vuestra sierva, y de su vida y conducta fiel y piadosamente ordenada á Vos, y santamente halagüeña y suave para mí; y no pudiendo reprimir el sentimiento de verme privado de ella repentinamente, me dió ganas de llorar delante de Vos por ella y por mí, y tomando motivos para llorar de su proceder y el mio. Y asi solté el dique á mis lágrimas, que hasta entonces tenia represadas, dejándolas correr cuanto quisiesen, hasta que nadase y descansáse mi corazon en ellas, como efectivámente descansó, por ser Vos el único testigo que habia de mi llanto, y no habér alli persona humana que diese á mis lágrimas alguna interpretacion vana y siniestra.

Ahora, Señor, tambien os lo confieso por escrito: léalo el que quisiere, é interprételo como gustare. Y si le pareciere que hice mal, y que pequé en haber llorado á mi madre por un corto espacio de tiempo, siendo una madre muerta allí á mis ojos, y que por muchos años me habia llorado á mí para que viviese á los vuestros, le pido que no se ria de mi llanto; antes bien si tiene bastante caridad, llore él tambien por mis pecados delante de Vos, Dios mio, que sois el padre de todos aquellos fieles, que son hermanos de vuestro hijo Jesucristo.

CAPÍTULO XIII.

Ora Agustino á Dios por su difunta madre.

34 Pero ahora que ya estoy sano de aquella herida que penetró mi corazon, y en que pudiera reprenderse por escesivo mi carnal afecto, os ofrezco, Dios mio, por aquella sierva vuestra otro muy diferente género de lágrimas, que dimanan del temor que padece mi espíritu, considerando los peligros de cualquiera alma que contrae *la culpa y muerte de Adan* (1). Pues aunque mi madre fue vivificada en Cristo, y tambien mientras vivió en este mundo tuvo una conducta tan justificada, que su fe y sus costumbres dan motivo de que se alabe y bendiga vues-

(1) 1. Cor. 15. 22.

tro santo nombre; con todo eso no me atreveré á asegurar que desde que la disteis la vida de la gracia en el bautismo, no se le escapase de su boca siquiera una palabra que por vuestros mandamientos estuviese prohibida. Y sabemos que la verdad por esencia, que es vuestro unigénito Hijo, dejó dicho en su Evangelio, que *si alguno injuriase á su hermano, diciéndole que es un fátuo, se hacia digno del infierno* (1). Y asi desventurado el hombre, por mas laudable que haya sido su vida, si Vos le juzgareis sin misericordia!

Mas como no escudriñais con todo ese rigor nuestros pecados, confiadamente esperamos hallar en vuestra piedad algun lugar al perdon. Y á la verdad, Señor, cualquiera que delante de Vos contara y alegara sus verdaderos méritos, ¿que hacia sino contar los que Vos le habiais dado, pues todos son dones vuestros? ¡Oh si los hombres acertasen á conocer que son hombres, *y el que se alaba y gloría, se alabase y gloriase en el Señor* (2)!

35 Yo pues, ó alabanza mia, vida

(1) Matt. 5. 22. (2) 2. Cor. 10. 17.

mia, Dios de mi corazon, dejando ahora aparte todas las buenas obras de mi madre (por las cuales os doy muchas gracias con grande gusto mio), os pido ahora el perdon de sus pecados. Concedédmele, Señor, por los méritos de Jesucristo, que murió pendiente del árbol de la cruz, y que fue el remedio universal de todas nuestras llagas, y ahora sentado á vuestra diestra, no cesa de interceder por nosotros. Yo sé que ella egercitó las obras de misericordia, y que perdonó muy de corazon á todos los que la habian ofendido; pues Vos, Señor, perdonadla tambien á ella sus deudas (1), si contrajo algunas en tantos años como vivió, despues de que fue lavada en el agua saludable del bautismo. Perdonadla, Señor, perdonadla os ruego, *y no entreis con ella á juicio* (2). *Sobresalga, Señor, vuestra misericordia sobre vuestra justicia* (3); pues no puede faltar la verdad de vuestras palabras, y Vos habeis prometido tener misericordia con los que han

(1) Matt. 6. 12. (2) Ps. 142. 2.
(3) Jacob. 2. 13.

sido misericordiosos (1). Y si ellos lo fueron, á vuestra misericordia deben el haberlo sido; y como dice vuestro apóstol Pablo, *tendreis misericordia de los mismos con quien antes habeis sido misericordioso, y dareis vuestra misericordia á aquellos con quienes querais usarla* (2).

36 Yo bien creo que ya Vos habreis egecutado lo mismo que os suplico; pero *llevad á bien, Señor, que yo os esplique estos deseos de mi voluntad* (3), cuando os ruego por una madre tan cristiana, que estando ya próxima al dia de su muerte, no pensó siquiera en que su cuerpo se enterrase con aparato suntuoso, ni de que fuese antes embalsamado, ni deseó que la colocasen en un sepulcro distinguido y separado, ni cuidó de que le llevasen al que en su patria tenia prevenido. Nada de esto nos mandó, sino únicamente que nos acordasemos de ella en el sacrificio del altar, al cual todos los dias asistia ella, y cooperaba indispensablemente, porque sabia que en él se ofre-

(1) Mat. 5. 7 (2) Rom. 6. 5.
(3) Ps. 118. v. 108.

cia y sacrificaba aquella víctima santa, con cuya sangre *se borró la escritura de obligacion que habia contra nosotros* (1), y quedó vencido nuestro mortal enemigo que es el que se ocupa en hacer el cómputo de nuestros pecados; pero por mas solícito que anduvo buscando algun defecto que oponer contra la santidad de aquel por quien le vencimos, no halló imperfeccion alguna que fiscalizar.

¿Quien podrá volverle la inocente sangre (a) que derramó por nosotros? ¿Quien podrá restituirle el infinito precio con que nos compró y se hizo señor de nosotros, para que intente arrancarnos de su poder y dominio? Pues á este sacramento que contiene el precio de nuestra redencion,

(1) Colos. 2. 14.

(a) Este pasage (como otros innumerables) estaba en la última traduccion castellana lastimosamente entendido y esplicado, quitando toda la fuerza al pensamiento, y desvaratando la admirable reflexion que hace aqui el Santo, y que es capaz de avivar la confianza de los fieles, que se hallen mas afligidos y desanimados por la multitud y gravedad de sus culpas.

es al que mi madre y sierva vuestra tenia atada estrechamente su alma con el lazo de la fe. Nadie pues, Dios mio, nadie rompa ese lazo, separándola de vuestra proteccion. No se interponga á estorbarla el leon ó dragon infernal con sus violencias, ni con sus astucias; pues aunque ella no responderá que no debe cosa alguna, ni tiene que satisfacer á vuestra justicia, temiendo ser convencida de lo contrario, y venir á manos de su acusador astuto y malicioso; pero responderá que sus deudas se las ha perdonado aquel Señor, á quien nadie puede restituir lo que pagó por nosotros sin deberlo.

37 Descanse pues eternamente en paz con su marido, que fue el único que tuvo, pues ni antes ni despues de él conoció á otro, al cual sirvió de manera, que al mismo tiempo que mereció mucho para con Vos por su paciencia, logró tambien ganarle para Vos.

Inspirad, Vos, Dios mio y mi Señor, inspirad á vuestros siervos, que miro como á hermanos, inspirad á vuestros hijos, que venero como á señores mios, á quienes sirvo con mis palabras, con mi corazon, con mis escritos, que todos los que leyeren estas mis confesiones, hagan en vuestros altares conmemoracion de Mónica vuestra sierva, y juntamente de Patricio su esposo, por medio de los cuales me disteis el ser, é introdugisteis á esta vida, sin saber yo como. A todos pues les ruego, que con un afecto de piadosa caridad se acuerden de los que fueron mis padres en esta luz y vida transitoria, y mis hermanos en el seno de la católica Iglesia madre de todos los fieles, siendo Vos el padre de todos, y que espero serán tambien mis conciudadanos en la Jerusalen eterna, por la cual suspira incesantemente vuestro pueblo, mientras dura su peregrinacion en esta vida, hasta que vuelva á la deseada patria. Asi tendré yo el consuelo de haber procurado á mi madre las oraciones de muchos, y de que por medio de mis confesiones logre mas abundantemente, que por mis oraciones solas, la última cosa que me pidió y encargó.

LIBRO X.

Muestra por qué grados fue subiendo al conocimiento de Dios: que se halla á Dios en la memoria, cuya capacidad y virtud describe hermosamente: que solo en Dios está la verdadera bienaventuranza que todos apetecen, aunque no todos la buscan por los medios legítimos. Despues dice el estado presente de su alma, y los males de las tres concupiscencias.

CAPÍTULO PRIMERO.

Que en solo Dios halla un alma su esperanza y alegría.

1 Conózcaos yo, Padre mio, conózcaos yo como Vos me conoceis (1). Vos, Dios mio, que sois la virtud y fortaleza de mi alma, entrad en ella, y ajustadla tanto á Vos, que la tengais, poseais, y lleneis toda, y ella quede á vuestros

(1) 2. Cor. 13. 11.

ojos *sin arruga ni mancha* (1). Así lo espero y deseo, y esto me da aliento y confianza de hallaros: esta esperanza es la que me alegra, cuando es legítima y verdadera mi alegría. Todas las demas cosas de esta vida tanto menos deberian llorarse, cuanto mas se suele llorar el no tenerlas; y por otra parte tanto mas se debian llorar, cuanto menos se suele llorar el gozarlas. Esta es una confesion de la *verdad que Vos amais* (2): y como *el que sigue la verdad, llega á conseguir la luz* (3), yo quiero seguirla y practicarla, ya sea en la confesion que os hago en lo oculto de mi corazon, ya sea en la que hago públicamente con mi pluma delante de todo el mundo.

(1) Ephes. 5. 27. (2) Ps. 50. 8.
(3) Joan. 3. 21.

CAPÍTULO II.

Siendo claras y manifiestas á Dios las cosas mas ocultas, qué viene á ser lo que hace el hombre en confesarse á Dios.

1 Y aunque yo no quisiese confesarme, ni descubrirme á Vos, ¿que cosa puede haber en mí que os sea oculta, Señor, á cuyos ojos estan patentes y claros (1) los mas profundos y escondidos senos de nuestra conciencia? En tal caso, en lugar de ocultarme á mí de Vos, os ocultaria á Vos de mí. Pero ahora que mis gemidos y llantos testifican, que verdaderamente me desagrado á mí mismo, Vos, Señor, os dignais de descubriros resplandeciente á mi alma, Vos sois toda mi complacencia, Vos sois el objeto de mi amor y de mis deseos, para que avergonzándome de mí mismo, me desprecie y dege á mí, y os escoja solo á Vos, de modo que ya no piense tener gusto en Vos ni

(1) Hebr. 4. 13.

en mí que no provenga de Vos.

Es ciertísimo pues que Vos, Señor, me conoceis claramente tal cual soy; pero ya he dicho ántes el provecho que espero sacar de confesarme á Vos. Asi no lo egecuto con palabras, ni voces formadas en mi boca, sino con palabras interiores de mi alma, y clamores de mi pensamiento que llega á vuestros oidos. Porque si soy malo, no es otra cosa el confesarlo á Vos que desagradarme de mí mismo; y si soy bueno, no es otra cosa el confesarlo á Vos, que no atribuirme á mí mismo esa bondad: *porque Vos, Señor, sois el que dais vuestra bendicion al justo* (1); pero Vos mismo haceis que lo sea, siendo él antes pecador y malo. Y así, Dios mio, estas confesiones que hago delante de Vos, las hago al mismo tiempo callando y no callando; porque si calla el ruido de la voz esterior, no calla mi corazon, ni cesa de clamar. Ni yo hablo ni comunico á los hombres alguna cosa buena, que Vos antes no la hayais oido de mi; ni tampoco pudiera ser que Vos

(1) Ps. 5. 13.

la oyerais de mí, si Vos mismo no me la hubiérais dicho ó inspirado.

CAPÍTULO III.

Del fruto que sacaba de confesar á Dios el estado presente de su alma á distincion de lo que antes habia sido.

3 ¿Que me importa á mí que oigan ó no los hombres las confesiones mias, como si ellos hubieran de sanar todas las dolencias de mi alma; siendo ellos tan curiosos para saber la vida agena, como desidiosos para emendar la suya? ¿Para que desean oir de mí lo que soi, no queriendo escuchar de Vos lo que son ellos? Mas cuando me oigan hablar de mí mismo, ¿de donde saben ellos si yo les digo la verdad, siendo asi que *ninguno de los hombres puede saber lo que pasa en lo interior de cada uno, sino el espíritu humano que está en el hombre mismo* (1)? Pero si los oyeran hablar de ellos mismos, no pudieran decir nunca: el Señor nos engaña, ó esto es mentira.

(1) 1. Cor. 2. 11.

Porque oir ellos lo que decis de ellos mismos, ¿que otra cosa es sino conocerse á sí propios? ¿Y quien es el que habiendo llegado á este conocimiento, se atrevió á decir: es falso esto que conozco, sino mintiendo él mismo?

Mas como es propio de la caridad hacer que todos los que ella une de modo que tengan un solo corazon, se crean todas las cosas mutuamente unos á otros (1): yo, Señor, tambien os hago mi confesion de tal modo que pueda llegar á noticia de los hombres, aunque no pueda hacerles demostracion de que os confieso realmente la verdad: porque estoy seguro de que me creerán todos aquellos á quienes la caridad anima y abre los oidos.

4 Pero no obstante, Dios mio y médico soberano de mi alma, dignaos de declararme qué fruto puedo sacar de hacer esto. Ya veo que las confesiones de mis males pasados, que Vos me perdonasteis, y los borrasteis (para comunicarme vuestra bienaventuranza), dando á mi alma nuevo ser con la fe y gracia de vuestro

(1) 1. Cor. 13. 7.

santo bautismo, cuando se leen, ó se oyen, han de escitar precisamente el corazon humano, para que no se dege oprimir del letargo de la desesperacion, ni diga: no puedo ya ser otro; antes bien servirán para que despertando de tan peligroso sueño, esté vigilante en el amor de vuestra misericordia y en la dulzura de vuestra gracia, que es la que da á los flacos el poder y robustez que necesitan, y tambien la luz que es necesaria para que reconozcan su flaqueza. Aun los buenos se deleitan con saber los males pasados de los que ya se han librado de ellos; pero no se deleitan porque son males, sino porque lo fueron, y ya no lo son.

¿Cual pues será el provecho, Dios y Señor mio, á cuya presencia se confiesa todos los dias mi alma, quedando mas quieta y segura con la esperanza de vuestra misericordia, que con su inocencia? ¿cual, digo, será el provecho que puedo prometerme de hacer ante Vos estas confesiones por escrito, para que llegue á noticia de los hombres lo que soy al presente, no lo que antes de ahora he sido? Porque ya he visto el fruto que corresponde á confesar lo que fui, y ya hice antes conmemoracion de él.

Pero lo que soy ahora al presente, y á éste mismo tiempo en que estoy escribiendo mis confesiones, hay muchos que lo desean saber, ya de los que me conocieron antes, ya tambien de los que no me conocieron, pero que á mí mismo ó á otros han oido hablar de mí; aunque ni los unos ni los otros pueden aplicar sus oidos á las voces interiores de mi corazon, donde se halla realmente la verdad de lo que soy. Quieren pues oirme confesar lo que soy verdaderamente en mi interior, adonde no pueden aplicar sus ojos, ni sus oidos, ni sus entendimientos; con todo eso ellos lo quieren, y estan dispuestos á creerme; ¿pero acaso eso es bastante para que tengan un conocimiento cierto y seguro de lo que yo soy interiormente? La caridad que los hace tan buenos como ellos son, es la que los persuade que yo no miento en estas confesiones que hago de mí mismo, y ella es la que hace que den crédito á mis palabras.

CAPÍTULO IV.

Del grande fruto que esperaba hacer en los fieles con los libros de sus Confesiones.

5 ¿Pero que fruto esperan sacar de mis confesiones estos que las desean? ¿será acaso que quieren alegrarse conmigo y darme parabienes, cuando sepan lo que por vuestra gracia he adelantado para acercarme á Vos; y orar por mí, cuando me oigan confesar cuanto me estorbe para eso mismo el peso de mi corrupcion? A estos tales yo me descubriré desde luego: porque ya no es pequeño fruto, Dios y Señor mio, que muchos os den gracias por los beneficios que me habeis hecho, y sean muchos tambien los que os supliquen y hagan oracion por mí (1).

Bueno es que mis hermanos amen en mí lo que Vos enseñais que debe ser amado; y bueno es que sientan ver en mí, lo que Vos enseñais que debe ser sentido. Haga esto el que me ame como á verda-

(1) 2. Cor. 1. 11.

dero hermano suyo; no aquel que por falta de caridad y fe me sea estraño, y pertenezca á la clase de los que llama David *hijos agenos: cuya boca se emplea en doctrinas vanas, y cuya diestra lo es para la maldad* (1). Haga esto, vuelvo á decir, el que me mire con fraternal afecto; porque este cuando me aprueba, se alegra de mi bien; y cuando me reprueba, se entristece de mi mal: porque ya apruebe ó ya repruebe mi conducta, siempre me ama. Pues á estos quiero darme á conocer, para que respiren con alegría cuando sepan lo que hay en mí de bueno, y suspiren con tristeza por lo que hubiere de malo.

Cuanto hay en mí de bueno, de Vos, Señor dimanó, de Vos tuvo el principio, y todo ello es don vuestro; pero cuanto hay de malo, ó son mis propios delitos, ó son penas que les corresponden por vuestros justos juicios. Pues respiren mis hermanos por aquellos bienes, y suspiren llorosos por estos otros males: y tanto sus alegres himnos, como sus tristes llantos suban hasta el trono de vuestra Mages-

(1) Ps. 143. 8.

tad, como oloroso incienso que exhalan los corazones de mis hermanos, como otros tantos racionales incensarios llenos del fuego de la caridad, para que Vos, Señor, aplacado con esa fragrancia de vuestro santo templo, *tengais piedad de mí, segun es propio de vuesta grande misericordia* (1), y por la gloria de vuestro santo nombre; y no cesando jamas de conservar lo bueno que en mí habeis comenzado, perfeccionad tambien lo que todavía hubiere de imperfecto.

6 Este es, Señor, todo el fruto que pretendo sacar de estas mis confesiones; no ya diciendo lo que he sido antes, sino lo que soy ahora: lo cual confieso no solamente en vuestra presencia (2) con interior alegría mezclada de temor, y con oculta tristeza acompañada de esperanza; sino que tambien lo he de confesar en presencia de todos los fieles hijos de los hombres, compañeros de mi gozo, y participantes como yo de la humana y mortal naturaleza, conciudadanos mios de la celestial Jerusalen, á la cual peregrinan

(1) Ps. 50. 1. (2) Id. 2. 11.

conmigo en la tierra, ya sean los que me preceden, ya los que me sigan, ya los que me acompañen durante el camino de mi vida. Estos son vuestros siervos, y por eso mis hermanos: los cuales, Vos, Señor, quisisteis que fuesen vuestros hijos, y yo venero como á mis señores, á quienes Vos me habeis (a) mandado que sirva, si quiero vivir con Vos de vuestra misma vida.

Y para que yo lo pudiese egecutar, no me bastaria que vuestra palabra solo hablando me lo mandase, si ademas de mandármelo, no me hubiera precedido egecutando lo mismo que habia mandado. Pues tambien yo hago esto que me mandais,

(a) Dice el Santo Doctor, que Dios le ha mandado que sirva á sus hermanos, aludiendo á lo que su Magestad dijo por San Lucas (22. 26.): *El que sea el mayor entre vosotros, hágase como el menor, y el que fuere presidente y prelado, hágase y pórtese como el siervo y ministro de todos.* Asi San Agustin, aun siendo obispo, cumplia exactísimamente este precepto; y no mandaba, sino que servia á sus clérigos, á sus frailes, á todos sus inferiores y súbditos.

con mis hechos y con mis dichos. Esto hago bajo la proteccion de vuestras alas; y es cierto que lo haria con grandísimo peligro, á no estar mi alma debajo de la proteccion de vuestras alas, y á no seros notoria mi flaqueza.

Es verdad que yo soy un parvulillo; pero mi Padre vive siempre y es eterno, y en él tengo el tutor que necesito. El mismo que me dió el ser, es mi tutor, y Vos, Señor, sois para mí todo esto, y todos mis bienes juntos: Vos sois el Todopoderoso, que estais siempre conmigo, y aun antes que yo estuviese con Vos. A estos pues, á quienes me mandais que sirva en esto, me descubriré, y les manifestaré, no ya lo que he sido antes, sino lo que ya soy (a), y lo que todavía soy; *pero no obs-*

(a) *Lo que ya soy*, esto es, lo que ya he adelantado en la virtud; *y lo que todavia soy*, esto es, lo que todavía me falta que emendar y perfeccionar. Y esto mismo lo dice de otro modo al principio de este capítulo en aquellas palabras: *lo que por vuestra gracia he adelantado para acercarme á Vos; y... cuanto me estorve el peso de mi corrupcion.* Pero los traducto-

tante no me juzgo á mí mismo (1) con el juicio mas exacto, cabal y perfecto: y en esta suposicion se ha de entender lo que les voy á decir.

CAPÍTULO V.

Que el hombre no se conoce á sí mismo cabal y perfectamente.

7 Vos solamente, Señor, sois el que puede hacer juicio cabal de lo que soy; pues aunque es cierto *que ninguno de los hombres puede llegar á saber lo que pasa en lo interior de otro hombre sino el mismo espíritu que está en cada uno de ellos* (2), hay no obstante algunas cosas en el hombre, que aun el mismo espíritu que le anima no las sabe cabal y perfectamente; y solo Vos, Señor, que le habeis criado, conoceis todas sus cosas con ese cabal y perfectísimo conocimiento. No obstante eso, aunque respecto de vuestra

---

res no han esplicado bien el *quis jam sîm*, & *quis adhuc sim* del testo.

(1) 1. Cor 4. 3. (2) 1. Cor. 2. 11.

perspicacia me desprecie yo á mí mismo, y conozca que soi tierra y ceniza; algunas sé y puedo afirmar de Vos, que no las sé ni puedo afirmar de mí.

Es muy cierto que *ahora no os vemos sino confusamente como por un espejo y en enigmas, y todavía no hemos llegado á veros cara á cara* (1): y que por eso mientras dura *mi peregrinacion en la tierra* (2), me veo mas de cerca á mí mismo que no á Vos, y no obstante eso sé ciertamente de Vos, que de ningun modo podeis padecer violencia ni daño alguno; cuando de mí mismo ignoro enteramente á qué tentaciones podré resistir, y á cuales no podré. Tengo esperanza de salir con victoria, la cual está fundada *en que Vos sois fiel en vuestras promesas, y no permitis que seamos tentados mas de lo que nuestras fuerzas pueden resistir* (3); antes bien haceis que saquemos provecho de la tentacion, para que al fin salgamos victoriosos. Confesaré pues lo que sé de mí, y confesaré tambien qué es lo que de mí no sé. Porque todo lo

(1) 1. Cor. 13. 12. (2) 2. Cor. 5. 6.
(3) 1. Cor. 10. 13.

que sé de mí, lo sé mediante la luz que Vos me habeis comunicado para que lo sepa; y lo que no sé de mí, estaré sin saberlo, hasta que estas tinieblas de mi ignorancia se conviertan en luz tan clara como la del mediodia con el resplandor de vuestra divina presencia.

CAPÍTULO VI.

Qué es lo que se ama cuando se ama á Dios, y cómo por las criaturas se llega á conocer al criador.

8 Yo, Señor, sé con certeza que os amo, y no tengo duda en ello. Heristeis mi corazon con vuestra palabra, y luego al punto os amé. Y ademas de esto, tambien el cielo, la tierra, *y todas las criaturas que en ellos se contienen* (1), por todas partes me estan diciendo que os ame, y no cesan de decírselo á todos los hombres, *de modo que no pueden tener escusa, si lo omiten* (2).

Pero el mas alto y seguro principio de

(1) Psalm. 145. 6. (2) Rom. 1. 20.

ese amor es que *Vos usais con ellos de vuestra misericordia* (1), haciendo que os amen aquellos con quienes habeis determinado ser misericordioso: y concedeis por vuestra piedad que os tengan amor, los que por misericordia vuestra teniais escógidos para que os amaran; sin lo cual serian tan inútiles las voces con que cielo y tierra se esplican incesantemente en vuestras alabanzas, como si las digeran á los sordos.

¿Pero, que es lo que yo amo, cuando os amo? No es hemorsura corpórea, ni bondad transitoria, ni luz material agradable á estos ojos, no suaves melodías de cualesquiera canciones, no la gustosa fragrancia de las flores, ungüentos ó aromas, no la dulzura del maná ó la miel; ni finalmente deleite alguno que pertenezca al tacto ó á otros sentidos del cuerpo. Nada de esto es lo que amo cuando amo á mi Dios; y no obstante eso, amo una cierta luz, una cierta armonía, una cierta fragrancia, un cierto manjar, y un cierto deleite cuando amo á mi Dios,

(1) Rom. 9. 25.

que es luz, melodía, fragrancia, alimento, y deleite de mi alma: en la cual resplandece una luz que no ocupa lugar; se percibe un sonido, que no le arrebata el tiempo; se siente una fragrancia, que no la esparce el aire; se recibe gusto de un manjar, que no se consume comiéndose; y se posee estrechamente un bien tan delicioso, que por mas que se goce y se sacie el deseo, nunca puede dejarse por fastidio. Pues todo esto es lo que amo, cuando amo á mi Dios.

9 ¿Pero que viene ser esto? yo pregunté á la tierra, y respondio: No soy yo eso; y cuantas cosas se contienen en la tierra me respondieron lo mismo. Pregunté al mar y á los abismos, y á todos los animales que viven en las aguas, y respondieron: No somos tu Dios; búscale mas arriba de nosotros. Pregunté al aire que respiramos, y respondió todo él con los que le habitan: Anaximenes se engaña, porque no soy tu Dios. Pregunté al cielo, sol, luna, y estrellas, y digeron: Tampoco somos nosotros ese Dios que buscas. Entonces dige á todas las cosas que por todas partes rodean mis sen-

tidos: Ya que todas vosotras me habeis dicho que no sois mi Dios, decidme por lo menos algo de él. Y con una gran voz clamaron todas: *Él es el que nos ha hecho* (1).

Estas preguntas que digo yo que hacia á todas las criaturas, era solo mirarlas yo atentamente y contemplarlas; y las respuestas que digo me daban ellas, es solo presentárseme todas con la hermosura y órden que tienen en sí mismas.

Despues de esto volviendo hácia mí la consideracion, me pregunté á mí mismo: ¿tú qué eres? y me respondí: soy hombre. Y bien claramente conozco que soy un todo compuesto de dos partes, cuerpo y alma, una de las cuales es visible y esterior, y la otra invisible é interior. ¿Y cual de las dos es de la que debo valerme para buscar á mi Dios despues de haberle buscado recorriendo todas las criaturas corporales que hay desde la tierra al cielo, hasta donde pude enviar por mensageros los rayos visuales de mis ojos? No hay duda en que la parte interior es la mejor

(1) Ps. 99. 3.

y mas principal, pues ella era á quien todos los sentidos corporales que habian ido por mensageros, referian las respuestas que daban las criaturas, y la que como superior juzgaba de lo que habian respondido cielo y tierra, y todas las cosas que hay en ellos diciendo, nosotras no somos Dios, pero somos obra suya. El hombre interior que hay en mí, es el que recibió esta respuesta, y conoció ésta verdad, mediante el ministerio del hombre esterior. Es decir, que yo considerado segun la parte interior de que me compongo, yo mismo en cuanto al alma, conocí estas cosas por medio de los sentidos de mi cuerpo. Pregunté por mi Dios á toda esta grande máquina del mundo, y me respondió: *Yo no soy Dios, pero soy hechura suya.*

10 Esta hermosura y órden del universo ¿no se presenta igualmente á todos los que tienen cabales sus sentidos? ¿Pues como á todos no les responde eso mismo?

Todos los animales, desde los mas pequeños hasta los mayores, ven esta hermosa máquina del universo, pero no pueden hacerle aquellas preguntas, porque no tienen entendimiento, que como superior juzgue de las noticias y especies que traen los sentidos. Pero los hombres pueden egecutarlo, y *por el conocimiento de estas criaturas visibles pueden subir á conocer las perfecciones invisibles de Dios* (1); aunque sucede que llevados del amor de estas cosas visibles, se sugetan á ellas como esclavos: y asi no pueden juzgar de las criaturas, pues para eso habian de ser superiores á ellas. Ni estas cosas visibles responden á los que solamente las preguntan; sino á los que al mismo tiempo que preguntan, saben juzgar de sus respuestas. Ni ellas mudan su voz, esto es, su natural hermosura, ni respecto de uno que no hace mas que verlas, ni respecto de otro que ademas de esto se detiene á preguntarlas, de suerte que á aquel parezcan de un modo, y á este de otro; sino que presentándose á entrambos con igual hermosura, hablan con el uno, y son mudas para con el otro; ó por mejor decir, á entrambos y á todos hablan;

(1) Rom. 1. 20.

pero solamente las entienden los que saben cotejar aquella voz que perciben por los sentidos esteriores, con la verdad que reside en su interior.

Esta verdad es la que me dice: no es tu Dios el cielo, ni la tierra, ni todo lo demas que tiene cuerpo. La misma naturaleza de las cosas corporales, á cualquiera que tenga ojos para verlas, le está diciendo: Esto es una cuantidad abultada; y esta precisamente es menor en la parte, que en el todo. Y de aqui se infiere, que tú, alma mia, eres mejor que todo lo corpóreo, porque tú animas esa abultada cuantidad de tu cuerpo, y le das la vida que goza; lo que cuerpo ninguno puede hacer con otro cuerpo. Pero tu Dios está tan lejos de ser corpóreo, que aun respecto de ti, que eres vida del cuerpo, es Dios tu vida (1).

(1) Joan. 14. 6.

CAPÍTULO VII.

Que ninguno puede hallar á Dios por medio de los sentidos corporales, ni de las potencias puramente sensitivas.

11. ¿Pues que es lo que yo amo cuando amo á mi Dios? ¿Que ser tiene aquel que es superior á lo que hay mas alto y superior en mi alma? Es menester que ella me sirva como de escala para subir hasta él. Pasaré pues mas arriba de aquella facultad que egerce mi alma en el cuerpo, comunicando la vida á todas las partes de que se compone: pues con sola esta facultad ó potencia de mi alma no puedo hallar á mi Dios; porque de lo contrario se siguiera que tambien le hallarian *los brutos irracionales, en los que no hay entendimiento* (1), pues tambien ellos tienen esa facultad que da vida á sus cuerpos.

Hay tambien en mi alma otra virtud y facultad superior á esta, la cual no so-

(1) Psalm. 31. 9.

lamente hace que viva el cuerpo, sino tambien que sea sensitivo. Y el mismo Señor que crió á mi alma con esta facultad, mandó y dispuso que no oyera por los ojos, ni viera por los oidos; sino que se sirviera de aquellos para ver, y de estos otros para oir, y asi respectivamente de los demas sentidos, á los cuales señaló sus propios y peculiares órganos y oficios, que no obstante ser tan diversos, mi alma siendo única y sola, los egecuta todos por diferentes sentidos.

Pues tambien debo pasar mas arriba de esta facultad de mi alma, que me da la vida sensitiva: porque esta es comun al caballo y demas brutos, pues tambien ellos sienten por medio de los órganos y sentidos de su cuerpo.

CAPÍTULO VIII.

De la admirable virtud y facultad de la memoria.

12 Continuando pues en servirme de las potencias de mi alma, como de una escala de diversos grados para subir

por ellos hasta mi Criador, y pasando mas arriba de lo sensitivo, vengo á dar en el anchuroso campo y espaciosa jurisdiccion de mi memoria, donde se guarda el tesoro de innumerables imágenes de todos los objetos que de cualquier modo sean sensibles, las cuales han pasado al depósito de la memoria por la aduana de los sentidos. Ademas de estas imágenes, se guardan tambien alli todos los pensamientos, discursos, y reflexiones que hacemos, ya aumentando, ya disminuyendo, ya variando de otro modo aquellas mismas cosas, que fueron el objeto de nuestros sentidos: y en fin, alli se guardan cualesquiera especies, que por diversos caminos se han confiado y depositado en la memoria, como todavía no las haya deshecho y sepultado el olvido.

Cuando mi alma se ha de servir de esta potencia, pide que se le presenten todas las imágenes que quiere considerar: y algunas se le presentan inmediatamente; pero á otras hay que buscarlas mas despacio, y como que es menester sacarlas de unos senos mas retirados y ocultos. Otras suelen salir amontonadas y de tropel; y no siendo aquellas las especies que entonces se pedian y buscaban, ellas se ponen delante como diciendo: ¿Por ventura somos nosotras las que buscais? Yo las aparto de la vista y aspecto de mi memoria con la mano del entendimiento; hasta que se descubra lo que busco, y acabe de dejarse ver, saliendo de aquellos senos donde estaba escondido. Tambien hay otras que se presentan facilmente y con el mismo órden con que se las va llamando: y entonces las primeras ceden su lugar á las que siguen, y cediéndole vuelven á guardarse. Todo esto sucede verdaderamente, cuando digo alguna cosa de memoria.

13 Alli estan guardadas con órden y distincion todas las cosas, y segun el órgano ó conducto por donde ha entrado cada una de ellas: como por egemplo, la luz y todos los colores, la traza y hermosura de los cuerpos, por los ojos; todos los géneros y especies que hay de sonidos y voces, por los oidos; todos los olores, por el órgano del olfato; todos los sabores, por el gusto; y finalmente, por el sentido del tacto que se estiende

generalmente por todo el cuerpo, todas las especies de lo que es duro ó blando, caliente ó frio, suave ó áspero, pesado é ligero, ya sean estas cosas esteriores, ya interiores al cuerpo. Este capacísimo retrete de la memoria recibe en no sé qué secretos é inesplicables senos que tiene, todas estas cosas que por las diferentes puertas de los sentidos entran á la memoria, y en ella se depositan y guardan, de modo que puedan volver á descubrirse y presentarse cuando fuere necesario.

Pero no entran allá estas mismas cosas materiales; sino que unas imágenes que representan esas mismas cosas sensibles, son las que se ofrecen y presentan al pensamiento, cuando sucede que uno se acuerda de ellas. ¿Mas quien sabe ni podrá decir cómo fueron formadas estas especies ó imágenes, no obstante que claramente consta por qué sentidos fueron atraidas y guardadas allá dentro?

Porque aun cuando estoy á oscuras y en silencio, si yo quiero, saco allá en mi memoria varios colores, y hago distincion entre lo blanco y lo negro, y entre los demas colores que quiero; y los ruidos ó sonidos no se presentan entonces, ni perturban lo que estoy considerando, y que ha entrado por los ojos, siendo asi que tambien los sonidos estan alli, aunque puestos como separadamente y escondidos. Porque tambien si me agrada, pido que salgan ellos, y al instante se me presentan: y entonces sin mover la lengua, y callando la garganta, canto allá en mi interior todo lo que quiero; y no obstante que estan alli tambien las dichas imágenes de los colores, no se mezclan con estas otras, ni sirven de estorbo cuando se está disfrutando aquel otro depósito de imágenes que entraron por los oidos.

Del mismo modo recuerdo á mis solas, cuando quiero, todas las demas cosas, cuyas imágenes entraron á juntarse en la memoria por los otros sentidos: y sin oler cosa alguna, discierno entre el olor de los lirios y de las violetas: y sin valerme del gusto, ni del tacto, sino solamente repasando las especies que enviaron á mi memoria estos sentidos, prefiero la dulzura de la miel á la del arrope, y lo que es suave á lo que es áspero.

14 Todo esto lo egecuto allá dentro del gran salon de mi memoria. Alli se me presentan el cielo, la tierra, el mar, y todas las cosas que mis sentidos han podido percibir en ellos, escepto las que ya se me hayan olvidado. Alli tambien me encuentro yo á mí mismo, me acuerdo de mí, y de lo que hice, y en qué tiempo y en qué lugar lo hice, y en qué disposicion y circunstancias me hallaba cuando lo hice. Alli se hallan finalmente todas las cosas de que me acuerdo, ya sean las que he sabido por esperiencia propia, ya las que he creido por relacion agena. A todas estas imágenes añado yo mismo una innumerable multitud de otras que yo formo sobre las cosas que he esperimentado, ó que fundado sobre estas, he creido por diversos modos, y son las semejanzas y respectos que todas ellas dicen entre sí y esas á otras. Y ademas de esto se han de añadir las ilaciones que hago de todas estas especies, como las acciones futuras, los sucesos venideros, y las esperanzas. Todo lo cual lo considero y miro en la memoria

como presente, sin salir de aquel capacísimo seno de mi alma, lleno de tantas imágenes de tan diversas cosas. Y suelo decirme á mí mismo: *Yo he de hacer esto ó aquello: y de aqui se seguirá esto ó lo otro. Ojalá que sucediera tal ó tal cosa: no quiera Dios que esto ó aquello suceda.* Todo esto lo digo en mi interior; y cuando lo digo, salen de aquel tesoro de mi memoria, y se me presentan las imágenes de todas las cosas que digo; y nada de eso pudiera decir, si aquellas imágenes no se me presentaran.

15 Grande es, Dios mio, esta virtud y facultad de la memoria: grandísima es, y de una estension y capacidad que no se le halla fin. ¿Quien ha llegado al término de su profundidad? Pues ella es una facultad y potencia de mi alma, y pertenece á mi naturaleza; y no obstante yo mismo no acabo de entender todo lo que soy. ¿Pues que el alma no tiene bastante capacidad para que quepa en ella todo su propio ser? ¿Y donde ha de quedarse aquello que de su ser no cabe dentro de ella misma? ¿Acaso ha de estar fuera de ella, y no

en ella misma? ¿Pues como puede ser verdad que ella á sí misma no se entiende ni comprende toda?

Esto me causa grande admiracion, y me tiene atónito y pasmado. Los hombres por lo comun se admiran de ver la altura de los montes, las grandes olas del mar, las anchurosas corrientes de los rios, la latitud inmensa del Océano, el curso de los astros, y se olvidan de lo mucho que tienen que admirar en sí mismos. No admiran ellos, que cuando yo nombraba estas cosas que acabo de decir, no las estaba viendo con mis ojos; y no obstante era preciso para nombrarlas que interiormente viese en mi memoria los montes, las olas, los rios y los astros, que son cosas que he visto, y el Océano de que otros me han informado; y que se me presentasen con tan grandes espacios y estension como tienen en sí mismos, y como si los estuviera viendo con mis ojos. Ni tampoco cuando vi estas cosas, se me introdugeron por los ojos ellas mismas, ni son ellas las que estan dentro de mí en el depósito de mi memoria, sino solamente unas imágenes suyas, y tambien sé y conozco clara y distintamente por cual de los sentidos de mi cuerpo ha entrado cada una de ellas, y la impresion que han hecho en mi memoria.

CAPÍTULO IX.

Del lugar que tienen en la memoria las ciencias.

16 Pero no son solas estas las cosas que se encierran en la inmensa capacidad de mi memoria; pues tambien estan alli como apartadas en un lugar mas profundo (aunque propiamente no es lugar), todas las cosas que he aprendido de las artes liberales, si no se han olvidado: y conservo alli guardadas, no las imágenes de estas cosas, sino las cosas mismas. Porque lo que sé de la gramática, de la lógica, y de la retórica no está de tal modo en mi memoria, que dentro de ella esten las imágenes de las ciencias, y estas se quedasen fuera. Porque esto no es una cosa que sonó y pasó, como la voz que sonó en los oidos, y pasó dejando un rastro ó señal de sí,

por donde nos acordemos de ella como si sonara cuando ya no suena; ni como un olor, que segun va pasando y esparciéndose por el aire, mueve al olfato, desde donde envia á la memoria una imágen suya, la cual tenemos presente cuando nos acordamos del olor; ni tampoco como el manjar, que estando en el estómago, ya verdaderamente no tiene sabor, y en la memoria parece que sí le tiene; ni como lo que se siente por medio del tacto, lo cual aunque esté distante, queda en la memoria su imágen, que nos lo representa. Porque todas estas cosas no entran en la memoria segun el ser que tienen en sí mismas, sino solamente unas imágenes suyas, que con maravillosa facilidad y presteza se forman y se depositan en aquellos senos y como celdillas admirables que tiene la memoria, de donde tambien maravillosamente vuelven á salir cuando uno las recuerda.

CAPÍTULO X.

Las ciencias no entran á la memoria por ministerio de los sentidos; sino que salen de otro seno mas profundo de ella.

17 Pero cuando oigo decir á alguno, que acerca de cualquier cosa se pueden hacer tres géneros de cuestiones, conviene á saber: *si ella es*, *qué ser tiene*, y *qué tal es*, es cierto que conservo en mi memoria las imágenes de los sonidos con que se formaron y pronunciaron estas palabras; y tambien sé que los tales sonidos pasaron por los aires, y sonando se disiparon y desvanecieron enteramente, de modo que ya no existen. Mas las cosas significadas por aquellas voces, no pude yo tocarlas ni percibirlas por alguno de mis sentidos corporales, ni en parte alguna las vi sino en mi alma: y yo guardé en mi memoria, no las imágenes de aquellas cosas, sino á ellas mismas; mas por dónde hayan entrado á mi alma, ellas solamente lo han de decir, si pueden.

Por mas que voy recorriendo y examinando bien todas las puertas de mis sentidos, no encuentro por cual de ellas puedan haber entrado. Porque los ojos dicen: si tienen algun color, nosótros fuimos los que dimos noticia de ellas. Los oidos dicen: si hicieron algun sonido, nosotros te las mostramos. El olfato dice: si fueron olorosas, por aqui solamente habrán pasado. Tambien el sentido del gusto dice: si no tienen algun sabor, no hay que preguntarme á mí. El tacto dice: si no es alguna cosa corpulenta, yo no he podido tocarla; y si no la he tocado, tampoco puedo dar noticia de ella.

¿Pues de donde han venido estas ciencias, y por donde han entrado á mi memoria? Yo no sé como ha sido. Porque cuando las aprendí, no fue dando crédito á lo que otros me digesen; sino que yo mismo las descubrí en mi alma desde luego, y habiéndolas aprobado como verdaderas, las encomendé á la memoria como depositándolas allí, para volverlas á sacar cuando quisiese. Luego estaban dentro de mi alma aun antes de que yo las aprendiese: pero todavía no estaban en mi memoria. ¿Pues adonde habian de estar? Y si no, ¿por que las reconocí luego que me hablaron de ellas, y por qué dige: *Esto es asi; esto es verdad*, sino porque ya estaban en mi memoria, aunque tan escondidas y encerradas en sus senos profundísimos y ocultísimos, que si alguno no las escitara ni me hubiera hablado de ellas, puede ser que jamas se me hubieran ofrecido al pensamiento?

CAPÍTULO XI.

Qué cosa sea aprender, hablando de las verdades que hallamos en nosotros mismos.

18 Por lo cual hallamos que aprender estas cosas, cuyas imágenes no hemos recibido por los sentidos, sino que sin imágenes é inmediatamente como ellas son en sí las vemos dentro de nosotros mismos, no es otra cosa que recoger y juntar con el pensamiento aquellas especies que estaban como dispersas y sin órden en nuestra memoria: y ademas de eso procurar con reflexion y advertencia

que esas mismas verdades, que antes estaban alli dispersas, arrinconadas y escondidas; de alli adelante esten como puestas á mano en la misma memoria, y se presenten facil y prontamente luego que quisieremos valernos de ellas.

¿Y cuan grande multitud de especies de esta clase tiene mi memoria, que al presente estan juntas y ordenadas, y como tengo dicho, puestas á mano para poder usarlas, y comunmente se dice que las hemos estudiado, sabido y aprendido? Pero estas mismas cosas, si de cuando en cuando no se vuelven á repetir y repasar, de tal manera se hunden otra vez, y se van como resvalando hasta los senos mas profundos y escondidos, que es menester nuevamente irlas buscando y sacando de alli mismo (porque ellas no tienen otro lugar donde irse), como si fueran nuevas y nunca sabidas, y recogerlas y ponerlas juntas otra vez para que puedan saberse. Esto mismo da á entender la palabra latina *cogitare*, que significa *pensar*; pero en su raiz (que es *cogo*, de donde sale el frecuentativo *cógito*) significa *recoger y juntar*; y asi *pen-*

sar es lo mismo que juntar y unir las especies que estaban en la memoria dispersas. Pero ya este verbo no se usa propiamente en la significacion de juntar cualesquiera cosas, que estan dispersas en cualquiera parte; sino solamente para significar las que se recogen y juntan en el alma, que propiamente en latin se dice *cogitare*, y en castellano *pensar*.

CAPÍTULO XII.

Del lugar que tienen en la memoria las ciencias matemáticas.

19 Ademas de todo lo dicho, contiene tambien la memoria innumerables reglas, razones y leyes acerca de los números y dimensiones de la cuantidad, que no las ha recibido ni adquirido por ninguno de los sentidos del cuerpo; por cuanto no son ellas de color alguno, ni suenan, ni huelen, ni se gustan, ni se palpan. Es verdad que cuando se habla ó se disputa de ellas, oigo los sonidos de las voces ó palabras con que estas mismas ciencias y sus leyes y reglas

se significan; pero aquellos sonidos son una cosa, y estas cosa muy distinta. Porque aquellas suenan de un modo en latin, y de otro en griego; pero dichas ciencias ni son griegas, ni latinas, ni de otro algun determinado idioma.

Tambien es cierto que he visto por mis ojos aquellas líneas con que trazan los arquitectos sus obras, no obstante ser tan delicadas y sutiles como el hilo de la araña; pero aquellas que yo tengo en mi interior son muy diferentes de estas, ni tampoco son imágenes de las líneas que me mostraron mis ojos. Aquel solo conoce bien qué líneas son aquellas, que abstrayendo ó prescindiendo de todo lo que es cuerpo las contempla y examina.

Igualmente es verdad que por medio de los sentidos de mi cuerpo han entrado á mi interior las imágenes de los números que esteriormente contamos; pero aquellos con que contamos á esos otros, son muy distintos de estos, y tampoco son imágenes de estos números, y por tanto su ser es mas constante y mas cierto. El que no alcance á ver estos números que digo, se reira de esto que hablo, y yo tendre lástima y compasion del que por esto se riyese de mí.

CAPÍTULO XIII.

Como la memoria es tan reflexiva, que con ella nos acordamos de habernos acordado.

20 Todas estas cosas tengo en mi memoria, como tambien los diferentes medios y modos con que las aprendí. Tambien muchas obgeciones y argumentos falsos, que he oido proponer en las disputas contra estas verdades, las tengo en mi memoria; y aunque las dichas obgeciones son falsas, no es falso que yo me acuerdo de ellas, ni que hice discernimiento entre la verdad de aquellas teses, y la falsedad de estas obgeciones. Tambien de esto me acuerdo. Y ademas de esto veo en mi memoria, que el discernimiento y juicio que ahora formo de estas cosas, es diferente del que me acuerdo haber hecho antes muchas veces que he pensado en ellas. Luego tambien me acuerdo de que he entendido estas cosas diferentes veces, y que ahora las percibo y entiendo, lo guardo en mi me-

moria para acordarme despues de que ahora las he entendido. Con que tambien me acuerdo de que me he acordado: como si despues me acuerdo de que ahora he podido acordarme de estas cosas, sin duda que será un acto reflejo de la virtud ó facultad de la memoria.

CAPÍTULO XIV.

Como tambien estan en la memoria las afecciones ó pasiones del ánimo.

21 Las afecciones ó pasiones del alma tambien tienen su lugar en mi memoria; pero no estan en ella de aquel modo con que estan en el alma cuando las padece, sino de otro muy diverso, y segun corresponde al oficio y facultad de la memoria. Porque sin sentir en mí alegría, me acuerdo de haber estado alegre, y sin estar triste me acuerdo de mi tristeza pasada: tambien sin sentir temor, me acuerdo de haber temido alguna vez; y sin desear ni apetecer, me acuerdo de que antes he apetecido y deseado, y algunas veces me acuerdo de lo que positi-

vamente es contrario al afecto que entonces esperimento; pues estando con alegría me acuerdo de mi tristeza pasada, y estando con tristeza suelo acordarme de mi pasada alegría.

No fuera esto tan digno de admirarse, hablando de las pasiones del cuerpo; porque el alma que es la que se acuerda, es muy distinta del cuerpo que las padecia: Y asi no merece tanta admiracion, que estando yo actualmente gozoso, me acuerde de algun dolor pasado de mi cuerpo. Pero aqui es cosa que admira, porque tambien es alma la memoria; pues cuando encargamos á alguno que no olvide una cosa, solemos decirle: *Mira que esto lo tengas en el alma*; y cuando sucede olvidarnos de algo, decimos: *No estuvo en mi alma tal cosa, ó se me escapó del alma*, llamando alma á la memoria.

Pues siendo esto asi, ¿en que consiste que cuando estando actualmente alegre me acuerdo de mi tristeza pasada, tenga mi alma alegría, y mi memoria tristeza; pero del tal suerte, que la alma real y verdaderamente está alegre, porque tiene en sí la alegría, y la memoria no está triste, aunque tiene en sí la tristeza? ¿Acaso puede decirse que la memoria no es parte del alma? ¿Quien puede decir tal cosa? De todo lo cual podemos inferir, que la memoria respecto del alma, es como el estómago (a) respecto del cuerpo: y que la alegría y tristeza son como dos manjares, uno dulce y otro amargo; y así cuando aquellas se encomiendan á la memoria, es como cuando los manjares pasan al estómago que alli se pueden guardar, pero no pueden alli comunicar su sabor. Fuera pensamiento ridículo juzgar que en todo eran semejantes estas dos cosas; pero no puede negarse que tienen las dos alguna semejanza.

22 Tambien es muy cierto, que cuando digo que son cuatro las pasiones del alma, deseo, alegría, miedo y tristeza, y todo lo que de ellas pudiese discurrir

(a) Platon llamó tambien á la memoria *estómago* del alma; pero aunque sirve mucho este egemplo para esplicar el asunto de que trata aqui San Agustin, el mismo Santo dice, que no convienen en todo estómago y memoria, sino que en parte se parecen, y en parte se distinguen.

y disputar, ya dividiendo cada uno de sus géneros en sus respectivas especies, ya dando á cada una sus propias definiciones, lo saco de mi memoria, y alli encuentro lo que he de decir, y de alli efectivamente saco todo lo que digo; pero no me siento movido de ninguna de estas pasiones cuando las recuerdo, las nombro y trato de ellas; siendo asi que estaban en mi memoria aun antes que yo tratase ó me acordase de ellas, y porque estaban alli, pude sacarlas á luz y recordarlas.

Acaso podrá decirse, que como el manjar sale del estómago á la boca rumiándole los animales, asi estas cosas salen de nuestra memoria con acordarnos de ellas. ¿Pues como en el pensamiento, que es la boca del alma, no se siente lo dulce de la alegría, ni lo amargo de la tristeza, cuando se trata ó disputa de ellas estrayéndolas asi de la memoria? ¿Acaso es esto en lo que no tienen semejanza, pues ya hemos dicho que no la tienen en todo? Y á no haber esta distincion, ¿quien habria que voluntariamente nombrase tristeza ó miedo, si todas las veces que se hubiesen de nombrar, estuviesemos precisados á tener y sentir miedo ó tristeza? Y es cierto que no hablariamos de ellas, ni podriamos nombrarlas, si no halláramos en nuestra memoria, no solamente las voces significativas de tales pasiones (las cuales voces se representan en las imágenes impresas en la memoria por los sentidos del cuerpo), sino tambien las nociones ó ideas de las mismas cosas, las cuales por ninguna de las puertas del cuerpo entraron á la memoria, sino que sintiendo el alma y esperimentando en sí misma sus pasiones, encomendó á la memoria sus ideas, ó ella por sí misma, sin que se las entregasen, las tenia recogidas para sí.

CAPÍTULO XV.

Como tambien nos acordamos de las cosas que estan ausentes.

23 ¿Pero quien podrá fácilmente establecer si todo esto se hace por imágenes ó no? Porque si yo nombro á la *piedra* ó nombro al *sol* cuando estas dos cosas no estan presentes á mis sentidos, inmediatamente se presentan sus imágenes

en mi memoria. Nombro algun dolor corporal, no estando presente el dolor, pues nada me duele; y si su imágen no estuviera presente en mi memoria, no supiera yo lo que nombraba ó decia, ni pudiera distinguir entre el dolor y el deleite. Nombro la salud del cuerpo hallándome bueno y sano; entónces es verdad que está presente la misma cosa nombrada; pero si su imágen no estuviera tambien en mi memoria, de ningun modo podria acordarme de lo que significaba el sonido de esta palabra *salud*. Ni los enfermos cuando se nombra la salud delante de ellos, entenderian lo que se habia dicho, si aquella misma imágen no se conservara en su memoria, aunque la cosa misma faltase de su cuerpo.

Nombro los números con que contamos, y hallo que estan en mi memoria, no las imágenes de los números, sino los números mismos. Nombro la imágen del sol, la cual está presente en mi memoria, y entonces ella misma es la que se me presenta cuando me acuerdo de ella nombrándola, porque no acuerdo ni nombro la imágen de esta imágen, sino esta imágen misma. Finalmente, nombro á la memoria, y conozco lo que nombro; ¿y donde lo conozco sino en la misma memoria? ¿Acaso ella puede estar de algun modo mas presente á sí misma por medio de su imágen, que inmediatamente por sí misma?

CAPÍTULO XVI.

Como tambien la memoria se acuerda del olvido.

24 ¿Mas que diremos que sucede cuando nombro el *olvido*, con conocimiento de lo que nombro? Pues no pudiera conocer bien el olvido, sino acordándome de él. No hablo del sonido de esta palabra *olvido*, sino de la cosa significada, la cual si yo la hubiera olvidado, es cierto que no pudiera saber lo que vale ó significa aquella voz. Con que cuando hago mencion de la memoria, la misma memoria inmediatamente por sí misma se ofrece y se presenta á sí misma; pero cuando menciono al *olvido*, se hacen presentes, y se ofrecen luego la memoria y el olvido; la memoria con la cual me acuer-

do y menciono al olvido, y el olvido que es la cosa de que me acuerdo y que menciono.

¿Pero el olvido qué es sino una falta ó privacion de la memoria? ¿Pues como esa privacion de memoria está presente para que me acuerde de ella, si es imposible que yo me acuerde mientras subsista presente esa privacion ó falta de memoria? Pero siendo cierto que aquello de que nos acordamos, lo tenemos en la memoria, y que si no nos acordásemos del olvido, no seria posible que entendiesemos lo que se significa con esta palabra *olvido* cuando la oimos pronunciar á alguno, se infiere necesariamente, que tenemos al olvido en la memoria. Con que está presente para que no nos olvidemos, lo que con estar presente nos hace olvidar.

¿No se pudiera inferir de aqui que cuando nos acordamos del olvido, no está él por sí mismo en nuestra memoria, sino mediante su imágen que le representa; porque si fuera el mismo olvido el que alli se representa en su ser propio, no haria que nos acordasemos, sino haria que nos olvidasemos? ¿Y quien alcanzará perfectamente, ni podrá comprender cómo esto sea?

25 Yo confieso, Señor, que hallo aquí bastante dificultad, y la esperimento en mí, costándome mucho trabajo y sudor el entenderme á mí mismo. Porque no intento ahora averiguar las plagas ó regiones en que se divide el cielo, ni medir lo que distan entre sí los astros, ni entender el equilibrio de la tierra, sino saber lo que soy yo mismo; pues yo, segun que soy alma, soy el que me acuerdo y tengo memoria. No es de admirar que no alcance ni llegue á entender todo aquello que se distingue de mí. ¿Pero que cosa puede haber mas cerca de mí que yo? Y con todo eso no puedo acabar de entender lo que pasa en mi memoria, que es parte de mi ser, y sin ella no fuera todo lo que soy.

¿Pues que es lo que tengo de decir, cuando me consta con certeza, que yo mismo me acuerdo de mi olvido? ¿Por ventura he de decir que no está en mi memoria aquello de que me acuerdo? ¿ó tengo de decir que para no olvidarme está el olvido en mi memoria? Lo uno y lo otro es un absurdo muy grande. Pues veamos lo tercero que antes insinué. ¿Como he de decir y asegurar por cierto, que cuando hago memoria del olvido, no es el olvido mismo, sino una imágen suya la que está y se presenta en mi memoria? ¿Como pues tengo de decir esto, cuando por otra parte sabemos, que para imprimirse en la memoria la imágen de cualquier cosa, es necesario que antes esté presente aquella cosa misma, de la cual pueda quedar la imágen impresa en la memoria? Porque asi sucede para acordarme de la ciudad de Cartago, asi me acuerdo de los lugares en que he estado, asi de los rostros humanos que he visto, y de las cosas que se dan á conocer por los demas sentidos, y asi finalmente es como me acuerdo de la salud ó del dolor de mi cuerpo mismo.

Cuando estas cosas estuvieron presentes, cogió de ellas la memoria unas imágenes, que pudiese yo despues mirar y tener presentes, y usar de ellas en lo interior de mi alma, cuando me hubiese de acordar de aquellas cosas aunque ausentes. Luego si el olvido, no por sí mismo, sino por medio de una imágen suya se tiene en la memoria, es necesario que antes estuviese el mismo olvido presente para que se quedase en la memoria su imágen. Y cuando estaba presente el mismo olvido, ¿como podia delinear en mi memoria su imágen, cuando aun aquello que encuentra ya delineado lo borra con su presencia el olvido? No obstante, de cualquier modo que esto suceda, y aunque este modo con que el olvido está presente á la memoria, no pueda comprenderse ni esplicarse, yo estoy muy cierto en que me acuerdo aun del mismo olvido, aunque él es el que quita de nuestra memoria las especies ó imágenes que para acordarnos teniamos en ella.

CAPÍTULO XVII.

Que no obstante ser tan grande la capacidad y virtud de la memoria, es necesario para hallar á Dios subir mas arriba de esta potencia.

26 Grande y escelente potencia es la memoria. Su multiplicidad, Dios mio, tan profunda como inmensa, tiene un no sé qué que espanta, y todo esto que es mi memoria, lo es mi alma, y lo soy tambien yo mismo. ¿Pues que soy yo Dios mio? ¿que ser y naturaleza es la que tengo? Una naturaleza que se compone de varias, y que vive con varios modos de vida, y que de varios modos es inmensa, como se ve en los espaciosos campos de mi memoria, en las innumerables y profundas cuevas y senos ocultísimos de que consta, que de innumerables modos estan todos llenos de innumerables géneros de cosas, ya esten allí por medio de sus imágenes, como las cosas corpóreas; ya esten por sí mismas, como las artes y ciencias; ya por medio de no sé qué no-

ciones y señales, como las afecciones ó pasiones del alma, que las tiene la memoria aun cuando ya no las padece el alma, no obstante que todo cuanto está en la memoria, está en el alma. Por todos estos campos, cavernas y senos de mi memoria corro y vuelo de una parte á otra, me insinúo y profundizo cuanto puedo; pero por parte ninguna la hallo el fin. Tan inmensa como esto es la fuerza y virtud de la memoria, y tan grande y suma es la vivacidad humana, no obstante ser la vida del hombre mortal y perecedera.

¿Pues que me resta que hacer? Decídmelo Vos, Dios mio, que sois mi vida constante y verdadera. Subiré mas arriba de esta potencia de mi alma, que llamamos memoria; pasaré por ella subiendo mas arriba para llegar á Vos, deliciosa luz de mi alma. ¿Que me decis Vos, Señor? Ya veis que por los grados de mi alma voy subiendo hacia Vos, que estais superior á mí. Subiré pues mas arriba de esta potencia que llamamos memoria, deseando tocar con mi conocimiento vuestro ser, por donde pueda tocarse, y unirme á Vos, por donde y como esta union pueda conseguirse. Porque tambien las bestias y las aves tienen su memoria, sin la cual no sabrian volverse á sus guaridas y nidos, ni hacer y repetir otras muchas acciones á que estan acostumbradas, porque ni aun pudieran acostumbrarse á cosa alguna si no tuvieran memoria.

Pasaré pues mas arriba de mi memoria, para llegar á aquel Ser soberano que me hizo diferente de los brutos, y me hizo mas sabio que las aves del cielo. Mas arriba de mi memoria he de subir; ¿pero donde os hallaré, dulzura soberana, segura y verdadera? ¿En donde os hallaré? Porque si os he de hallar mas allá de mi memoria y fuera de ella, no me acordaré de Vos, ¿Y como en tal caso os he de hallar, si no me acuerdo de Vos?

CAPÍTULO XVIII.

Como no pudiera hallarse una cosa perdida si no se conservara en la memoria.

27 Aquella muger del Evangelio que perdió la dracma, y la buscó con una

antorcha encendida (1), no hubiera podido hallarla, si no la conservara en su memoria. Porque despues que la hubiese hallado, ¿como habia de conocer si era aquella la que buscaba, si no se acordara de ella? Yo me acuerdo haber buscado y hallado muchas cosas que habia perdido. Y sé que las hallé; porque si cuando buscaba alguna de ellas, me decia alguno: *¿Es por ventura esto lo que buscas, ó es acaso aquello?* yo siempre respondia, *No es eso*, hasta que se me presentase aquella misma cosa que buscaba. Y si no me acordara de ella, ni tuviera en la memoria lo que era y cómo era aquella cosa, aunque la tuviera á la vista no la hallara, porque no la conociera. Y esto mismo sucede siempre que buscamos y hallamos lo que antes hemos perdido.

Pero si alguna cosa se pierde respecto de nuestra vista, no respecto de nuestra memoria, como por egemplo, cualquiera cuerpo visible; entónces la imágen de aquella cosa se conserva interiormente, y por ella se busca hasta que vuelve á pre-

(1) Luc. 15. 8.

sentarse á nuestra vista. Y cuando ya se ha hallado, se reconoce si es ó no aquella misma cosa que se buscaba, confrontándola con su imágen que estaba en la memoria. Por lo cual, ni decimos que hemos hallado lo perdido, si no lo conocemos, ni podemos conocerlo, si no nos acordamos de ello. Es verdad que esto solamente se habia perdido respecto de nuestra vista, pero se conservaba en nuestra memoria.

CAPÍTULO XIX.

Como vuelve á acordarse la memoria de lo que habia perdido ella misma.

28 ¿Pero que diremos cuando es la misma memoria la que ha perdido alguna cosa, como sucede cuando olvidamos algo, y lo buscamos para acordarnos de ello? Porque, últimamente, ¿en donde lo buscamos sino en la misma memoria? Y si buscándolo allí, se nos ofrece y presenta una cosa por otra, la desechamos hasta que se nos ocurra lo que buscamos, y entonces decimos inmediatamente, *esto*

es, *velo aqui*; lo cual no diriamos, si no la conocieramos; ni tampoco la conocieramos, si no nos acordaramos de ella. Pero ello es cierto que la teniamos antes olvidada, acaso no del todo, sino en parte la habiamos olvidado, y con la parte que aun estaba en la memoria, buscabamos la otra parte que faltaba; porque sintiendo en sí la memoria que no tenia juntas y cabales todas las especies que ella acostumbraba usar y manejar á un mismo tiempo, como truncada y defectuosa en la costumbre que tenia, estaba pidiendo que se le reintegrase lo que la faltaba.

Semejante á esto es lo que sucede cuando vemos una persona conocida, ó sin verla se nos ofrece á la memoria, pero no nos podemos acordar de cómo se llama, y nos ponemos á buscar su nombre, pues cualquier nombre distinto que se nos ofrezca, no se une bien con la idea que tenemos de aquella persona, porque no estamos acostumbrados á juntar aquella persona con aquel nombre, y por eso los desechamos todos, hasta que se nos presenta aquel que nuestro pensamiento acostumbraba juntar con aquella persona; y entonces descansa y cesa de buscarle, teniendo ya cabal y completa noticia de aquel hombre.

Pero este nombre olvidado que se nos acuerda, ¿de donde viene ó sale sino de la misma memoria? Porque aun cuando alguno nos le acuerda, de nuestra memoria proviene que le reconozcamos. Porque no le oimos como un nombre nuevo, que entonces aprendamos; sino acordándonos del que habiamos oido otras veces, aprobamos que este que entonces se nos dice, es el nombre que aquella persona tiene. Pero si enteramente se borra de la memoria, aunque otro nos le quiera acordar y nos sugiera aquel nombre, no nos acordamos de él verdaderamente. Porque no hemos olvidado del todo aquello que mediante el aviso ó sugestion de alguno, nos acordamos que lo habiamos olvidado. Con que es imposible que buscaramos una cosa que habiamos perdido, si enteramente la hubieramos olvidado.

CAPÍTULO XX.

Para desear la bienaventuranza, como todos los hombres la desean, es necesario que la conozcan.

29 Supuesto lo que acabo de decir, ¿de que medios me valgo para buscaros, Señor? Porque buscaros, Dios mio, es buscar mi felicidad y bienaventuranza; y debo buscaros para que mi alma viva, porque Vos sois la vida de mi alma (a), como ella es la que da vida á mi cuerpo. ¿Como pues busco la vida bienaventurada? Porque esta no la conseguiré hasta que me halle en tal estado, que pueda y deba decir con verdad mi corazon: *Esto me basta.* ¿Pues como la busco? ¿Es aca-

(a) Es muy verdadera esta sentencia, y muy frecuente en San Agustin, que dice muchas veces que Dios es la vida de nuestra alma, como nuestra alma es la vida de nuestro cuerpo; y asi como faltando al cuerpo el alma muere el cuerpo, asi faltando al alma Dios se muere el alma. Véase el sermon 13 de San Agustin, *de Martyribus.*

so por medio de la reminiscencia, que es lo mismo que volviéndome á acordar de ella, como cosa que tenia olvidada, pero acordándome todavía que la habia olvidado? ¿ó es por medio de un deseo y apetito de saber una cosa para mí desconocída é ignorada, ya sea por no haberla sabido nunca, ya sea por haberla olvidado de tal modo, que ni siquiera me acuerdo de que la he olvidado? Pero esa vida bienaventurada ¿no es la que todos quieren, y que ninguno hay que absolutamente no la quiera? ¿Pues donde la han conocido para que asi la quieran? ¿Donde la han visto para amarla tanto?

Es que la tenemos dentro de nosotros mismos no sé de qué modo. Tambien hay un cierto modo de tenérla, que hace verdaderamente bienaventurado á cualquiera que la tiene de aquel modo; otros hay que son bienaventurados por la esperanza de serlo. Es verdad que este modo de tener la bienaventuranza, es muy inferior al otro con que la tienen los que real y verdaderamente son bienaventurados; pero no obstante estan mejor que aquellos otros primeros, que ni en la realidad ni en la esperanza son bienaventurados. Los cuales no obstante que no lo son de alguno de esos modos, si de modo ninguno la tuvieran, no desearan tanto el ser bienaventurados, como es ciertísimo que lo desean.

No sé como han llegado á conocer la bienaventuranza; y asi la tienen en no sé qué noticia, la cual deseo averiguar si reside en la memoria; pues si reside en ella, se infiriera de esto, que en algun tiempo ya habriamos sido todos bienaventurados. No trato ni examino ahora si esto se debe entender de todos los hombres, y de cada uno en particular, ó si la dicha bienaventuranza la tuvieron solamente en *aquel hombre que pecó el primero*, en el que todos pecamos y morimos (1), y de quien todos nacimos cargados de miserias. Solamente quiero averiguar ahora, si la idea y noticia que tenemos de bienaventuranza, reside en nuestra memoria, porque no la amariamos si no la conocieramos.

Oimos este nombre *bienaventuranza*, y todos confesamos que amamos y apetece-

(1) 1. Cor. 15. 22.

mos lo que aquella palabra significa; porque lo que nos deleita y enamora no es el material sonido de aquella palabra, pues si un griego la oye nombrar en latin, no le mueve ni deleita aquella voz, porque suponemos que no entiende lo que significa; pero nosotros que la entendemos, nos deleitamos y aficionamos á ella, como el griego tambien se aficionaria si la oyera nombrar en su propio idioma, porque la cosa significada en dicho nombre no es griega ni latina; pero griegos y latinos, y todos los hombres del mundo, de cualquier nacion y lenguage que sean, suspiran por ella y desean alcanzarla. Luego de todos los hombres es conocida, y á todos les es notoria; de modo que si pudiera preguntarse á todos de una vez y con una misma voz, si querian ser bienaventurados, sin detenerse á pensarlo, y sin dudar en ello, todos responderian que sí. Lo cual no sucederia, si no estuviera en su memoria la cosa que corresponde por significado á este nombre *bienaventuranza*.

CAPÍTULO XXI.

Del modo con que la bienaventuranza está en nuestra memoria.

30 ¿Por ventura está en nuestra memoria la bienaventuranza, como la ciudad de Cartago está en la memoria del que alguna vez la ha visto? No por cierto, porque la vida bienaventurada no se ve con los ojos, pues no es cuerpo. ¿Y la tenemos en nuestra memoria como tenemos los números? Tampoco es de este modo, porque el que tiene conocimiento de los números, no desea ya ni solicita alcanzarlos; pero de la bienaventuranza tenemos noticia, y por eso la apetecemos, y no obstante queremos alcanzarla para ser bienaventurados.

¿Será acaso el acordarnos de la bienaventuranza, como nos acordamos de la elocuencia? Ni de ese modo es tampoco; pues aunque al oir ese nombre, es cierto que se acuerdan de la elocuencia aun aquellos que no son elocuentes, y muchos que desean serlo, (de donde se infiere claramiente, que tenian noticia y conocimiento de lo que es elocuencia); pero les ha venido esa noticia por los sentidos corporales, viendo ú oyendo á otros que eran elocuentes: de que provino el aficionarse á la elocuencia, y darse á conseguirla (aunque es verdad, que si no tuvieran interiormente noticia, no tendrian ese gusto y aficion; y faltándoles la aficion y el gusto á la elocuencia, tampoco tendrian deseo de alcanzarla); pero la vida bienaventurada no la hemos esperimentado en hombre alguno por informe de los sentidos.

¿Será por ventura al modo que nos acordamos de la alegría? Puede que sea á ese modo: porque asi como estando triste, puedo acordarme y me acuerdo de mi alegría pasada; asi aunque esté en la mayor infelicidad y miseria, puedo acordarme de la vida feliz y bienaventurada. Y ademas de esto se parecen tambien, en que tampoco ninguno de mis sentidos corporales percibe jamas mi gozo ó alegría, pues ni la ví, ni la oí, ni la olí, ni la gusté, ni la palpé; y solamente la sentí ó esperimenté en mi alma cuando tuve aquella alegría, y su especie y noticia quedó impresa en mi memoria, para poder acordarme de dicha alegría, unas veces para aborrecerla, y otras para desearla, segun la diversidad de obgetos de que me acuerde habeume alegrado. Porque si ahora me acuerdo de alguna alegría que tuve causada de obgetos torpes, la detesto y la abomino; y si me acuerdo de la que tuve nacida de cosas buenas y honestas, es deseando volver á tenerla ó continuarla, no obstante que acaso ya no existan ni esten presentes aquellas cosas ó acciones, y por eso no me acompaña la tristeza cuando hago memoria de esta alegría pasada.

31 ¿Pues donde y cuando esperimenté yo mismo mi vida bienaventurada, para que me acuerde de ella, y la ame y la desee? Ni en esto soy yo solo, ó tengo pocos que me acompañen, sino que todos deseamos ser bienaventurados. Lo cual no apeteceriamos con una voluntad tan firme y determinada, si no la conocieramos con certeza, ó no tuvieramos de ella cierta y segura noticia.

Mas ¿en que consiste que si á dos hombres se les preguntase si querian seguir la carrera de la milicia, es muy posible que el uno responderia que sí, y el otro que no; y que si á entrambos se les preguntase si querian ser bienaventurados, uno y otro responderian al punto y sin poner duda en ello, que lo querian y estaban deseando; y que no por otro fin sino el de ser felices y bienaventurados, tomaban dos partidos tan opuestos, como querer el uno seguir la milicia, y el otro no seguirla?

Acaso porque unos hombres tienen su alegría y gozo en una cosa, y otros la tienen en otra, por eso concuerdan todos en responder que quieren ser bienaventurados, como convendrian tambien si se les preguntase si querian vivir alegres y contentos; porque este mismo contento y alegría es lo que ellos llaman vida bienaventurada. Y aunque esta alegría la consiguen unos por un camino, y otros la alcanzan por otro; pero es uno mismo el fin adonde todos conspiran y desean llegar, que es á vivir alegres y contentos.

Y siendo esto una cosa tan comun, que nadie puede decir con verdad que no la ha esperimentado en sí mismo, por eso se reconoce hallada en la memoria, cuando se oye el nombre de *bienaventuranza*.

CAPÍTULO XXII.

En qué consista la vida bienaventurada, y donde se ha de buscar.

32 No quiera ni permita, Señor, vuestra misericordia que en el corazon de este humilde siervo vuestro, que delante de Vos descubre los secretos de su alma, tenga entrada jamas ese vano pensamiento de juzgarme bienaventurado con cualquier género de gozo y alegría que haya tenido. Porque hay otro verdadero gozo que no se concede á los impios y malos, sino solamente á aquellos que os sirven voluntariamente, de los cuales Vos mismo sois el gozo. Y esa es la vida bienaventurada, una alegría ordenada á Vos, dimanada de Vos, y poseida por amor de Vos: esa misma es, y no hay otra. Pero aquellos que juzgan que hay otra distinta de esa, siguen otra muy diferente alegría; pero no esa misma que es la verdadera; y solo alguna aparente semejanza de la verdade-

ra alegría es la que siguen, y de la que no se aparta su voluntad.

CAPÍTULO XXIII.

Prosigue esplicando qué cosa sea la vida bienaventurada, y dónde se halla.

33 Luego no es cierto que todos desean ser bienaventurados; porque aquellos que no quieren la alegría que Vos comunicais, que es la única vida bienaventurada, sin duda no quieren la vida bienaventurada. ¿Pero no la quieren todos? Mas porque *la carne tiene unos deseos contrarios al espíritu, y el espíritu los tiene tambien opuestos á la carne* (1), no pudiendo el uno y otro hacer lo que quieren, vienen á caer en lo que pueden, y con ello se contentan: y es porque aquello que no pueden, no lo quieren tanto, como es necesario para que lo puedan.

Porque yo les pregunto á todos, si quieren mas gozar de esta alegría que proviene de la verdad, que de otra que proven-

(1) Gal. 5. 17.

ga de la mentira; y tanto dudarian responderme todos que mas quieren la alegría que nace de la verdad, cuanto dudarian decir que desean ser felices y bienaventurados; porque *la vida bienaventurada* es alegría y gozo que nace de la verdad: que es lo mismo que decir, alegría que nace de Vos, *que sois la verdad suma, mi luz, mi Dios, vida y salud de mi alma* (1). Todos pues quieren esta vida bienaventurada: esta vida, digo, que únicamente es la bienaventurada, todos la quieren: todos, vuelvo á decir, quieren y desean el gozo y alegría de la verdad; pues aunque he tratado á muchos que quisieran engañar á otros, á ninguno he visto que deseara ser engañado.

¿Pues dónde conocieron esta vida bienaventurada, sino alli mismo donde tambien conocieron la verdad? Porque á esta la aman tambien, supuesto que no quieren ser engañados; y porque amando la vida bienaventurada, que no es otra cosa sino alegría de la verdad, han de amar precisamente tambien á la verdad; y no

(1) Joan. 14. 6. Ps. 26. 1.

pudieran amarla, si no tuvieran alguna noticia de ella en su memoria.

¿Pues por que no hacen de ella su gozo y alegría? ¿Por que no son felices y bienaventurados? Porque la adhesion que tienen á otras cosas, es mas fuerte y eficaz para hacerlos miserables é infelices, que aquel leve y escaso conocimiento que tuvieron de la verdad para hacerlos felices y bienaventurados. Y esto nace de que *todavía hay poca luz en los hombres: pues dense prisa á caminar adelante, para que no acaben de hallarse sin luz enteramente* (1).

34 Pues amando todos la vida bienaventurada, que no es otra cosa sino la alegría que se tiene de la verdad, ¿por que causa la verdad engendra odio en los hombres, y aun vuestro hijo Jesucristo se hizo enemigo de ellos porque se la predicaba? La causa de esto no puede ser otra, sino que de tal modo se ama la verdad, que aun aquellos que aman otra cosa muy distinta, quisieran que fuera la verdad aquello que aman: y como por otra parte no quieren ser engañados, tampo-

(1) Joan. 12. 35.

co quieren verse convencidos de que lo son. Y asi aquella misma cosa que tienen por verdad, y como á tal la aman, es el motivo de que aborrezcan la verdad. Aman la verdad en cuanto resplandece ó ilumina; pero la aborrecen en cuanto los acusa y los reprende. Y como ellos no quieren ser engañados, pero quieren engañar á otros, aman la verdad cuando ella se descubre ó manifiesta á sí misma; pero la aborrecen cuando los descubre ó los manifiesta á ellos. Y asi la correspondencia que tendrán de la verdad, será que á los que no quieren que los descubra y manifieste, los manifestará y descubrirá, aunque ellos no quieran, sin que la misma verdad se descubra ni manifieste á ellos. Asi es, asi es puntualmente tambien el espíritu del hombre que quiere ocultar su ceguedad, sus achaques, su fealdad, sus indecencias, y no quiere que á él se le oculte cosa alguna; pero sucede al contrario, que él queda descubierto para la verdad, y la verdad queda oculta para él. Y no obstante este estado de miseria en que se halla, mas quiere gozar y alegrarse de bienes sólidos y verdaderos, que de aparentes y falsos. Luego será verdaderamente *bienaventurado*, si libre de toda molestia, no hallase ya alegría sino en la Verdad suprema, de quien participaron su verdad todas las otras cosas verdaderas.

CAPÍTULO XXIV.

Se alegra Agustino de haber hallado á Dios dentro de su memoria.

35 Mirad, Señor, cuanto me he detenido recorriendo la anchurosa estension de mi memória, solo para buscaros, y no he podido hallaros fuera de ella. Pues no he hallado de Vos cosa alguna que no estuviese en mi memoria desde el instante que tuve conocimiento de Vos, pues jamas os he olvidado desde que os he conocido. En donde hallé la verdad, alli mismo hallé á mi Dios, que es la verdad misma, y la que nunca olvidé desde que la conocí. Y asi, Dios mio, desde que tuve conocimiento de Vos permaneceis en mi memoria, y en ella misma os hallo cuando hago mencion de Vos, y me deleito en Vos. Estas son mis santas deli-

cias, que os habeis dignado concederme por vuestra misericordia, atendiendo á mi pobreza.

CAPÍTULO XXV.

En qué grado de la memoria se halle á Dios.

36 ¿Pero en que parte de mi memoria estais, Señor? ¿que lugar teneis en ella? ¿cual es la morada que habeis fabricado para Vos allí? ¿cual es el santuario que en ella edificasteis para Vos? Vos, Señor, concedisteis á mi memoria la honrosa dignidad de que Vos esteis y permanezcais en ella; pero lo que ahora considero es, en qué parte de mi memoria estais. Porque para acordarme de Vos, subí, como tengo dicho (a), mas arriba de todos aquellos grados en que mi memoria conviene con la de los irracionales, porque no os hallaba en aquella parte de mi memoria, donde estan las imágenes de las cosas corpóreas. Subí pues á otro

(a) En el cap. XVII. de este libro.

grado superior de mi memoria, donde tengo depositadas las afecciones ó pasiones de mi alma, y tampoco alli os hallé. Pasé mas adelante, y entré á buscaros en el mismo seno donde reside mi alma, que es el lugar que ella tiene para sí dentro de mi memoria, porque tambien mi alma se acuerda de sí misma; y tampoco Vos estabais en aquel seno: porque asi como Vos no sois alguna imágen corpórea, ni pasion ó afeccion alguna de las que suele en sí esperimentar el alma, como sucede cuando nos alegramos, nos entristecemos, deseamos, tememos, nos acordamos, nos olvidamos, y todas las otras afecciones semejantes; asi tampoco sois lo que es nuestra alma, sino una sustancia muy distinta y superior á ella, como que sois el Señor y Dios de mi alma; fuera de que todas estas cosas que he dicho son varias y mudables, y Vos permaneceis sobre todo lo criado eternamente invariable, y sin poder padecer variedad ni mutacion alguna; pero no obstante, desde que os conocí os habeis dignado habitar en mi memoria.

¿Mas para que ando buscando el lugar

propio que teneis en ella, como si allí hubiera lugares distintos ó separados? Vos ciertamente estais de asiento en ella, porque yo me acuerdo de Vos desde que os conocí, y os hallo en mi memoria cuando me acuerdo de Vos.

CAPÍTULO XXVI.

Donde se halla á Dios.

37 ¿Pero donde os hallé para poder conoceros? porque antes que os conociera no estabais en mi memoria. ¿Pues donde os hallé para conoceros, sino en Vos mismo y mas arriba de mí? Pero de ningun modo hay en esto espacios ni lugares; y no obstante eso, es verdad que ya nos apartamos de Vos, ya nos acercamos á Vos, sin que en esto intervenga algun lugar. En todas partes estais, Verdad eterna, presidiendo á todos los que os consultan y se aconsejan de Vos, y á todos les respondeis á un tiempo, aunque os pregunten cosas muy diferentes. Bien claramente les respondeis á todos, pero no todos oyen vuestras respuestas clara-

mente. Todos os consultan y preguntan segun su inclinacion y voluntad; pero no á todos respondeis conforme á su voluntad é inclinacion. El mejor de todos vuestros siervos es aquel que no atiende tanto á oir de Vos lo que él desea y quiere, como á querer y egecutar lo que de Vos oyere.

CAPÍTULO XXVII.

Como la hermosura de Dios arrebata hácia sí al hombre.

38 ¡Tarde os amé, Dios mio, hermosura tan antigua y tan nueva, tarde os amé! Vos estabais dentro de mi alma, y yo distraido, fuera y allí mismo os buscaba: y perdiendo la hermosura de mi alma, me dejaba llevar de estas hermosas criaturas esteriores que habeis criado. De lo que infiero que Vos estabais conmigo, y yo no estaba con Vos; y me alejaban y tenian muy apartado de Vos aquellas mismas cosas que no tuvieran ser, si no estuvieran en Vos. Pero Vos me llamasteis y disteis tales voces á mi alma, que ce-

dió á vuestras voces mi sordera. Brilló tanto vuestra luz, fue tan grande vuestro resplandor, que ahuyentó mi ceguedad. Hicisteis que llegase hasta mí vuestra fragancia; y tomando aliento respiré con ella, y suspiro y anhelo ya por Vos. Me disteis á gustar vuestra dulzura, y ha escitado en mi alma una hambre y sed muy viva. En fin, Señor, me tocasteis, y me encendí en deseos de abrazaros.

CAPÍTULO XXVIII.

De las miserias de esta vida.

39 Cuando total y perfectamente esté yo unido á Vos, no habrá ya para mí de ningun modo trabajo ni dolor alguno, y mi vida será totalmente viva, porque estará llena de Vos toda. Pero ahora me soy gravoso á mí mismo, porque no estoy lleno de Vos; pues á los que Vos llenais, les quitais su pesadez.

Mis pasadas alegrías, dignas de llorarse, luchan con mis presentes tristezas dignas de alegría; y no sé en esta lucha quien lleva la victoria. ¡Ay de mí, Señor, tened misericordia de mí! Batallan, digo, mis tristezas malas con mis alegrías buenas, y no sé quien saldrá con la victoria. ¡Ay de mí, Señor, tened misericordia de mí! ¡Ay de mí! Mirad, Señor, que no oculto mis llagas. Vos sois el médico, yo soy el enfermo: Vos sois misericordioso, yo lleno de miserias. ¿Por ventura podeis Vos olvidar *que la vida del hombre sobre la tierra es una tentacion continua* (1)?

¿Quien hay que ame las molestias y trabajos? Vos, Señor, mandais que las suframos, no que las amemos. Ninguno ama aquello que sufre y tolera, aunque tenga amor á tolerarlo y sufrirlo; pues aunque alguno se alegre de que lo tolera y sufre, no obstante mas quiere que no haya que sufrir y tolerar. Cuando padezco cosas adversas, deseo las prósperas; y cuando estoy en posesion de las prósperas, estoy temiendo las adversas. ¿Que medio puede hallarse entre estos dos contrarios, donde la vida humana dege de ser probada y combatida de semejantes afectos? Arriesgadas son las prosperidades del siglo de una y

(1) Job 7. 1.

dos maneras: ya por el temor de la adversidad, ya por la corrupcion de la alegría. Arriesgadas son tambien las adversidades del siglo de una, dos y tres maneras: ya por el deseo de la prosperidad, ya porque la adversidad misma es áspera y penosa, ya porque en ella peligra la paciencia. Pues siendo esto asi, ¿como podrá dudarse *que la vida del hombre sobre la tierra sea una tentacion continuada sin intermision alguna* (1).

CAPÍTULO XXIX.

Que toda nuestra esperanza ha de ponerse en Dios.

40 Toda mi esperanza, Dios y Señor mio, se funda únicamente en vuestra grandísima misericordia. *Dadme lo que me mandais, y mandadme lo que quisiereis.* Nos mandais ser continentes (a); pero yo

(1) Job. 7. 1.

(a) Aqui no se toma la continencia por la castidad, que hace que el hombre se abstenga de toda delectacion venérea, sino mas ge-

té, dice el Sabio, *que ninguno puede serlo, si Dios no le concede esta virtud*, *y tambien es un don de la sabiduría increada* (1) *el conocer de quien proviene esta dádiva.* Porque la continencia es la virtud que nos reune y nos reduce á ser una cosa sola, de cuya unidad habiamos degenerado haciéndonos de uno muchos, y dividiendo nuestro corazon en multitud de cosas; y menos, Señor, os ama el que juntamente con Vos ama alguna otra cosa que no la ama por Vos. ¡Oh amor que siempre ardeis y nunca os apagais! ¡Oh Dios mio, caridad infinita, encended mi corazon! Nos mandais la templanza ó continencia; pues (a) *dadnos lo que mandais, y mandad lo que quereis.*

neralmente por aquella virtud, que es segun Santo Tomas (2. 2. q. 155. à 1. in c.) *por la cual resiste el hombre á todos los deseos malos y desordenados.* Lo cual todavía no es virtud perfecta, sino como un principio é incoacion de las virtudes, y por eso es propia de los que comienzan á servir á Dios.

(1) Sap. 8. 21.

(a) San Agustin refiere en el libro de *Dono perseverántia*, que leyendo en Roma un

CAPÍTULO XXX.

Confiesa Agustino el estado en que se halla en órden á las tentaciones libidinosas.

41 Vos, Señor, mandais que reprima la concupiscencia de la carne, la de los ojos, y la ambicion de los honores

obispo en presencia de Pelagio estas mismas palabras de San Agustin: *Da quod jubes, & jube quod vis*, y admirándolas como un escelente modo de pedir á Dios, Pelagio se alteró tanto contra el obispo, que estuvo cerca de perderle el respeto. Pero ello es cierto que contienen un método fácil, pronto, sólido y cristiano de hacer oracion á Dios en cualquier dificultad que hallemos en la observancia de la ley, diciendo con humildad y fervor: *Dadme*, Señor, *lo que me mandais*, *y mandadme lo que quereis*. Porque hemos de estar en que nosotros somos suficientes por nosotros mismos para lo malo; pero para lo bueno, y para cumplir los preceptos de Dios, no somos suficientes por nosotros mismos, sin la gracia de Dios que lo intima. Asi como puede cualquiera cerrar sus ojos cuando quiera y dejar de ver, pero aun con ellos abier-

mundanos (1). Mandasteis que me abstuviese del acceso carnal, y aun me aconsejasteis otra mejor y mas perfecta continencia, que la que es propia del matrimonio, y que Vos habeis permitido. Y porque Vos mismo me lo concedisteis, se efectuó en mí eso que me aconsejasteis, y se efectuó aun antes de que yo fuese ordenado y hecho ministro y dispensador de vuestros sacramentos. Pero aun viven en mi memoria (de la cual he hablado tan largamente) las imágenes de aquellas cosas torpes, que mi mala costumbre dejó estampadas en ella, las cuales se me presentan ya cuando estoy despierto, ya cuando dormido: cuando despierto se me ofrecen como flacas y sin fuerzas; pero entre sueños llegan no solo á causar deleite, sino tambien una especie de consentimiento y obra, que son muy semejantes á la obra y consentimiento verdaderos. Y puede tanto en mi alma y en mi cuerpo aquella ilu-

tos no podrá ver si no le ayuda y le acompaña la luz, como dice el mismo Santo Doctor en el libro *de Gestis Pelágii.*

(1) 1. Joan. 2. 16.

sion y engaño causado por las dichas imágenes, que me persuaden é inducen dormido aquellas visiones falsas, á lo que no me indugeran ni persuadieran despierto los mismos obgetos reales y verdaderos. Por ventura, Dios y Señor, ¿no soy yo el mismo entonces, que cuando estoy despierto? ¿Pues como me diferencio tanto de mí mismo desde el punto en que paso de despierto á dormido, hasta que vuelvo á pasar de dormido á despierto?

¿Donde está entonces mi razon y entendimiento, que estando en vela resiste á semejantes sugestiones con tal fuerza, que aunque las mismas cosas reales y verdaderas se me pongan delante, no bastan á conmoverme? ¿Acaso se cierra tambien la razon al mismo tiempo que se cierran los ojos para dormir? ¿Acaso ella se duerme juntamente con los sentidos del cuerpo? Pero por otra parte, ¿en que consiste que muchas veces aun entre sueños resistimos tambien á semejantes sugestiones, y acordándonos de nuestro propósito en órden á la castidad, perseveramos firmemente en él, y no damos consentimiento alguno á tales deleites halagüeños y engañosos? Y con todo eso hay en esto tan grande diferencia de nosotros á nosotros mismos, que cuando en el sueño ha sucedido al contrario, en despertando volvemos á tener quieta y sin remordimiento la conciencia, y en esta misma diferencia conocemos, que no hicimos nosotros aquello que entre sueños se egecutó en nosotros, y fuese como fuese lo sentimos y desaprobamos.

42 ¿Por ventura, Dios mio, todo poderoso, no tiene fuerza y poder vuestra divina mano para curar perfectamente todas las enfermedades de mi alma, y apagar tambien con vuestra gracia mas especial y activa los movimientos impuros que padezco en sueños? Yo espero, Señor, que aumentareis mas y mas en mí vuestras gracias y dones, para que mi alma libre y enteramente desprendida de la pegajosa liga de toda concupiscencia, pueda seguir sin estorbo los movimientos y afectos que me llevan hácia Vos, y no sea rebelde á sí misma; antes bien aun entre sueños, no solamente quede libre de egecutar aquellas torpezas de corrupcion,

que en fuerza de las imágenes animales llegan á hacer su propio efecto en la carne, sino que tambien esté muy lejos de consentirlas. Porque respecto de un Dios omnipotente, *que podeis hacer mucho mas de lo que nosotros podemos pedir ni pensar* (1), no seria cosa muy grande ni dificultosa el hacer que, atendido no solo este método de vida que sigo, sino tambien esta edad que tengo, ninguna de aquellas impurezas haga en mi alma entre sueños la mas leve impresion contraria á la castidad, que tambien con la mas leve atencion pudiera estorbarse ó reprimirse.

Pero el estado en que me hallo por ahora en cuanto á este género de mal, ya lo he confesado á Vos, Dios y todo mi bien, alegrándome (aunque con algun temor todavía) por el bien que ya me habeis concedido; y llorando por lo que aun me falta; y esperando que Vos perfeccioneis los buenos efectos que han obrado ya en mí vuestras misericordias, hasta concederme aquella paz cumplida y perfecta,

(1) Ephes. 3. 20.

que ha de haber con todas las potencias y sentidos de mi alma y de mi cuerpo, cuando se verifique que *la muerte queda tan cumplidamente vencida, que toda su guerra se muda en* (a) *victoria* (1).

CAPÍTULO XXXI.

Del estado en que se hallaba en órden á tentaciones de la gula.

43 Tambien el dia nos ocasiona otro mal y daño; y ojalá que este fuera único y solo. Porque todos los dias reparamos con la comida y bebida las ruinas que cotidianamente padecen nuestros cuerpos, hasta que llegue el dia en que Vos destruyais no solo las viandas, sino tambien al estómago que las destruye á ellas (2), que será cuando mateis mi hambre y necesidad enteramente con aquella

(a) Da motivo á esta version el leer aquí mi P. S. Agustin: *Cum absórta fuerit mors in victoriam*; y no en el sexto caso *in victoria*, conforme á la Vulgata.

(1) 1. Cor. 15. 54. (2) 1. Cor. 6. 13.

soberana hartura, y vistais á este corruptible cuerpo de una incorruptibilidad perpetua y sempiterna (1). Pero al presente esta hambre y necesidad me es suave y deliciosa, y tengo que pelear contra este mismo deleite y suavidad, para no dejarme prender y cautivar de ella; y esta guerra es cotidiana en los ayunos, pues ayunando con frecuencia para *reducir mi cuerpo á la sugecion y servidumbre* (2), sucede que esa misma molestia del ayuno, hace despues mas agradable y deleitoso el alimento.

Porque la hambre y la sed son ciertos dolores que incomodan, abrasan y consumen como una calentura, y causarian la muerte á cualquiera, si no se le socorriese con la medicina de los alimentos. Y como esta la tenemos tan á mano, por la abundancia de vuestros dones, con los cuales haceis que la tierra, el mar, el cielo contribuya y sirva á nuestra necesidad y dolencia, *esta especie de trabajo y calamidad* se llama ya gusto y regalo.

44 Vos, Señor, me habeis enseñado

(1) 1. Cor. 15. 53. (2) 1. Cor 9. 27.

que debo usar de los alimentos del mismo modo que de los medicamentos. Pero cuando he de pasar desde la molestia que ha causado en mí la hambre y necesidad, á la quietud que causa la refaccion, en este mismo paso tiene armados contra mí sus lazos el apetito. Porque este mismo pasar desde la hambre al alimento, es deleite y gusto, y no hay otro medio por donde pasar á aquel estremo, al cual nos obliga la necesidad á que pasemos. Y siendo la salud la causa motiva de que comamos y bebamos, se le junta como criada ó sierva la delectacion peligrosa, y muchas veces quiere ella ir delante como principal, para que se haga por causa de la delectacion, lo que digo que hago ó quiero hacer por conservar mi salud. Pero no tiene la una la moderacion que tiene la otra; pues lo que para la salud es bastante, es poco para el deleite. Y muchas veces no se sabe con certeza, si es el cuidado necesario de nuestro cuerpo el que pide el manjar para su socorro, ó si es el deleitoso engaño de nuestro apetito el que lo solicita aunque superfluo. Y la pobre infeliz alma se alegra con esta incertidumbre, y en ella misma tiene preparada ó su defensa ó su escusa, alegrándose de no saber con certeza cuanto sea lo bastante para el régimen y conservacion de la salud, para que esta sirva de pretesto cuando realmente es cumplir el deleite y apetito.

Estas son tentaciones contidianas que procuro resistir todos los dias, é invoco vuestra mano poderosa para que me saque á salvo, y os refiero las dudas y congojas de mi alma, porque no sé todavía lo que debo practicar en esta materia.

45 Oigo la voz de mi Dios que me impone este precepto: *No se agraven ni entorpezcan vuestros corazones con los manjares, ni con la embriaguez* (1). El esceso del vino ó la embriaguez está bien lejos de mí, y espero que me concederá vuestra misericordia que no se me acerque nunca. Por lo que toca al *esceso en la comida* (a), alguna vez sin advertirlo se me

(1) Luc. 21 34.

(a) Esto es lo que propiamente significa la vóz *crápula* en este pasage de San Agustin, y en el de San Lucas, cap. 21, v. 34,

ha insinuado; Vos, Señor, usareis conmigo de vuestra misericordia para que se alege de mí todo lo que fuere esceso. Porque ninguno puede tener templanza, si Vos mismo no se la concedeis.

Muchas gracias y beneficios nos concedeis porque os lo suplicamos, y todo cuanto bien habia en nosotros antes que os suplicasemos, de vuestra mano Señor lo habiamos recibido, y este mismo conocimiento tambien es dádiva vuestra. Es cierto que yo nunca fui apasionado por el vino; pero he conocido á algunos, que siendo antes muy dados al vino, Vos los hicisteis sobrios y templados. Luego Vos tambien hicisteis que no fuesen destemplados en el beber vino los que nunca lo fueron; asi como hicisteis que no lo fueran siempre aquellos que antes lo habian

á que alude el Santo. Y debe distinguirse entre lo que es *ebríetas*, y lo que es *crápula*, como el Santo las distingue, diciendo: que la primera *está lejos de él*, y pide á Dios que no se le acerque; la *segunda está cerca*, y pide á Dios que se la retire, alege y aparte de él.

sido; y Vos tambien hicisteis que los unos y los otros reconozcan quien fue el autor de aquel bien que se les hizo.

Tambien, Señor, tengo oida aquella palabra vuestra en que decis: *No sigas tus apetitos, y apártate de tu propia voluntad* (1). Tambien oí por gracia vuestra otra palabra que fue muy de mi gusto, en que decis: *Ni porque comamos tendremos de sobra, ni porque no comamos tendremos escasez* (2). Que es lo mismo que decir: ni lo uno me hará rico, ni lo otro me hará pobre. Otra voz oí tambien vuestra, en que decis: *He aprendido á contentarme con cualquier estado en que me halle: sé vivir con abundancia; y sé padecer pobreza* (3). *Todo lo puedo en aquel que me conforta* (4).

El que dijo esto, es un soldado de la milicia del cielo, que ya no es polvo y ceniza como nosotros. Acordaos pues, Señor, de que somos polvo, y que del *polvo formasteis al hombre* (5): *y que habién-*

(1) Eccl. 18. 30. (2) 1. Cor. 8. 8.
(3) Phil. 4. 12. (4) Id. 13.
(5) Gen. 3. 19.

dose perdido, Vos le volvisteis á hallar (1). Ni el mismo que habló aquella sentencia inspirado de Vos (que porque hablaba asi, me aficioné yo á él), podia cosa alguna por sí mismo, porque él tambien era polvo. *Todo lo puedo*, dice, *pero lo puedo en aquel que me conforta* (2). Confortadme á mí, Señor, para que yo lo pueda todo como él. Dadme lo que me mandais, y mandadme cuanto querais. El Apóstol que decia esto, reconoce y confiesa que cuanto tenia lo habia recibido de Vos; *y asi cuando él se gloría, se gloría en el Señor* (3).

Por otra parte oigo tambien al Sabio, que deseando conseguir este beneficio, os le pide á Vos, diciendo: *Apartad, Señor, de mí los destemplados deseos de comer y de beber* (4). De donde se infiere, santísimo Dios mio, que cuando cumplimos vuestros mandamientos, Vos sois el que nos dais la gracia de cumplirlos.

46 Vos, Padre amabilísimo, me habeis enseñado, que *para los que son puros*

(1) Luc. 15. v. 32. (2) Phil. 4. 13.
(3) 1. Cor. 1. 31. (4) Eccl. 23. 6.

y limpios, todos los manjares son limpios y puros; pero que seria malo para el hombre comer de cualquier cosa con escándalo de otros. (1). *Que todas vuestras criaturas son buenas; y nada se debe desechar para alimento, siendo cosa que se pueda comer con accion de gracias* (2). *Que no es la comida la que nos hace recomendables en vuestra presencia* (3). *Que ninguno debe juzgar á su prógimo por la especie de manjar ó de bebida que toma* (4). *Y finalmente, que aquel que come de todo, no haga desprecio del que no come lo que él; y el que no come de todo, no juzgue ni condene al otro que usa de todo manjar indiferentemente* (5).

De Vos, Señor, he aprendido todas estas doctrinas; por lo cual os alabo y doy repetidas gracias á Vos, Dios mio y maestro mio, que ademas de haberos dignado hacer que oyese vuestras palabras, ilustrasteis mi corazon para entenderlas. Pues libradme tambien de todas las tentaciones á que me veis espuesto.

(1) Tit. 1. 15. (2) 1. Tim. 4. 4.
(3) 1. Cor. 8. 8. (4) Colos. 2. 16.
(5) Rom. 14. 3.

Lo que yo temo no es la inmundicia del manjar, sino la del apetito. Sé que Vos disteis licencia á *Noe para que comiese de toda especie de animales que tuviesen carnes saludables y buenas* (1). *Que Elías tambien se alimentó de carne* (2). *Que San Juan Bautista, que practicó una abstinencia admirable, no incurrió en inmundicia, ni manchó su alma por alimentarse de unos animalejos tan viles como son las langostas* (3). *Y* por el contrario sé que *Esaú fue engañado por el destemplado apetito que tuvo de comer unas lentejas* (4). *Que David se reprendió á sí mismo por el deseo que tuvo de beber un poco de agua* (5): *y que el demonio, queriendo tentar á nuestro Rey y Señor, no le propuso que comiese carne, sino que comiese pan* (6). Y finalmente, el pueblo de Israel, á quien Vos mismo guiabais por el desierto, si mereció ser reprendido y reprobado, no fue porque deseó alimentarse de carne, sino porque llevado del deseo de este man-

(1) Gen. 9. 2. 3. (2) 3. Reg. 17. 6.
(3) Matt. 3. 4. (4) Gen. 25. 34.
(5) 2. Reg. 23. 17. (6) Matt. 4. 3.

jar, se quejó y murmuró de su Dios y Señor (1).

47 Pues hallándome yo en medio de estas tentaciones, todos los dias tengo que pelear contra el apetito de comer y beber, porque en esta materia no podia determinarme á dejarla enteramente de una vez, y no volver jamas á usarla, como lo pude hacer con el deleite carnal. Y asi las riendas del apetito de comer y beber se han de gobernar de modo que ni se aflogen mucho, ni se tiren demasiado. Mas, Señor, ¿quien será aquel que nunca esceda los precisos límites de la necesidad? ¿Cualquiera que sea, ciertamente es un hombre grande, y os debe dar gracias, y engrandecer por ello vuestro nombre. Yo ciertamente no soy tal, porque solo soy un hombre pecador. Pero tambien alabo y engrandezco vuestro nombre, y sé que aquel Señor que triunfó del mundo, *os pide incesantemente el perdon de mis pecados* (2), contándome entre los miembros débiles y flacos de su cuerpo místico; porque vuestros ojos los ven

(1) Num. 11. 20. (2) Rom. 8. 34.

aunque *sean imperfectos, y á todos los teneis escritos en vuestro libro* (1).

CAPÍTULO XXXII.

Del estado en que se hallaba en órden á las tentaciones de los olores y fragrancias tocantes al olfato.

48 Del atractivo de los olores no se me da tanto, ni estoy tan cuidadoso. Cuando no los tengo presentes á mi olfato, no los pretendo ni busco; ni tampoco cuando se me presentan los desecho: pero me hallo en disposicion de carecer de ellos para siempre. Asi me lo parece; y puede ser que yo me engañe.

Pues tambien son dignas de llorarse las tinieblas de nuestra ignorancia, en las cuales aun no alcanzo á ver hasta donde puede, ó no puede estenderse mi facultad. De modo que preguntándose mi alma á sí misma para saber sus propias facultades y fuerzas, juzga que no se debe creer con facilidad el informe que ella misma

(1) Ps. 138. 16.

dé sobre este punto: porque aun el poder y fuerzas que verdaderamente tiene, estan por lo comun tan ocultas, que solo la esperiencia puede manifestarlas.

Por eso en esta vida, que la escritura llama *tentacion* (1), ninguno debe estar seguro de si aquel que pudo hacerse de malo bueno, podra ó no hacerse tambien de bueno malo (2). Nuestra única esperanza, nuestra única seguridad, y la que únicamente podemos prometernos con firmeza, es vuestra misericordia.

CAPÍTULO XXXIII.

Del estado en que se hallaba en órden á los deleites tocantes al oido.

49. Mas fuertemente me habian aprisionado y sugetado los deleites tocantes al oido; pero Vos, Señor, me desatasteis otra vez, y disteis libertad. Pero al presente cuando oigo en vuestra iglesia aquellos tonos y cánticos animados de vuestras palabras, confieso que si se cantan con

(1) Job. 7. 1. (2) Eccli. 27. 8.

suavidad, destreza y melodía, algun poco me aficionan; no tanto que me sugeten y detengan, sino de modo que los pueda dejar fácilmente cuando quiera. No obstante, aquellos tonos acompañados de las sentencias que les sirven de alma y les dan vida, para haber de ser admitidos dentro de mi corazon, solicitan en él algun lugar honroso y distinguido, y apenas yo les doy el que les corresponde. Porque algunas veces me parece que doy mas honra á aquellos tonos y voces de la que debia, por cuanto juzgo que aquellas palabras de la sagrada Escritura mas religiosa y fervorosamente escitan nuestras almas á piedad y devocion, cantándose con aquella destreza y suavidad que si se cantaran de otro modo; y que todos los afectos de nuestra alma tienen respectivamente sus correspondencias con el tono de la voz y canto, con cuya oculta especie de familiaridad se escitan y despiertan. Pero me engaña muchas veces el deleite de los sentidos, al cual no debiera entregarse el alma de modo que se debilite y enflaquezca cuando el sentido no acompaña á la razon, de modo que se contente con irla siguiendo; sino que habiendo sido admitido por amor y causa de ella, ya quiere adelantarse á la razon, y procura ser su guia. Asi peco en estas cosas sin conocerlo, pero despues lo conozco.

50 Tambien algunas veces cauteländome demasiadamente de este engaño, doy en el estremo contrario, errando en esto por esceso de severidad: llegando algunas veces á ser tan grande este esceso de mi severidad, que quisiera apartar de mis oidos, y aun de toda la Iglesia, todo genero de melodía y suavidad de tonos con que todos los dias cantan los salmos de David; pareciéndome entonces mas seguro lo que me acuerdo haber oido contar de Atanasio, obispo de Alejandría (a), que tenia mandado al cantor de los salmos que los cantase con tan baja y poca voz, que mas pareciese rezarlos que cantarlos.

(a) Solamente a San Agustin se debe esta noticia que nos da del grande Atanasio obispo de Alejandría, y que prueba la pureza grande de intencion, que deseaba aquel Santo que tuviesen los que asistian á los divinos oficios en la Iglesia.

Pero no obstante, cuando me acuerdo de aquellas lágrimas que derramé oyendo los cánticos de vuestra Iglesia, muy á los principios de haber recuperado mi fe, y contemplando que ahora mismo siento moverme, no con el canto, si con las palabras y cosas que se cantan, cuando esto se egecuta con una voz clara, y con el tono que les sea mas propio y conveniente; vuelvo á reconocer que esta práctica y costumbre de la Iglesia es muy provechosa y de grande utilidad. Asi estoy vacilando entre el daño que del deleite de oir cantar puede seguirse, y la utilidad que por la esperiencia sé que puede sacarse: y mas me inclino (sin dar en esto sentencia irrevocable ni difinitiva) á aprobar la costumbre de cantar, introducida en la Iglesia, para que por medio de aquel gusto y placer que reciben los oidos, el ánimo mas débil y flaco se escite y aficione á la piedad. Esto no quita que yo conozca y confiese que peco, y que merezca castigo cuando me sucede que el tono y canto me mueva mas que las cosas que se cantan; y entonces mas quisiera no oir cantar. Ve aqui el estado en que me hallo al presente en cuanto á esto.

Llorad conmigo, y llorad por mí todos los que dentro de vuestros corazones tratais algo de espíritu y de virtud, de donde proceden las obras esteriores; porque á los demas que no tratais de esto, tampoco os moverá la situacion y estado en que me hallo.

Pero Vos, Señor, Dios mio, oidme, miradme, vedme, apiadaos de mí, y sanadme Vos, á cuyos ojos son patentes las dudas y congojas con que lidio, y esto mismo es la dolencia que padezco (1).

CAPÍTULO XXXIV.

De cómo se hallaba en cuanto á los deleites de la vista.

51 Lo que me falta es hablar del deleite que corresponde á mis ojos corporales, el cual tambien es materia de estas confesiones, que hago de tal modo que lleguen á los oidos de mis hermanos piadosos, en que Vos habitais como en tem-

(1) Ps. 6. 3.

plo vuestro ; con lo cual acabaré de referir las tentaciones que pertenecen á la concupiscencia de la carne, y que todavía me incitan mientras gimo en esta carcel de mi cuerpo, suspirando por la mansion celestial, en que se dé al cuerpo y alma la vestidura de gloria (1).

Los ojos tienen su deleite en ver obgetos hermosos y varios, y colores lustrosos y risueños. Pero nada de esto merece los afectos de mi alma, que debe ocuparla toda, y poseerla toda Dios que hizo estas criaturas; y aunque á todas las *hizo sumamente buenas* (2), pero no son ellas mi soberano bien, sino el que las hizo á ellas. Estos obgetos visibles á todos los instantes del dia se presentan á mis ojos mientras que estoy despierto, sin que cesen nunca de presentarse á la vista, como sucede con las voces respecto del oido, que no siempre está oyendo cantar ; y hay ocasiones en que cesa toda voz y ruido, como sucede cuando todo está en silencio ; pero esto no sucede asi respecto de los ojos, porque en cualquier

(1) 2. Cor. 5. 2. (2) Gen. 1. 31.

parage donde esté durante el dia, la misma luz, reina de los colores, bañando con sus rayos todas las cosas visibles, sin que yo la atienda, y aunque esté pensando en otra cosa muy diferente, se me comunica y se me insinúa de muchos modos y muy halagüeños á la vista. Y es tanta la vehemencia con que se insinúa y comunica, que si repentinamente se nos quitase la luz, tendriamos que buscarla con gran deseo de que se nos volviese; y si durase por largo tiempo su ausencia, nuestra misma alma se contristaria.

52 ¡Oh luz, aquella que veia Tobías, cuando cerrados los ojos corporales enseñaba á su hijo el camino de la vida, yendo él delante de su hijo en las obras de caridad que hacia, sin errar en tales pasos el camino, ni estraviarse nunca! (1) ¡Oh luz que veia Isaac, aunque ya la vegez le tenia oscurecidos y cerrados los ojos corporales, y sin conocer los hijos á quienes bendecia, mereció conocerlos en las bendiciones que les aplicaba (2)! ¡Oh luz que veia Jacob, cuando ciego

(1) Tob. 4. 2. (2) Gen. 27. 1.

tambien por la mucha edad, pero ilustrado interiormente, conoció que sus hijos habian de ser cabezas de las doce tribus, que formarian en lo venidero el escogido pueblo da Israel: y en atencion á este conocimiento, cruzó las manos misteriosamente al tiempo de imponerlas sobre sus dos nietos (a), hijos de Josef, gobernándose al trocarlas, no por lo que el padre de ellos le dictaba, sino por lo que él mismo en su interior conocia (1)! Esta luz sí que es la verdadera: esta es única y sola; y todos los que la ven y aman son una cosa misma.

Pero esta otra luz material, de que iba

(a) Para que Jacob bendigese á sus dos nietos Manases y Efraim, hijos de Josef, los puso este de modo, que Manasés, que era el mayor, quedáse á la derecha de Jacob, y Efraim que era el menor, á la izquierda. Pero Jacob cruzando las manos puso su derecha sobre Efraim, y la izquierda sobre Manasés; no obstante que Josef, padre de ambos, le advertia lo contrarió. Y esto fue porque Jacob, ilustrado con la luz de profecia, vió que el menor debia ser antepuesto y preferido al mayor, segun la voluntad de Dios.

(1) Gen. 48. 10.

hablando, con una dulzura tan atractiva como peligrosa, hace gustosa y sazonada la vida de este mundo á sus ciegos amadores. Mas aquellos que de esa misma luz saben tomar motivo de alabaros, *Dios mio y criador de todas las cosas* (a), la hacen servir á vuestros himnos y alabanzas, y no se dejan dominar del letargo que causa en los primeros el atractivo de sus dulzuras.

Yo quiero ser del número de estos últimos; y asi resisto á los engaños que me pueden ocasionar mis ojos, para que mis pies no caigan en algunos lazos, que me impidan seguir las sendas de vuestra justicia, por donde he comenzado á caminar. Y levanto hácia Vos los ojos invisibles de mi alma, para que Vos saqueis libres mis pies de aquellos lazos (1): y con efecto

(a) Hace alusion al himno de San Ambrosio, que comienza asi: *Deus Creátor ómnium*, que se cantaba al acabarse la luz del dia y á la entrada de la noche. Tambien cita este verso en el cap. 27. del libro 11., y refiere las dos primeras estrofas del mismo himno en el cap. 12. del libro 9.

(1) Ps. 24. 15.

Vos me los desenredais, porque efectivamente dan mis pies en ellos. Y como me sucede muchas veces el caer en las asechanzas que me estan armadas por todas partes; Vos, Señor, no cesais de desenredarme y libertarme de ellas, porque Vos, que estais guardando á Israel, no os dormis, ni dormitais (1).

53 ¡Cuan innumerables son los alicientes que nuevamente han añadido los hombres para atraer y captar mas bien la atencion de nuestros ojos, con una infinidad de artificiosos tegidos, en varias modas de vestidos, de calzados, de vasos y otros utensilios, y de toda suerte de adornos y curiosidades, hechas de mil maneras, y tambien por medio de pinturas y otros diversos modos de hacer figuras y retratos, pasando con unas de estas cosas mucho mas allá de lo que pedia la necesidad de usar de ellas, escediendo mucho con otras los límites de la moderacion, y abusando notablemente de las últimas, de las cuales habia de usarse únicamente para representaciones piadosas!

(1) Ps. 120. 4.

De modo que aman y siguen las obras esteriores que ellos mismos hacen, y abandonan en su interior al que los hizo á ellos, y deshacen la imágen que hizo en ellos (1).

Pero yo, Dios mio y gloria mia, aun de estas cosas sacó nuevos motivos de cantaros alabanzas, y hago sacrificio de ellas á quien me santifica; porque sé muy bien que todas las hermosas ideas que desde la mente y alma de los artífices han pasado á comunicarse á las obras esteriores que labran y fabrican sus manos artificiosas, dimanan y provienen de aquella soberana hermosura, que es superior á todas las almas, y por la que mi alma continuamente suspira de dia y de noche. Los mismos artífices que fabrican y aman estas obras tan delicadas y hermosas, toman y reciben de aquella hermosura suprema el buen gusto, idea y traza de formarlas; pero no aprenden ni toman de alli el modo con que debieran usar de ellas. No le ven, aunque tambien está allí este modo justo, para que no tengan que

(1) Ps. 115. 13.

ir á buscarle mas lejos, y para que ordenen á Vos todas las fuerzas de su habilidad é ingenio (1), y no las malgasten y disipen en deleites fatigosos (2).

Pero yo mismo hablando ahora de estas cosas, y mostrando tener conocimiento de ellas, tambien parece que detengo el paso como enredado en estas hermosuras; pero Vos, Señor, me desprendeis de estos lazos, Vos me sacais libre de ellos, porque siempre miro á vuestra misericordia, y la tengo delante de mis ojos (3). Porque yo confieso que tambien caigo en el lazo de estas cosas por mi fragilidad y miseria; pero Vos me sacais de él con vuestra misericordia: unas veces me sacais de él sin que yo lo conozca ni lo advierta, porque fue poco á poco y muy leve la caida; y otras veces me librais de modo que sienta algun dolor, porque ya mi corazon estaba adherido á alguna cosa, y tenia algun apego á ella.

(1) Ps. 115 13. (2) Ps. 58. 10.
(3) Ps. 25. 2.

CAPÍTULO XXXV.

De cómo se hallaba en órden al segundo género de tentacion, que es el de la curiosidad.

54 A todas estas es preciso añadir otra especie de tentacion, que es mucho mas peligrosa. Ademas de aquella concupiscencia de la carne, que tiene por objeto el regalo de los sentidos y deleites, sirviendo y obedeciendo á la cual, perecen los que se alejan de Vos, hay en el alma otra especie de concupiscencia vana y curiosa, disfrazada con el nombre de conocimiento y ciencia, que se vale y se sirve de los mismos sentidos corporales, no para que ellos perciban sus respectivos deleites, sino para que por medio de ellos consiga satisfacer su curiosidad, y la pasion de saber siempre mas y mas.

Como esta concupiscencia del alma pertenece al apetito de conocer y saber, y los ojos son los principales en el conocimiento de las cosas sensibles, por eso en la sagrada Escritura se llama *concupiscen-*

cia de los ojos. ¿Y aunque es cierto que el *ver* corresponde única y propiamente á los ojos, solemos usar tambien de esa palabra para esplicar la accion de los demas sentidos cuando los aplicamos á conocer sus propios objetos. Pero no al contrario, pues nunca decimos: *oye* como alumbra, ni *oled* como luce, ni *gustad* como brilla, ni *palpad* como resplandece. siendo asi que todo esto lo llamamos ver. Porque no solo decimos *mirad* como luce (lo cual únicamente pertenece á los ojos), sino tambien *mirad* como suena, *mirad* como huele, *mirad* como sabe, *mirad* como está duro.

Y por eso todas las sensaciones de nuestros sentidos se comprenden de una vez, llamándose, como ya dige, *concupiscencia de los ojos*; porque todos los demas sentidos, cuando conocen ó perciben algo de sus obgetos, usurpan en algun modo la accion y oficio del ver, que propia y principalmente pertenece á los ojos.

55 De aqui se puede conocer mas claramente cuándo es el deleite, y cuándo es la curiosidad quien hace obrar á nuestros sentidos, porque el deleite siem-

pre busca lo hermoso, lo sonoro, lo fragrante, lo sabroso, lo suave; pero la curiosidad busca aun lo contrario de todo esto, no para mortificarse (a), sino por el prurito de saberlo y esperimentarlo todo. Porque á la verdad, ¿que deleite puede haber en mirar un cadáver lleno de heridas y despedazado, siendo una cosa que espanta y horroriza? Y con todo eso, si en alguna parte hay este lastimóso espectáculo, concurren todos á verle, y viéndole entristecerse y asustarse. Y ademas de esto temen ver eso mismo entre sueños, como si alguno los hubiera obligado á que lo vieran cuando despiertos, ó la fama y noticia de que alli habia que ver una grande hermosura, los hubiera persuadido y llevado á que lo vieran. Lo mismo pudieramos decir de los demas sentidos; pero seria muy largo ir poniendo egemplos en todos.

(1) N. P. S. Agustin entiende por *concupiscencia de los ojos* la curiosidad ó el escesivo y desordenado deseo de ver y conocer cualesquier cosas: y claramente esplica como la concupiscencia de la carne, que comprende todos los deleites de los sentidos, se distinga

De este achaque y dolencia de la curiosidad ha nacido todo cuanto se egecuta estraño y admirable en los espectáculos. Ella es la que nos hace andar investigando los afectos ocultos de la naturaleza, que nos es esterior y está fuera de nosotros: que para nada aprovecha averiguarlos, y los desean saber los hombres no mas de por saberlos. Con el mismo fin de satisfacer su curiosidad perversa, procuran averiguar algunas cosas por arte mágica. Ella es finalmente la que en el seno mismo de la religion ha incitado á los fieles á tentar á Dios, pidiéndole milagros y prodigios (1), no para conseguir algun bien ó salud del cuerpo ó alma, sino por espíritu de curiosidad.

de esta otra concupiscencia ó curiosidad, que no solamente apetece conocer y esperimentar las cosas suaves y hermosas, sino tambien las cosas feas, ásperas, y horrendas. Tambien Santo Tomas (1. 2. q. 77. a. 5.) dice, que se entiende por esta concupiscencia, ya *el deseo de un saber y conocer desordenado*, ya *el deseo de las mismas cosas que esteriormente se proponen á la vista.* (1) Luc. 11. 16.

56 En este tan inmenso y enmarañado bosque de deseos, y tan lleno de asechanzas y peligros, ya veis, Dios mio y salud mia, cuánta maleza he cortado y arrojado de mi corazon, segun Vos me disteis gracia para egecutarlo, y con que efectivamente lo egecutara; pero no obstante, ¿cuando yo me atreveré á decir, sabiendo que nuestra vida continuamente y por todas partes está cercada y combatida de tan grande multitud de cosas semejantes; cuándo me atreveré á decir que estoy seguro, y que ninguna de ellas escita mi atencion siquiera para mirarla, y que nunca ha de caer en lazo alguno de la vana curiosidad?

A la verdad, los teatros ya no me arrastran ni llevan tras de sí; ya no cuido de saber el curso de los astros, ni mi alma consultó jamas las sombras de que se vale la magia para sus respuestas; antes bien detesto y abomino todos sus misterios sacrílegos y supersticiosos. ¿Pero con cuantas máquinas y ardides me combate el enemigo para obligarme á que os pida un milagro á Vos, Dios y Señor mio, á quien sólo debo servir hu;

milde y sencillamente? Mas yo, Señor, por Jesucristo rey nuestro, y por toda su corte celestial, esa triunfante Jerusalen que es nuestra patria, inocente y casta esposa vuestra, os ruego y suplico, que asi como al presente estoy lejos de consentir á semejante tentacion, asi lo esté siempre y cada dia mas.

Pero cuando os ruego por la salud de alguno, es muy diferente y mejor el fin de mi intencion; y ademas de eso me concedeis entonces, y espero que siempre me lo concedais, el que gustosamente me conforme con vuestra voluntad.

57 No obstante, ¿quien hay que pueda contar la innumerable multitud de cosas menudisimas y despreciables, con que es tentada nuestra curiosidad todos los dias, y cuantas veces caigamos? ¿Cuantas veces nos sucede que comenzamos á oir con gusto algunas conversaciones inútiles y vanas, y al principio aguantamos por no ofender á los que estan hablando; y despues venimos poco á poco á oirlas con voluntad y gusto? Ya no voy al circo á ver á un perro correr tras de una liebre; mas si sucede esto en el cam-

po, y casualmente paso por alli al mismo tiempo, acaso me distrae y aparta de algun pensamiento grande y bueno, y me hace mirar y atender á aquella caza; no de modo que me haga estraviar con el caballo, pero sí con la voluntad y afecto. Y si Vos entonces, dándome á conocer mi flaqueza, no me escitarais prontamente á que de aquello mismo que estoy viendo, levante mi espíritu y consideracion á Vos, ó por lo menos á que desprecie todo aquello y prosiga mi camino, me estaria embebecido vanamente. ¿Y cuantas veces tambien estando en casa me tiene entretenido ya el animalejo que llaman alguacil de moscas, parándome á mirar como las caza: ya una araña, observando como las aprisiona despues que caen en sus redes? ¿Acaso porque sean pequeños los animales, se podrá decir que no egercitaron mi curiosidad, ni causaron verdadera distraccion? Es verdad que de esto mismo paso despues á alabaros por el órden admirable que habeis establecido y guardan entre sí todas las criaturas del universo; pero tambien es verdad que cuando comencé á atender, no comencé con este fin. Una cosa es levantarse presto, y otra no caer.

De semejantes cosas está llena mi vida: y por eso toda mi esperanza estriva únicamente en vuestra grande é infinita misericordia. Porque si llega á hacerse nuestra alma un depósito y receptáculo de semejantes cosas tan fútiles y vanas, y lleva dentro de sí copiosa multitud de especies á cual mas frívolas, sucederá que aun nuestras oraciones se interrumpan y perturben, no una, sino muchas veces. Asi aun cuando nos contemplamos delante de vuestra presencia, y queremos que las voces de nuestro corazon lleguen á los oidos de vuestra divina Magestad, no sé como, ofreciéndose á nuestro pensamiento una infinidad de vagatelas y fruslerías, se viene á interrumpir una cosa de tanta importancia. ¿Por ventura contaremos tambien esto entre las cosas de poca monta, y de que no debemos hacer caso? ó bien considerado, ¿habrá cosa alguna con que pueda alentar nuestra esperanza, sino el considerar que habiendo vuestra misericordia comenzado la obra de nuestra conversion y mudanza de vida, la ha de continuar y concluir, para que asi sea completa y total la misericordia?

CAPÍTULO XXXVI.

De cómo se hallaba en órden al tercer género de tentacion, que es el de la soberbia.

58 Vos, Señor, sabeis cuanto me habeis mudado en algunas cosas, sanándome primeramente del deseo de vengarme, para que perdonando yo, me perdoneis á mí tambien todas las demas maldades, saneis todas mis dolencias, redimais mi alma de la perdicion y muerte eterna, y me deis la corona ganada con vuestras gracias y misericordias, y sacieis mis deseos con bienes interminables é infinitos (1).

Vos me hicisteis temer el rigor de vuestro juicio, y con este temor santo reprimisteis mi soberbia, y me hicisteis que sugetase dócilmente mi cerviz al yugo de vuestra ley (2). Ahora llevo este

(1) Ps. 102. 3. (2) Mat. 11. 30.

yugo, y me parece suave, porque Vos prometisteis que lo seria, y habeis hecho que lo sea. Él verdaderamente era suave, y no lo sabia yo, cuando tenia miedo de sugetarme á él.

¿Mas por ventura, Señor, que sois el único que domina sin fausto ni altivez, porque tambien sois el único verdadero Señor, que no reconoceis otro; por ventura, vuelvo á decir, podré esperar verme libre enteramente de esta tercera especie de tentacion que trae consigo el mandar, ó es posible librarse de ella durante todo el curso de esta vida?

59 Desear ser temido y amado de los hombres, no por otra cosa sino para tener en esto un gozo que no es gozo, es miseria de la vida humana, y una jactancia fea. Y ve aqui de donde principalmente dimana el no amaros los hombres á Vos solo, ni temeros con temor filial y santo. Por eso *resistis á los soberbios, y dais gracia á los humildes* (1); por eso tronais sobre los ambiciosos del mundo, haciendo que se estremezcan los

(1) Jac. 4. 6.

cimientos de los montes mas altos. Y como es necesario para el desempeño y cumplimiento de algunos empleos de la república, el que sean temidos y amados de los hombres los que estan destinados á aquellos cargos ó empleos; el enemigo de nuestra verdadera felicidad y bienaventuranza nos estrecha mas para hacernos caer en esta vana complacencia, y por todas partes tiende los lazos de aplausos y lisonjas, para que recogiéndolas con ansia y aficion, caigamos incautamente en aquella vanidad, y de este modo dexemos de poner nuestro gozo en vuestra verdad, y le coloquemos en el engaño y falacia de los hombres; y lleguemos á tener gusto y complacencia de ser amados y temidos de los hombres por nosotros mismos, y no por Vos. Asi intenta el enemigo, haciéndonos semejantes á él en la soberbia, llevarnos tambien á su compañía, no para usar con nosotros de caridad y concordia, sino para hacernos compañeros de sus penas y tormentos: porque él, aspirando soberbiamente á ser semejante á Vos, tiró á imitaros malamente por el torcido rumbo y contrario estremo de la desemejanza, queriendo poner su trono en el aquilon (a) (1), para que los hombres, desalumbrados y frios por faltos de fe y caridad, le sirvan y obedezcan á él.

Mas nosotros, Señor, que somos vuestro pequeño rebaño, vuestros somos, poseednos siempre Vos. Estended vuestras alas, para que huyendo de nuestros enemigos, nos refugiemos y acojamos debajo de ellas. Sed Vos nuestra única gloria, y haced que solamente en Vos nos gloriemos, y que si nos aman, seamos

(a) Alude primeramente al testo de Isaías, que dice de Luzbel, que intentó poner su trono en los lados del aquilon; y como este es el aire que hay mas frio entre todos, porque viene del septentrion, por donde nunca anda el sol ni puede andar, es alli todo oscuridad y frio: y asi metafóricamente significa el reino de las tinieblas, y á su príncipe el demonio: y por eso dice aqui con hermosa alegoría San Agustin, que los soberbios que siguen al demonio en el aquilon, estan sin *luz* de fe en el entendimiento, y sin *calor* de caridad en la voluntad, pues ni hay luz ni calor en el aquilon ó septentrion.

(1) Isai. 14. 13.

amados por Vos; y que si nos temen, sea vuestra divina palabra la que se teme y se respeta en nosotros. *El que quiere ser alabado de los hombres*, vituperándole Vos, no sera defendido de los hombres cuando Vos le juzgueis, ni ellos podrán libertarle si le condenais.

Pero cuando la alabanza es tal, que ni con ella es alabado el pecador en los malos deseos de su alma, ni bendecido el iniquo (1), sino que es alabado el hombre por alguna gracia y don que Vos le concedisteis, y él se alegra mas de ser alabado, que de tener aquel don por el cual le alaban; tambien de este se verifica que es alabado vituperándole Vos; y es mejor el otro que le alabó, que este que fue alabado; porque á aquel le agradó mas en el hombre el don de Dios, y á este otro le agradó mas el don del hombre que el de Dios.

(1) Ps. 10 3.

CAPÍTULO XXXVII.

De cómo le movian las alabanzas de los hombres.

60 Todos los dias somos tentados, Señor, con estas tentaciones, sin darnos treguas ni cesar de combatirnos. Las lenguas de los hombres que nos alaban, vienen á ser nuestro horno que cotidianamente nos examina y prueba. Vos nos habeis mandado que tambien en esta especie de tentacion seamos cautelosos y contenidos. Dadme, Señor, lo que mandais, y mandadme lo que quereis. Vos sabeis los muchos suspiros que esto me cuesta, y los rios de lágrimas que en vuestra presencia han derramado mis ojos por esta causa. Porque no puedo facilmente conocer cuánto haya adelantado en preservarme de este contagio; y temo mucho que haya varios defectos ocultos y escondidos en lo interior de mi alma, los cuales claramente los descubren vuestros ojos, pero no los ven los mios. Porque en los otros géneros de tentaciones tengo algun arbitrio y fa-

cultad para examinarme á mí mismo, y conocer en qué disposicion me hallo; pero en esta materia casi no hay medio alguno por donde conocerlo.

Porque yo bien conozco y veo cuánto ès lo que tengo adelantado y adquirido de fuerzas para refrenar mi ánimo, ya sea de los deleites sensuales, ya sea de la vana curiosidad y deseo de saber cosas inútiles, cuando actualmente carezco de aquellos objetos, ó porque me privo de ellos por mi voluntad, ó porque no los tengo presentes y á mi disposicion. Porque en tal caso me pregunto yo á mí mismo, cuánta sea la molestia que me causa el carecer de aquellas cosas: y conozco si es mayor ó menor que la que otras veces me causaba. Por lo que mira á las riquezas que se desean únicamente para satisfacer á alguna de estas tres suertes de concupiscencia, ó á dos de ellas, ó á todas tres; si poseyéndolas actualmente no puede el ánimo conocer bien si las desprecia ó no, tiene el arbitrio de renunciarlas enteramente, y entonces lo conocerá.

Mas para carecer de las alabanzas, y

entonces hacer esperiencias de si sentimos ó no su falta; ¿por ventura hemos de vivir mal y desordenadamente, y ser tan perdidos, crueles y desalmados, que cuantos nos conozcan, nos abominen y digan mal de nosotros? ¿Qué mayor locura puede decirse ó pensarse? Pues si la alabanza suele y debe ser compañera inseparable de la buena vida y de las buenas obras; así como no debemos dejar la vida y costumbres buenas, tampoco podemos abandonar el acompañamiento que llevan de las alabanzas. Pero ello es cierto, que solo careciendo de una cosa, es cuando puedo conocer y esperimentar si siento el que me falte, ó no lo siento.

61. Pues, Señor mio, ¿que confesion es la que puedo haceros de lo que me sucede con este genero de tentacion, sino que me deleitan las alabanzas, aunque mas me deleito con la verdad que con ellas? Porque si me propusieran cuál de estas cosas queria mas, ó ser un hombre furioso y desatinado, que no obraba con rectitud y acierto en materia alguna, pero no obstante era muy alabado de todos

los hombres; ó por el contrario, verme vituperado de todos, siendo yo cuerdo y juicioso, y teniendo verdadera ciencia y sabiduría, que es ciertísimo conocimiento de la verdad, veo claramente lo que en tal caso habia de escoger.

Pero yo no quisiera que la aprobacion y alabanza agena me aumentase el gozo que puedo tener de alguna bondad mia. Mas conozco y confieso, que no solo me le aumenta la alabanza, sino que el vituperio me le disminuye. Y cuando me veo atribulado con semejante flaqueza propia de mi miseria, se me ofrece luego una disculpa, que Vos, Dios mio, sabeis si es buena ó mala; pues yo no me atrevo á calificarla con certeza. La razon con que tiro á disculpar mi alegría y gozo de la alabanza consiste en que como Vos nos habeis mandado no solo la continencia y templanza, que nos enseña de qué cosas debemos apartar nuestra aficion; sino tambien la justicia, que nos muestra en qué cosas debemos poner nuestro amor y voluntad: y como por otra parte nos habeis mandado que no solamente os amemos á Vos, sino tambien al prógimo (1); fundado yo en todo esto, me parece que muchas veces que me deleito oyendo que me alaban, no nace mi deleite y alegría de aquella alabanza, sino del aprovechamiento que muestra el prógimo, y de las buenas esperanzas que da de su talento, pues alaba lo que merece ser alabado: y por el contrario, si me entristezco cuando me vitupera, me parece que solo me entristezco de su mal, oyendo que desprecia y vitupera ó lo que él no sabe ni entiende, ó lo que realmente es bueno.

Porque tambien cuando me alaban me suelo entristecer algunas veces, ó porque alaban en mí algunas cosas que me disgustan á mí mismo, ó porque tambien hacen mas estimacion y aprecio del que debieran hacer de algunos pequeños y leves bienes que esperimentan en mí.

Mas por otra parte, ¿que sé yo si este sentimiento mio nacerá de que no llevo á bien, que el que me alaba piense de mí mismo de diferente modo que yo pienso; no porque á esto me mueva su

(1) Levit. 19. 18.

bien y utilidad, sino el que aquellos mismos bienes que tengo yo y me alegro de tenerlos, se me hacen mas gustosos y agradables cuando tambien agradan á los otros? Porque en algun modo no soy yo alabado, cuando no es alabado tambien aquel juicio y concepto que tengo formado de mí mismo, supuesto que se alaban en mí las cosas que á mí mismo me disgustan, ó se alaban mas las que á mí me agradan menos. ¿No es verdad pues que acerca de la escusa referida estoy dudoso, y no puedo calificarla con certeza?

61 Bien veo en Vos, Verdad eterna, que de las alabanzas que me dieren, no debo alegrarme por el bien mio, sino por el bien y utilidad de mi prógimo: mas no sé si lo hago asi; porque mas bien os conozco á Vos, que á mí mismo en este punto. Yo os suplico, Dios mio, que hagais que yo me conozca perfectamente, para que á todos mis hermanos que os pedirán por mí, pueda yo descubrirles en esta confesion todo cuanto hubiese en mí de heridas y de llagas. Lo cual supuesto, vuelvo á examinar mi interior con mas cuidado.

Si el gozo que esperimento cuando soy alabado, es nacido del bien y provecho de mi prógimo, ¿por que el vituperio que injustamente se hace á otro, me contrista menos que si se me hiciera á mí? ¿Por que me duele mas la contumelia que me hacen á mí mismo, que la que en mi presencia le hacen á mi prógimo, siendo igual la malicia de una y de otra? ¿Por ventura ignoro tambien esto? ¿Habia de llegar á tanto que me engañase á mí mismo, y que en presencia vuestra faltase á la verdad con el corazon y con la boca? Apartad Vos, Señor, lejos de mí tan gran locura, y no permitais que mi boca delante de Vos oculte mis defectos, ni sea como el *aceite*, con que en frase de David, *desfigura el pecador su rostro* (1).

63 Muy pobre y necesitado estoy de vuestra luz y enseñanza, y mejor seré desagradándome de mí mismo con gemidos y sollozos ocultos, y buscando sin cesar vuestra misericordia, hasta que os digneis de reparar mis defectos, y darme tal perfeccion, que goce aquella tranqui-

(1) Ps. 140, 5.

lidad y paz que no sabe ni conoce el soberbio y arrogante.

Pero las palabras que uno dice, y las obras que hace, como son públicas y notorias á los hombres, estan espuestas á la peligrosísima tentacion del amor y deseo de las alabanzas; el cual busca los votos y pareceres agenos, y los junta y ordena á conseguir con ellos una cierta escelencia y distincion particular. Y aun cuando me reprendo á mí mismo por este mal deseo, me tienta tambien á desear alabanza, por la misma razon con que le he afeado y reprendido.

Muchas veces sucede tambien que de haber el hombre despreciado la vanagloria, viene á caer en otra gloria mas vana, y en tal caso tampoco puede decirse que se gloría de haber menospreciado la vanagloria; porque no puede ser verdad que ella esté menospreciada en un hombre que tan vana é intimamente se gloría (a).

(a) Siguiendo el egemplo y fundamentos del P. J. M. de la Congregacion de San Mauro, de los cap. 37 y 38 *de otras ediciones*, hemos formado uno solo, porque asi lo pide la conexion de la materia.

CAPÍTULO XXXVIII.

Como la virtud tiene tambien peligro por la vanagloria.

64 En esta misma especie de tentacion hay tambien otro mal todavía mas disimulado y oculto, en que caen aquellos hombres vanos que estan muy preciados de sí mismos, aunque sus cosas no agraden, antes bien desagraden á los otros, ni ellos tampoco intenten agradarlos.

Pero estos, Señor, que se agradan á sí mismos, os desagradan mucho á Vos, porque se glorían no solo de las cosas malas, como si fueran buenas, sino tambien de las que son buenas y dones vuestros, como si solo fuesen bienes suyos, ó porque de tal manera los reconocen dones vuestros, que los juzgan debidos á sus méritos; y cuando los atribuyan únicamente á vuestra gracia, y no á sus méritos, no se alegran amigablemente de que otros tambien los tengan, antes por eso mismo les tienen envidia.

Ya veis, Señor, cuanto tiembla mi alma á vista de todos estos y otros semejantes peligros y dificultades de que se ve rodeada, y por tanto mas bien creo y soy de sentir que Vos me curais mis heridas y llagas, que el que entre tantos peligros dege yo de recibirlas y tenerlas.

CAPÍTULO XXXIX.

Epílogo de lo que ha tratado en este libro.

65 Mientras que yo, Dios mio y verdad eterna, me he ocupado en referiros todo cuanto he podido llegar á conocer de estas cosas inferiores, y he consultado con Vos, ¿cuando ni donde me dejasteis solo, ó no anduvisteis conmigo enseñándome lo que tengo de evitar, y lo que tengo de apetecer? Registré primeramente las cosas esteriores de que consta el universo, segun y como pude valerme de mis sentidos, y despues consideré la vida que mi cuerpo recibe de mi alma, y los sentidos mismos con que obra.

De alli entré á contemplar los senos

de mi memoria, la vastísima capacidad que tienen, lo llenos que estan de innumerable multitud de especies, y los modos admirables con que alli se colocan y conservan. Consideré todo esto, y quedé atónito y espantado, y no pude entender sin Vos ninguna cosa de aquellas; pero hallé y conocí que ninguna de ellas era lo que Vos, ni aun yo mismo que descubrí y conocí todas aquellas cosas, imágenes y especies, y las fui recorriendo todas, y procuré distinguirlas y apreciarlas, segun la estimacion y dignidad que corresponde á cada una de ellas; ya recibiendo algunas de estas especies por medio de los sentidos, y examinándolas y reconociéndolas despues; ya reflexionando algunas otras que estan como mezcladas conmigo, y examinando tambien el número, naturaleza y propiedades de los mismos sentidos, que me daban noticia de ellas; y finalmente, aprovechándome de aquel tesoro de mi memoria, y usando diferentemente de sus grandes riquezas, manifestando unas, reservando otras, y descubriendo las que estaban ocultas y guardadas. Pero ni yo mismo que hacia todas estas operaciones, ó por mejor decir, ni la misma virtud y potencia con que las hacia, somos lo que Vos, que teneis otro ser muy superior, porque Vos sois aquella luz permanente con quien iba yo á consultar todas aquellas cosas para saber si verdaderamente existian, qué ser y naturaleza era la suya, y qué aprecio y estimacion debia hacerse de ellas, y oia lo que Vos me enseñabais, y lo que me mandabais.

Esto mismo lo hago tambien ahora muchas veces, y esto es lo que me deleita; y asi cuanto puedo eximirme de las ocupaciones que me son precisas y necesarias, me refugio á este deleite. Porque en ninguna de estas cosas que he estado recorriendo y consultando con Vos, hallo un lugar seguro para mi alma, sino en Vos, que sois el único donde caben y pueden reunirse todos los afectos de mi voluntad, que han estado esparcidos por las criaturas, de modo que ninguno de ellos se aparte jamas de Vos.

Tambien algunas veces me haceis que en lo interior de mi alma prorumpa en un afecto de amor muy estraordinario, que me lleva á una incomprensible dulzura; la cual si enteramente se me comunicara, seria una cosa que no puedo comprenderla; pero sé que seria muy superior á todo lo de esta vida (a). Mas con el peso de mis miserias vuelvo á dar en estas cosas terrenas, donde mis ocupaciones acostumbradas por todas partes me ro-

(a) Este es uno de los varios pasages que en esta misma obra se pueden alegar, en prueba de que favoreció Dios á San Agustin y Santa Mónica, comunicándoles algunas veces en esta vida la union íntima con su magestad. Así la descripcion que en otras partes y aquí hace el Santo de este singular favor, es admirable, y le da á conocer por cosa sobrenatural. Lo que el Santo Doctor dice, puede servir para emendar los términos é ideas con que los místicos modernos esplican la union íntima con Dios; pues segun la doctrina de San Agustin, no es mas que *un sentimiento estraordinario de amor de Dios, y un esceso de dulzura, que si llegara á toda su perfeccion, seria una cosa que infinitamente sobrepujara á todo cuanto hay delicioso en esta vida.* San Pablo, que lo habia esperimentado, y que fue arrebatado al tercer cielo, no nos dijo mas que San Agustin en este punto, como dice el P. J. M.

dean, quedando como sumergido en ellas, y me tienen como aprisionado: mucho es lo que lo siento y lo lloro; pero tambien lo que me estorban y detienen es mucho. ¡Tanto es lo que nos agovia la pesada carga de una costumbre! Y cómo en este último estado puedo permanecer, pero no quiero, y en aquel otro quiero perseverar, pero no puedo, vengo á ser infeliz en uno y otro.

CAPÍTULO XL.

Como buscó á Dios dentro de sí mismo, y en todas las demas cosas.

66 Por eso consideré todas las dolencias de mis pecados en los tres géneros de concupiscencias que he referido, é invoqué vuestra mano poderosa para que sanase las dolencias de mi alma. Y cómo puse mis ojos en vuestros divinos resplandores, teniendo todavía el corazon herido y llagado, no pude resistir tan grande golpe de luz, y como deslumbrado dige: ¿quien será capaz de ver tan escesiva luz? Por lo que á mí toca;

yo me veo infelizmente arrojado de vuestra presencia (1).

Vos sois la verdad suma, y superior á todas las cosas; mas yo con una especie de avaricia no queria privarme de Vos, sino que juntamente con Vos queria poseer la mentira y falsedad; asi como ninguno hay que de tal modo quiera ser mentiroso, que ni él mismo conozca lo que es verdadero. Por eso os perdí yo, Verdad eterna, porque no os dignais ser poseido de un alma en que hay mentira.

CAPÍTULO XLI.

Como algunos han recurrido infelizmente á los demonios, para que sirvieran de medianeros para convertirse los hombres á Dios.

67 ¿Quien habia yo de hallar que pudiese reconciliarme con Vos? ¿Habia de acudir á los ángeles? ¿Y con que oraciones, con qué sacrificios habia de atraerlos? Muchos pecadores deseando volver

(1) Ps. 30. 23.

á Vos, y no pudiendo lograrlo por sí solos, se valieron (a) (segun he oido) de semejantes medios; pero vencidos del deseo de tener apariciones ó visiones curiosas, se hicieron dignos de engañosas ilusiones. Porque os buscaban ellos muy orgullosos y preciados de su ostentosa doctrina, y presentando con arrogancia su pecho, en lugar de herírsele con humildad; por lo que solamente pudieron atraer á sí (por medio de alguna imágen ó semejanza) á las *rebeldes aéreas potestades* (1), esto es, los demonios compañeros de su soberbia, que los engañaron

(a) Estos tales fueron Pitágoras, Apolonio Tiáneo, Porfirio, Proclo, Pselo, Máximo el Cínico, Juliano apóstata, y otros muchos, que siguiendo la doctrina de los caldeos y egipcios, creian que todos los entes sublunares habian sido puestos por el Criador del universo al cuidado de las potestades celestiales, que gobernaban á su gusto el principio, la duracion, y el fin de todas estas cosas de acá bajo, y que por medio de algunos sacrificios que se les ofrecian, se hacian visibles, y servian á los hombres de escala para elevarse y llegar hasta Dios.

(1) Ephes. 2. 2.

con la magia, cuando ellos buscaban un medianero que los iluminase y purificase; y entre ellos no habia sino el demonio que se transformaba en ángel de luz (1). Lo que ayudó mucho á que los hombres soberbios y carnales cayesen en semejante desvarío de solicitar al demonio para su medianero, fue, que siendo ellos mortales y pecadores, y deseando (aunque soberbiamente) reconciliarse con Vos, que sois inmortal é impecable, les pareció que aquel maligno espíritu seria el mas oportuno, por la ventaja de no tener cuerpo formado de carne como ellos.

Pero era menester que el mediador entre Dios y los hombres tuviese algo en que fuese semejante á Dios, y algo tambien en que fuese semejante á los hombres; porque si en todo fuera semejante á los hombres, estaria muy apartado de Dios; y si en todo fuera semejante á Dios, estaria muy lejos de los hombres, y asi no podria ser medianero.

Aquel pues mediador falso, por el cual conforme á vuestros ocultos juicios, me-

(1) 2. Cor. 11. 4.

recen ser engañados los soberbios, tiene una cosa por donde es semejante á los hombres, que es el pecado, y quiere dar á entender que tiene otra cosa por donde sea semejante á Dios, jactándose de ser inmortal, por cuanto no está vestido de la mortalidad de nuestra carne. Pero siendo como es *la muerte la paga y estipendio del pecado* (1), en el cual es semejante á los hombres, tambien lo es en estar juntamente con ellos condenado á muerte.

CAPÍTULO XLII.

Carácter del verdadero mediador entre Dios y los hombres.

68 Pero el verdadero mediador es aquel, que por vuestra inescrutable misericordia os dignasteis manifestar á los humildes, y le enviasteis para que con su egemplo aprendiesen la verdadera humildad. Este mediador entre Dios y los hombres es el hombre Jesucristo, que se manifestó mediando entre los pecadores y

(1) Rom. 6. 23.

mortales, y entre el que esencialmente es justo é inmortal: conviniendo en lo mortal con los hombres, y en la justicia y santidad con Dios, para que supuesto que la vida y la paz eterna es la paga y estipendio de la santidad y justicia, lograse con la justicia y santidad en que convenia con Dios, que cesase la sentencia de muerte fulminada contra los pecadores é impíos, á quienes justificó, y cuya muerte quiso padecer como ellos. Este mismo medianero fue anunciado y revelado á los santos y patriarcas antiguos, para que ellos se salvasen, teniendo fe de la muerte que habia de padecer, asi como nosotros nos salvamos teniendo fe de la muerte que ya efectivamente padeció. Este pues, en cuanto es hombre, en tanto es medianero, porque en cuanto es Verbo divino no media entre Dios y el hombre, sino que es igual á Dios, y tan Dios, que con el Padre y el Espíritu Santo es un mismo Dios.

69 ¡Oh eterno y amantísimo Padre, qué grande fue el esceso de vuestro amor á los hombres, *pues no perdonasteis á vuestro unigénito Hijo, sino que le entre-*

gasteis á que muriese por nosotros pecadores (1)! ¡Que grande fue el amor que nos mostrasteis, pues llegó á tal estremo, que aquel mismo Señor, que en *tenerse por igual á Vos no os usurpa cosa alguna, se sugetase á padecer por nosotros la ignominiosa muerte de cruz! Asi él ha sido el único libre entre los muertos, y que tuvo potestad de morir, y tambien la tuvo de resucitar* (2). El mismo fue el vencedor y la víctima, que se ofreció á Vos por nosotros; y por eso fue vencedor, porque fue víctima. Se hizo para con Vos sacerdote, y sacrificio por nosotros; y por eso fue él sacerdote, porque él mismo fue el sacrificio. Y finalmente, de siervos que eramos, nos hizo vuestros hijos, el que siendo hijo vuestro, se hizo nuestro siervo.

Con razon pues, Dios mio, tengo grande y firmísima esperanza de que *sanareis todas mis dolencias, por este mismo Señor, que está sentado á vuestra diestra, y os ruega incesantemente por noso-*

(1) Rom. 8. 32.
(2) Phil. 2. 6. 8. Ps. 87. 6. Joan. 10. 18.

tros (1), que si no, desesperaria de mi salud. Verdaderamente son muchas y grandes mis dolencias, muchas son y grandes; pero mayor, mas copiosa y eficaz es vuestra medicina. Si el divino Verbo no se hubiera hecho hombre, ni habitado entre nosotros, hubieramos podido juzgar que estaba muy ageno de unirse con la humana naturaleza, y desesperar enteramente de nuestra salvacion.

70 Confieso que aterrado de mis culpas, y oprimido del peso de mis miserias, habia pensado en mi interior muchas veces, y formado intencion de dejarlo todo y huir á una soledad; pero Vos me lo estorbasteis, y me animasteis diciéndome: *Jesucristo murió por todos, para que los que viven, no vivan ya para sí mismos, sino para aquel que murió por ellos. Pues, Señor, en Vos pongo todo el cuidado de mi salud, para vivir y emplearme en contemplar las maravillas de vuestra santa ley* (2). Vos sabeis mis ignoran-

(1) Ps. 102. 3. Rom. 8. 24.
(2) Rom. 14. 7. 8. Ps. 54. 23. Ps. 118. 18.

conoceis mis dolencias; *pues en-*
e y sanadme. Este vuestro único
en quien estan escondidos todos los
de la sabiduría y de la ciencia, me
con su sangre. Pues no me inquie-
soberbios con sus calumnias (1), por-
ocupo en meditar el precio de
ate, porque le como y bebo, y
le distribuyo, y porque recono-
mi pobreza y necesidad, deseo
ne de él entre *aquellos que ya le es-*
niendo y saciándose de él, y alaban
iente al Señor los que le buscan (2).

Col. 2 3. Ps. 118. v. 122.
Psalm. 21. 27.

LIBRO XI. (*)

Répite los motivos que tuvo para escribir esta obra. Alaba á Dios por lo que habia adelantado en la inteligencia de la divina Escritura. Declara de muchos modos aquellas palabras del Génesis : *En el principio crió Dios el cielo y la tierra.* Responde á los que preguntaban qué hacia Dios antes de criar el cielo y la tierra, haciéndoles ver lo absurdo de su pregunta, con la diferencia que hay de la eternidad al tiempo: sobre el cual hace muchas reflexiones muy curiosas, sabias y admirables

CAPÍTULO PRIMERO.

Por qué le confesamos á Dios nuestras acciones, sabiéndolas su Magestad antes que las confesemos.

1 ¿Por ventura, Señor, siendo propia de Vos la eternidad, será posible que

(*) La division de las Confesiones en tres tomos, y la omision de los traductores caste-

degeis de saber lo que yo os refiero? ¿ó que veais sucesivamente las cosas que se hacen con sucesion del tiempo? ¿Pues para qué os hago relacion de tantas cosas? No lo hago ciertamente para informaros de ellas, sino para escitar (a) mi afecto y amor á Vos, y el de aquellos que leyeren estas confesiones, para que todos

llanos, que no vertieron los tres últimos libros de esta obra inmortal, dió motivo al P. M. Zeballos para poner un prólogo al tomo tercero, con el fin de reprender ó criticar la dicha omision. Dividida la obra en dos tomos, no nos parece regular la interpolacion del prólogo en este segundo; y aprobando las razones alegadas por el P. M. para traducir los tres libros últimos, que estan reducidas á decir, que tambien nuestro Santo Padre los llama confesiones; que si no son de pecados, son de alabanzas; que en ellos se contiene una buena y muy principal parte de su vida; y que si son para todos los franceses, italianos, alemanes é ingleses, tambien podrán ser para todos los españoles; aprobando, volvemos á decir, estas razones, omitimos el prólogo como no conveniente á nuestra division, ni absolutamente necesario.

(a) Ve aqui los efectos de estas confesiones.

digamos á una voz : *Grande sois , Señor, y digno de toda alabanza* (1) (a).

Ya he dicho , y vuelvo á decir , que el deseo que tengo de amaros (b) , es el que me mueve á hacer esto. Porque tambien os pedimos muchas cosas en nuestras oraciones , no obstante que vuestra verdad nos tiene dicho : *Que vuestro Padre celestial sabe y conoce nuestras necesidades antes que lleguemos á pedirle cosa alguna* (2). Con que lo que hacemos en confesaros nuestras miserias , y las misericordias que habeis usado con nosotros , es manifestar los afectos de amor , piedad y gratitud que tenemos hácia Vos , para que nos libreis enteramente de nuestros males , ya que habeis comenzado á libertarnos de ellos ; y degemos de ser miserables é infelices en nosotros mismos , y seamos en Vos felices y bienaventurados , pues Vos nos llamasteis para que seamos pobres de

(1) Ps. 47. 1. 95. 4. 144. 3. (1) Mat. 6. 8.

(a) Estas son las mismas palabras con que el Santo Doctor comenzó sus confesiones. Lib. 1. cap. 1.

(b) Lib. 2. cap. 1. n. 1.

espíritu, apacibles y mansos de corazon, llorosos, hambrientos y sedientos de justicia, misericordiosos, limpios de corazon y pacíficos (1).

Ved aqui, Señor, que os he referido muchas de mis cosas, que he podido y querido referirlas, porque Vos anticipadamente quisisteis y me inspirasteis que me confesase á Vos, Dios y Señor mio, conociendo yo que sois bueno, y que es infinita vuestra misericordia (2).

CAPÍTULO II.

Pide á Dios muy fervorosamente la inteligencia de la sagrada Escritura.

2 ¿Pero cuando seria yo capaz de referir con la lengua de mi pluma todas las exhortaciones que me habeis hecho (a), to-

(1) Mat. 5. 3. (2) Ps. 1. 17. 1.

(a) En estas palabras nos da á entender el Santísimo Doctor lo mucho que deja de referir, ya acerca de los llamamientos interiores y esteriores que tuvo antes de su conversion, ya acerca de las ilustraciones, avisos y favores que sintió, recibió y esperimentó despues.

dos los terrores con que me habeis conmovido, todos los consuelos con que me habeis animado, y todos los medios de que se ha valido vuestra divina providencia, hasta conducirme insensiblemente al estado en que me veo, y al oficio de predicar vuestra palabra, y dispensar á vuestro pueblo los sacramentos de vuestra Iglesia? Y cuando yo fuese capaz de referir todo esto por su órden, me faltaria tiempo para egecutarlo; y como le

Y pudieramos quejarnos amorosamente de su humildad profundísima, por la cual nos ha privado de los mejores y mas admirables pasages de su vida, que nos servirian precisamente de mucha edificacion. Determinadamente omite el Santo los medios asombrosos con que Dios le obligó, le estrechó, le precisó á aceptar el obispado, de que el Santo estaba muy ageno y remotísimo. Pero entre otros motivos fuertes le obligaron á esto las amenazas que hace Dios en su Evangelio contra los que no quieren trabajar por la salud de sus hermanos, y cargarse de las obligaciones de aquel empleo, que el mismo Jesucristo y sus apóstoles tomaron á su cargo. Véase el libro 10. num. 70, y la obra del Santo intitulada de *Opere Monachôrum*, cap. 3. 29. &c.

tengo tan limitado, que todos los instantes me son estimables y preciosos, los quisiera emplear en lo que hace mucho tiempo que deseo ardientísimamente, y es el meditar en vuestra divina ley, y confesaros lo que en ella entiendo, y lo que ignoro; esto es, los progresos que tengo hechos en su inteligencia con las primeras ilustraciones que me habeis comunicado, y lo que me falta que entender por las reliquias de mis antiguas tinieblas, que no se disiparán enteramente, hasta que nuestra flaqueza propia de esta vida, sea transformada en la fortaleza correspondiente á la eterna; y no quiero emplear en otra cosa (a) las horas que me quedan

(a) Aquí está el Santísimo Doctor señalándonos como con el dedo las ocupaciones que habian de tener todos los eclesiásticos, esto es, manejar, revolver, estudiar las divinas Escrituras, en que el mismo Dios habla inmediatamente con ellos, para que ellos despues hablen, instruyan y enseñen á los fieles. Tambien nos enseña cuánto aprecio y estimacion hacia de todos los instantes del tiempo, siendo todo lo que aqui dice el Santo una implícita y eficacísima reprension de los que le malgastan y desperdician en ocio-

libres, despues de cumplir con las necesidades de dar su respectivo descanso y alimento al cuerpo y al espíritu, y despues de servir á los hombres en las cosas en que debemos servirlos por obligacion, y tambien en otros asuntos en que los servimos, sin estar obligados.

3 Dios y Señor mio, atended á mi oracion (1), dignaos de que vuestra misericordia cumpla este mi ardiente deseo; pues no solo me incita á lo que es bien propio mio, sino tambien á lo que puede aprovechar á todos los que la caridad me hace mirar como hermanos: lo cual Vos mismo, que penetrais lo mas íntimo de mi corazon, bien claramente veis y conoceis que es así.

Concededme pues que os ofrezca en sacrificio las operaciones de mi entendimiento y de mi lengua; pero dadme Vos esos mismos pensamientos y palabras que os deseo ofrecer y sacrificar. Porque yo por mí mismo soy pobre y necesitado;

sidades continuas, cuando no en obras y ocupaciones indignas, torpes, y escandalosas.

(1) Ps. 5. 3.

Vos rico y abundante para todos los que os invocan (1). Y seguro de que no se disminuirán vuestras riquezas, cuidais de vuestras criaturas, y las proveeis á todas. Separad mis labios interiores y esteriores, mi entendimiento y mi lengua de toda temeridad y de toda mentira. Sean vuestras sagradas Escrituras mis castas delicias; y no permitais que yo me engañe en ellas, ni engañe á otro con ellas.

Atended, Señor, á las voces de mi alma, y tened misericordia de mí, Dios y Señor mio, que sois luz de los ciegos, fortaleza de los flacos; y por lo mismo sois la luz de los que son iluminados y ya ven, y la virtud y fortaleza de los que ya son fuertes. Atended á mi alma, y oid las voces con que clama á Vos desde la profundidad en que se considera. Porque si vuestros oidos no escucharan tambien los clamores que dirigimos á Vos desde este profundo valle de miserias, ¿adonde hemos de acudir? ¿adonde hemos de clamar?

Vuestro es, Señor, *el dia, y vuestra es la noche* (2); y por disposicion vues-

(1) Ps. 85. 1. & Rom. 10. 1. (2) Ps. 73. 16.

tra vuelan incesantemente los instantes de esta vida. Pues concededme de este mismo tiempo el espacio que necesito para meditar los secretos de vuestra santa ley; y no me cerreis la puerta por donde se ha de entrar á la inteligencia de sus misterios, pues llamo á ella para que me la abrais. Porque no en vano quisisteis que se escribiesen tantos libros sagrados, y en ellos tantos y tan oscuros misterios. ¿Acaso en estas selvas oscuras y sombrías de la Escritura sagrada no hay tambien místicos ciervos, que se retiran nuevamente á ellas, ó que segunda vez vuelven á buscarlas, y en ellas se paseen, en ellas se apacienten y descansen en ellas, rumiándolas poco á poco? ¡Oh Señor! perfeccionad en mí la inteligencia de vuestras Escrituras, que habeis comenzado á darme, descubrídmelas y declarádmelas.

Mirad que vuestras palabras son toda mi alegría, y causan en mi alma tal placer y gozo, que escede á todos los demas deleites juntos. Concededme, Señor esto que deseo, pues verdaderamente lo amo y lo deseo: y esto mismo Vos me lo habeis dado. Pues no desampareis lo que es don vuestro, ni despreçieis á una alma deseosa de apacentarse de la verde y saludable yerba de vuestras Escrituras. Dadme, Señor, que yo publique y confiese en vuestra presencia todo cuanto hallare y entendiere en vuestros sagrados libros: que oiga aquellas voces de alabanza vuestra: que sacie mi sed bebiendo alli vuestro espíritu; y que considere las maravillas que nos refiere vuestra santa ley, comenzando desde el principio en que criasteis al cielo y la tierra, hasta el perfecto establecimiento de aquel reino, que ha de durar con Vos eternamente en vuestra santa ciudad y celestial Jerusalen.

4 Tened, Señor, misericordia de mí, y oid este mi deseo, el cual, á mi entender, no es de cosa alguna terrena, no es de oro ni de plata, ni de piedras preciosas, ni de vestidos hermosos, ni de honras y dignidades, ni de carnales deleites; ni tampoco es de las cosas necesarias al cuerpo y á esta vida de nuestra peregrinacion: todo lo cual tambien nos lo dais Vos, cuando *primeramente buscamos vues-*

tro reino y vuestra justicia (1).

Ved, Dios y Señor mio, á lo que se dirige mi deseo. *Los hombres malos é injustos* (a) *me contaron sus deleites y placeres; pero no segun los causa vuestra santa ley* (2). He aqui á lo que se reduce mi deseo. Vedle Vos, Padre misericordioso, miradle Vos, atendedle, y dignaos de aprobarle: y tened á bien por vuestra misericordia, que en presencia vuestra consiga yo la gracia de que se manifiesten los misterios de vuestras palabras, cuando tan de veras procuro y solicito entenderlas. Esto os suplico por nuestro Señor Jesucristo vuestro unigénito hijo, que se nombra *varon de vuestra diestra* (3), y tambien hijo del hombre, á quien consti-

(1) Mat. 6. 33. (2) Ps. 118. 85.
(3) Ps. 79. 18.
(a) Alude á los maniqueos, y á las inteligencias é interpretaciones que ellos daban á varios lugares de la sagrada Escritura, cuyas esposiciones desagradaban á San Agustin de tal modo, que le sirvieron de mayor estímulo para aplicarse á entender sus sentidos y misterios con las ansias, deseos y súplicas que aqui leemos.

tuisteis medianero entre Vos y nosotros, y por cuyo medio nos habeis buscado cuando no os buscabamos (a) nosotros, pero nos buscasteis para que os buscaramos (1); por vuestro divino Verbo, por quien hicisteis todas las cosas, y á mí entre ellas: por vuestro Unigénito, por el cual llamasteis al pueblo de los fieles cristianos, al cual yo pertenezco, para adoptarnos por hijos vuestros (2); por aquel Señor os lo suplico y ruego, que *está sentado á vuestra diestra, é intercede por nosotros, en el cual estan encerrados todos los tesoros de la sabiduría y de la ciencia* (3). Estos tesoros son los que yo busco en vuestros sagrados libros. De él trató en ellos Moises (4), segun el mismo Señor, que es la verdad eterna, nos lo tiene revelado.

(a) Hace alusion á las palabras de Isaías, que en persona de Dios dice: *Invèntus sum à non quæréntibus me: palám appárui his, qui me non interrogábant.* Cap 65. v. 1. & Rom. 10. 20.

(1) Joan. 1. 3. (2) Rom. 8. 34.

(3) Colos. 2. 3. (4) Deut. 18. 15. Joan. 5. 46.

CAPÍTULO III.

Que no se puede entender sin ilustracion divina, lo que Moises dejó escrito de la creacion del cielo y de la tierra.

5 Haced, Señor, que yo perciba de Vos, y entienda (a) cómo criasteis en el principio el cielo y la tierra (1). Moises dejó esto escrito; pero despues de escribirlo, dejó tambien de vivir en este mundo; y desde aqui, donde estaba con Vos, pasó á estar con Vos mismo, y así

(a) Es digna de notarse la humildad de este Doctór santísimo, pues muchos años antes de que escribiese esta obra, habia escrito otras dos diferentes sobre el Génesis, la una contra los maniqueos, y la otra intitulada: *Libro imperfecto del Génesis á la letra*, y no obstante eso, pide aqui con la misma docilidad que pudiera un niño, que le conceda su divina Magestad entender aquello mismo en que estaba tan versado, y en que estaba tan acreditado, que la iglesia de Africa le encargó que se dedicase enteramente á la esposicion de las sagradas Escrituras.

(1) Gen. 1.

no le tengo delante de mis ojos. Porque si él estuviera aqui presente, me asiria de él, y le rogaria, y aun por Vos mismo le suplicaria que me esplicase y declarase estos misterios: y escucharia con la mayor atencion todas las palabras que saliesen de su boca. Y si me hablara en el idioma hebreo, su voz pulsaria en vano mis oidos, pues no pudiera llegarlo á percibir mi entendimiento; mas si me hablara en latin, le entenderia muy bien.

¿Pero en que habia yo de conocer si él me decia verdad? Y dado caso que yo lo conociese, ¿seria él mismo quien me lo haria conocer? La verdad misma, que interiormente reside en el domicilio de mi alma, donde se hacen y forman mis pensamientos, y que ni es hebrea, ni griega, ni latina, ni bárbara, ni necesita de los órganos de la boca y de la lengua, sin ruido alguno de sílabas me diria interiormente: *Moises dice la verdad*; y yo al instante certificado con toda seguridad y confianza le diria á aquel gran siervo vuestro: *Verdad es lo que me dices*. Pues no pudiendo ahora preguntarle á él, os ruego á Vos, Dios mio, que sois la eterna verdad (de quien estando él lleno dijo tantas verdades), que primeramente me perdoneis (a) mis pecados, y que asi como á él le concedisteis referirnos estas cosas, á mí tambien me concedais entenderlas.

CAPÍTULO IV.

Las criaturas claman que Dios es su hacedor.

6 He aqui pues que el cielo y la tierra existen: y en alta voz nos dicen que fueron hechos, pues se mudan y varian. Porque en todo lo que existe sin haber sido hecho, no hay cosa alguna ahora, que antes no la hubiera, en lo cual consiste el mudarse una cosa y variarse.

Claman tambien que no se han hecho á sí mismos, diciendo: *Por tanto somos,*

(a) Antes pide á Dios el perdon de sus pecados, y despues la inteligencia de las divinas Escrituras que deseaba tanto, enseñándonos el órden con que debemos pedir á Dios sus favores y gracias, comenzando por el perdon de nuestras culpas.

por cuanto somos hechos; luego antes de que fuesemos, no eramos ó existiamos para poder hacernos á nosotros mismos. Y la voz con que lo dicen, es la misma evidencia que se tiene de ello.

Con que Vos, Señor, habeis hecho estas cosas: Vos, hermosura infinita, las hicisteis, pues verdaderamente son hermosas: Vos, suma bondad, las criasteis, pues ciertamente son buenas: Vos, soberano *Ser* las habeis hecho, porque ciertamente son. Pero ni ellas son tan hermosas, ni tan buenas, ni tan existentes como Vos, criador de ellas; pues comparadas con Vos, ni son hermosas, ni son buenas, ni aun siquiera son. Todo esto ya lo sé, gracias á Vos. Y tambien sé que esta ciencia mia, comparada con la vuestra, es ignorancia.

CAPÍTULO V.

Que el mundo fue hecho de nada.

7 Pero, Señor, ¿de que modo hicisteis el cielo y la tierra? ¿ó cual fue la máquina de que os servisteis para una

obra tan grande? Porque Vos no hicisteis todo esto al modo que un artífice hace sus obras, valiéndose de un cuerpo para formar otro cuerpo, comunicándole aquella figura que el alma voluntariamente y por arbitrio suyo ha trazado en su interior, y mirándola con su vista intelectual, consigue en algun modo trasladarla á lo esterior. ¿Pero aun esto cómo lo podria hacer el alma, si Vos no la hubierais hecho á ella? Fuera de que el alma no imprime aquella forma, que tiene imaginada, sino á un cuerpo esterior que ya existia, y que tenia su ser sustancialmente perfecto, como v. gr., á la tierra, á la piedra, al leño, al oro, ó á otra cualquier materia semejante. ¿Y acaso existirian estos cuerpos, si Vos tambien no los hubierais criado?

Vos, Señor, hicisteis aquel cuerpo de que consta el mismo artífice, y el alma que manda y hace trabajar á los miembros de su cuerpo, y tambien la materia en que trabaja y de que hace alguna cosa: Vos le disteis el ingenio con que aprendiese aquel arte, y con que pudiese ver trazada en su interior la misma obra que él hace y trabaja fuera: Vos le disteis los sentidos corporales, por cuyo medio pasa desde el alma á la materia no solamente la idea de aquella obra que esteriormente trabaja, sino tambien vuelve desde la obra á lo interior del alma la noticia de lo que esteriormente ha trabajado y hecho, para que ella consulte á la verdad interior que tiene dentro de sí misma, y la preside y gobierna, á ver si está bien ò mal hecha aquella obra.

Todas estas cosas os alaban y reconocen como á autor y criador de todas ellas. ¿Pero como las hicisteis? ¿De que modo, Dios mio, hicisteis el cielo y la tierra? Bien cierto es que no hicisteis el cielo y la tierra ni en la tierra, ni tampoco en el aire, ó en las aguas; porque tambien estas cosas son una parte del cielo y de la tierra. Ni el mundo universo le hicisteis en el mismo universo mundo, porque no habia donde hacerle antes de hacerle para que le hubiese.

Ni teniais cogida en vuestra mano alguna cosa para formar de ella el cielo y la tierra; porque ¿de donde habia de haber venido aquella materia que Vos no hubieseis criado, de la cual hicieseis alguna cosa? ¿Ni que cosa hay que tenga ser alguno, que no sea derivado de vuestro ser verdadero? Con que Vos solamente digisteis que fuesen hechas todas las cosas, y con decirlo todas fueron hechas, y asi con vuestras palabra las hicisteis (1).

CAPÍTULO VI.

Cual fue la palabra con que dijo Dios que se hiciese el mundo.

8 ¿Mas como lo digisteis? ¿Fue acaso de aquel modo con que se formó la voz que desde la nube dijo: *Este es mi Hijo muy amado* (2)? porque aquella voz se hizo y se deshizo, comenzó y finalizó. Las sílabas de que constaba, sonaron y pasaron, la segunda despues de la primera, la tercera despues de la segunda, y asi las demas por su órden, hasta que sonó y pasó la última despues de todas, y á ella se siguió el silencio. Por lo cual

(1) Psalm. 32. 9. (2) Matt. 17. 5.

evidentemente se descubre, que aquella voz fue formada mediante el movimiento de una cosa criada, que no obstante ser temporal y transitoria, servia á vuestra voluntad eterna.

Estas palabras hechas asi en tiempo y sucesivamente, desde el oido esterior pasaron á lo interior del alma sabia y prudente, cuyo oido espiritual está aplicado á vuestra palabra eterna. Y comparando el alma estas palabras, que suenan y se oyen temporal y sucesivamente con vuestra palabra eterna que se percibe en silencio, dijo: "Es grande y grandísima la diferencia. Porque estas palabras son muy inferiores respecto de mí misma, y aun comparadas con mi ser no son; porque huyen, pasan, y se desvanecen; pero la palabra de mi Dios y Señor, infinitamente superior á mí, eternamente dura y permanece (1)."

Con que si con palabras que suenan y pasan hubierais dicho que se hiciera el cielo y la tierra, y en virtud de tales palabras hubierais hecho cielo y tierra, pre-

(1). Psalm. 116. 2.

cisamente habia de haber, antes de la creacion de cielo y tierra, alguna criatura corporal, con cuyo movimiento sucesivo fuese aquella voz sonando temporal y sucesivamente. Y es ciertísimo, que ningun cuerpo existia antes del cielo y la tierra; y si algun cuerpo hubiera existido antes, sin duda que le habriais criado Vos, sin valeros para criarle de alguna voz temporal y transitoria, para que despues hicieseis con el movimiento del tal cuerpo aquella voz pasagera ó sucesiva, con que habriais de decir y mandar que se hiciesen cielo y tierra. Porque á la verdad, cualquiera cosa que fuese la de que se formase aquella voz ó palabra temporal y pasagera, de ningun modo pudiera existir ó tener ser, no teniéndole recibido y participado de Vos. Pues siendo esto asi, ¿con que palabra digisteis que se hiciese aquel primer cuerpo, del cual se formasen estas otras palabras sucesivas?

CAPÍTULO VII.

La palabra divina es coeterna á Dios.

9 Nos escitais pues con esto á la inteligencia de aquella *palabra*, que es Dios y permanece en Dios, la cual eternamente se dice, y con ella se dicen eternamente todas las cosas. Porque aquella palabra eterna no es como las demas, en que se acaba la que se decia, y despues se dice otra, para que asi puedan irse diciendo todas, sino que ella eternamente dice todas las cosas de una vez. Pues de lo contrario se siguiera, que ya habia tiempo y mutacion en aquella *palabra*, y no verdadera eternidad, ni verdadera inmortalidad. Esto, Dios mio, lo tengo ya conocido, y os doy gracias por ello. Yo os confieso, Señor, que lo conozco y entiendo, y juntamente conmigo lo entienden, y os agradecen tambien el entenderlo, los que no son ingratos á una verdad tan cierta.

Bien conocemos, Señor, bien conocemos, que en cuanto alguna cosa deja de ser lo que era, ó comienza á ser lo que no era, en tanto es verdad que muere ó nace. Luego nada de vuestra divina *palabra* cede ni sucede, acaba ni comienza, porque verdaderamente es inmortal y eterna. Y así con vuestra *palabra* coeterna á Vos decis eternamente y de una vez todo lo que decis, y se hace todo aquello que Vos decis que se haga. Ni de otro modo haceis todas las cosas, sino diciendo que se hagan, aunque todas las cosas que diciendo haceis, no se hacen eternamente y de una vez.

CAPÍTULO VIII.

La palabra de Dios es el principio por donde se nos enseña toda verdad.

10 Mas decidme, os ruego, Dios y Señor mio, ¿por que sucede esto asi? Yo de algun modo lo alcanzo, mas no sé como lo esplique, sino diciendo que *todo* lo que comienza á ser y deja de ser, entonces comienza y entonces acaba, cuando la *razon eterna*, en quien ninguna cosa comienza ni acaba, conoce que debió

comenzar ó acabar. Aquella *razon eterna* es una misma cosa con vuestra divina *palabra*, y es tambien aquel *principio que nos habla* interiormente (1).

Asi habiéndose hecho hombre, nos lo dijo en su Evangelio corporalmente; y esto mismo pronunció y habló á los oidos humanos esteriores, para que dando crédito á sus palabras, le buscasemos en el fondo de nuestro corazon, y le hallásemos en la verdad eterna que preside alli, donde el bueno y solo maestro enseña á todos sus discípulos.

Alli, Señor, oigo vuestra voz que me dice: *que aquel* habla para nosotros que nos instruye y enseña; *pero el que* no nos enseña, aunque hable, no habla para nosotros. ¿Pues quien es quien nos enseña, sino la misma verdad invariable? porque aun cuando por medio de alguna criatura mudable somos amonestados, es para guiarnos y conducirnos á la verdad invariable y permanente. Alli es donde verdaderamente somos enseñados y aprendemos, cuando estamos atentos oyendo lo

(1) Joan. 8. 25.

que nos dice, y nos llenamos de un gozo muy grande *al oir la voz del esposo* (1), y volviéndonos á nuestro principio.

Es, pues nuestro principio la verdad eterna, porque si no fuera inmutable y permanente, cuando errasemos, no tendriamos ya punto fijo ó principio seguro hácia donde volvernos. Y es constante que cuando volvemos de nuestros estravíos y errores, es mediante nuestro conocimiento; pero él nos ilustra y enseña, para que lleguemos á tener ese conocimiento, porque es nuestro *principio*, y como tal nos habla y nos enseña.

CAPÍTULO IX.

Como la palabra de Dios nos habla al corazon.

11 En este principio hicisteis, Dios mio, el cielo y la tierra, en este Verbo vuestro, en este Hijo vuestro, en esta virtud y sabiduría vuestra, en esta ver-

(1) Joan. 3. 29.

dad vuestra, diciendo Vos con un modo admirable, y obrando con modo maravilloso. ¿Quien podrá comprender esto? ¿Quien podrá referirlo? ¿Y que es aquella luz que en mi interior como entre sombras diviso, que hiriendo mi corazon sin ofenderle, al mismo tiempo me horroriza y me enamora? Me horroriza, digo, por la desemejanza que hay en mí respecto de dicha luz; y me enamora por la semejanza que hallo de mí á ella.

La sabiduría, la sabiduría misma es la que alumbra y luce en lo interior de mi alma, penetrando y rompiendo la nube que oscurece mi entendimiento; la cual vuelve á rehacerse, y me le ofusca otra vez impidiéndome el ver aquella luz con la interposicion de tan espesas sombras, y la demas multitud de penas que padecemos los hombres en esta vida. Porque *de tal suerte quedó con mi miseria debilitado* (1) mi vigor y enflaquecidas mis fuerzas, que aun no pueden llevar mi mismo bien, hasta que Vos, Señor, que me habeis perdonado todas mis culpas, saneis

(1) Ps. 30. 11.

tambien todas mis dolencias. Pues tambien espero que librareis de corrupcion mi vida, y me coronareis de gracia y misericordia, y saciareis mis deseos de vuestros eternos bienes, como tambien que renovareis mi juventud, como al águila (1) se le renueva. Porque es tal la *esperanza que en Vos tenemos de nuestra salvacion* (2), que nos da tambien paciencia para esperar el cumplimiento de vuestras promesas.

Oiga pues vuestra voz en su interior el que pueda, que yo con toda confianza clamaré, usando de las palabras de vuestro oráculo y profeta: *¡Que magníficas y admirables son vuestras obras, Señor! Todo lo habeis hecho con sabiduría* (3). Ella es el *principio* de todo, y en este principio hicisteis el cielo y la tierra.

(1) Psalm. 102. 3. (2) Rom. 8. 24.
(3) Ps. 103. 24.

CAPÍTULO X.

Error de los que preguntan, qué hacia Dios antes que criase el cielo y la tierra.

12 ¿No estan ciertamente llenos de sus errores antiguos, los que ahora nos preguntan: "*Qué es lo que Dios hacia* antes que hiciese el cielo y la tierra? Porque si estaba ocioso, dicen ellos, y no hacia cosa alguna; ¿por que no estuvo asi siempre y en toda la duracion subsiguiente, asi como en toda la anterior estuvo siempre sin hacer obra exterior alguna? Porque si en Dios hubo algun movimiento nuevo, ó nueva voluntad de producir las criaturas, que nunca antes habia producido, ¿como pudiera haber en Dios verdadera eternidad, habiendo esa voluntad nueva que antes no habia? Pues la voluntad de Dios no es criatura alguna, sino anterior á toda criatura; porque no se criaria cosa alguna, si antes no precediera la voluntad del criador (a). Y

(a) Alli finalizaba este capítulo antes de

asi la voluntad de Dios pertenece á la misma sustancia divina. Pero si en la sustancia y ser de Dios se hallara algo que antes no lo habia, no se digera con verdad aquella sustancia eterna. Y si Dios eternamente tuvo esa voluntad de producir las criaturas, ¿por qué ellas no fueron producidas *ab eterno*?"

CAPÍTULO XI.

Respondе á la pregunta antecedente, que la eternidad de Dios no tiene las diferencias que el tiempo.

13 Los que hablan de este modo, todavía no os conocen, ¡oh sabiduría de Dios, y luz de nuestras almas! No entienden todavía cómo se hacen las cosas que en Vos y por Vos se hacen; se esfuerzan por llegar á saber las cosas eternas; pero como todavía sigue su pensa-

ahora; pero no debia finalizar alli, sino donde ahora acaba, segun lo pide la materia, lo dicta la razon, y lo han practicado Mr. Dubois y J. M.

miento las ideas que tiene de la sucesion de los tiempos ya pasados, ya futuros, todo lo que piensa es vano.

¿Quien podrá detener y fijar por un brevísimo espacio el pensamiento de estos, á fin de que deteniéndose un poco, perciban siquiera por un momento el resplandor de la eternidad que siempre persevera, y la comparen con la naturaleza del tiempo que nunca para; y entonces vean, que no es comparable la una con la otra? Tambien verian entonces, que un tiempo no se hace largo, sino por muchos movimientos que van pasando unos tras de otros, y que es imposible que se estiendan á un tiempo todos juntos, y que en la eternidad es al contrario, pues allá ninguna cosa pasa, sino que todo es presente; pero no hay tiempo alguno que exista todo de una vez y esté presente todo. Tambien conocerian que el tiempo futuro echa fuera al pasado, y se sigue á él, que tanto el pasado, como el futuro tienen el ser sucesivos, criado por el que es siempre presente.

¿Quien bastará á detener el entendimiento humano, y hacer que se pare y vea como la eternidad, que toda es siempre presente, dice y produce diciendo los pasados y futuros tiempos, sin ser ella misma ni pasada ni futura? ¿ Puede (a) acaso mi mano que escribe esto, hacer que el pensamiento del hombre se pare como he dicho, ni mi boca puede con las palabras conseguir tan ardua empresa?

CAPÍTULO XII.

Qué hacia Dios antes de la creacion del mundo.

14. Ve aqui como respondo yo á quien preguntaba: ¿que es lo que hacia Dios antes que hiciese el cielo y la tierra? Respondo pues, no lo que dicen que respondió otro burlándose, huyendo de la dificultad, y diciendo que entonces estaba Dios preparando los tormentos del

(a) Toda esta última sentencia de San Agustin se halla mal entendida por Mazzini, y tambien por el P. J. M., que echando uno y otro por diverso rumbo, no acertaron con la mente del Santo.

infierno para los que pretenden averiguar las cosas altísimas é inescrutables. Pero una cosa es reir, y otra enseñar. Asi no respondo lo que aquel; pues con mas gusto responderia, *no lo sé*, cuando efectivamente lo ignorara, que responder una chanza, con que quede burlado el que preguntó cosas muy altas, y se vea alabado el que las respondió falsas.

Digo pues, Dios mio, que Vos sois el *único autor y criador de todo lo criado*; y que si con el nombre de *cielo y tierra* se significan todas las criaturas, digo osada y resueltamente, que antes que hicieseis el cielo y la tierra no haciais cosa alguna. Porque si hubierais hecho algo, ¿aquello no habia de ser alguna criatura? ¡Ojalá pudiese yo saber con tanta certeza todo lo que deseo saber útilmente, como sé que ninguna criatura se hacia antes que se hiciese alguna criatura!

CAPÍTULO XIII.

Que antes de que Dios criase los tiempos, ningun tiempo habia.

15 Mas si alguno de entendimiento demasiadamente ligero anda vagueando por tiempos imaginarios anteriores á la creacion, y se admira de que Vos, Dios omnipotente, criador de todas las cosas, conservador de todas, autor de cielo y tierra, hayais dejado pasar innumerables siglos antes que hicieseis esta obra tan admirable, vuelva sobre sí, y contemple que se admira de unas cosas falsas que él mismo allá se finge. Porque ¿como habian de haber pasado antes innumerables siglos, que Vos no habiais criado, siendo Vos el único autor y criador de todos los siglos? ¿Ni que tiempos habian de ser los que no habian sido criados por Vos? ¿Ni como podian haber ya pasado, si todavía no habian sido?

Con que siendo Vos el criador de todos los tiempos, si algun tiempo hubo antes que hicieseis el cielo y la tierra,

¿para que se dice que nada haciais? Porque ese mismo tiempo Vos le haciais; ni era posible que fuesen pasando y sucediéndose unos á otros los tiempos, antes que Vos hicieseis los tiempos. Pero si antes del cielo y la tierra no habia tiempo alguno, ¿para que es preguntar qué haciais *entonces*, si no hay *entonces* en donde no hay tiempo?

16 Ni Vos mismo precedeis á los tiempos con una precedencia y duracion que se mida con tiempo, porque asi no precedierais á todos los tiempos. Precedeis á todos los tiempos pasados con la escelencia de vuestra eternidad siempre presente, y sois superior á todos los tiempos futuros, porque todavía estan por venir, y cuando hayan venido, ya han pasado; *pero Vos sois siempre el mismo; y vuestros años nunca pasarán* (1). Vuestros años, Señor, ni van ni vienen; pero estos años nuestros vienen y se van, para que vengan todos.

Vuestros años todos estan juntos, porque todos son estables y permanentes; ni

(1) Ps. 101. 28.

son tales que se vayan y corran impelidos de los otros que vengan, porque no son años que pasan; pero estos años nuestros no habrán sido todos, hasta que todos dejen de haber sido.

Vuestros años, Señor, no son mas que un solo dia, y este dia vuestro no es repetido de modo que pueda llamarse cotidiano, sino un *hoy* continuo, porque ese *hoy* vuestro no cede al de *mañana*, ni sucede al de *ayer*. Este *hoy* vuestro es la eternidad: y asi en este dia eterno engendrasteis coeterno á Vos aquel á quien digisteis: *Yo te engendré hoy* (1). Vos hicisteis todos los tiempos, y sois antes de todos los tiempos; ni es imaginable un tiempo en que pueda decirse, que no habia tiempo (a). Con que es imposible hallar algun tiempo, en que hayais estado sin hacer algo: porque aquel mismo tiempo vos le habiais producido;

(1) Psalm. 2. 7.

(a) Alli concluia este capítulo en las ediciones anteriores á M. Dubois y J. M.; pero estos conocieron y emendaron esa mala division, y pusieron el final de este capítulo donde va aqui puesto.

y ningun tiempo puede ser coeterno á Vos, porque Vos sois permanente, y si el tiempo lo fuera, no fuera tiempo.

CAPÍTULO XIV.

Que son tres las diferencias del tiempo.

17 ¿Pero que cosa es el tiempo? ¿Quien podrá facil y brevemente esplicarlo? ¿Quien es el que puede formar idea clara de lo que es el tiempo, de modo que se lo pueda esplicar bien á otro? Y por otra parte, ¿que cosa hay mas comun y mas usada en nuestras conversaciones que el tiempo? Asi entendemos bien lo que decimos cuando hablamos del tiempo, y lo entendemos tambien, cuando otros nos hablan de él.

¿Pues que cosa es el tiempo? Si nadie me lo pregunta, yo lo sé para entenderlo; pero si quiero esplicárselo á quien me lo pregunte, no lo sé para esplicarlo. Pero me atrevo á decir que sé con certidumbre, que si *ninguna cosa* pasara no hubiera tiempo pasado; que si ninguna cosa sobreviniera de nuevo, no habria tiempo futuro; y si ninguna cosa existiera, no habria tiempo presente.

Pero aquellos dos tiempos que he nombrado, pasado y futuro, ¿de que modo son ó existen, si el pasado ya no es, y el futuro no existe todavía? Y en cuanto al tiempo presente, es cierto que si siempre fuera presente, y no se mudara ni se fuera á ser pasado, ya no seria tiempo, sino eternidad. Luego si el tiempo presente, para que sea tiempo, es preciso que dege de ser presente y se convierta en pasado, ¿como decimos que el presente existe y tiene ser, supuesto que su ser estriva en que dejará de ser; pues no podemos decir con verdad que el presente es tiempo, sino en cuanto camina á dejar de ser?

CAPÍTULO XV.

En qué consiste la medida del tiempo.

18 Solemos tambien decir largo tiempo, y tiempo corto; mas esto solamente lo decimos del pasado, ó del futuro. Como por ejemplo, cien años antes

de ahora, decimos que es largo tiempo ya pasado: y tambien de aqui á cien años, decimos que es tiempo largo, futuro, ó venidero; pero diez dias antes de hoy decimos que es breve tiempo pasado; y de aqui á diez dias decimos que es breve ó corto tiempo futuro. ¿Pues como puede ser largo ni breve lo que siquiera no es? porque el pasado no es ya, y el futuro no es aun. Pues siendo esto verdad, no digamos que *el tiempo es largo*, hablando del pasado, sino que *fue largo*; y hablando del futuro, digamos que *será largo*.

Pero, Dios y Señor mio, luz de mi alma, ¿no es cierto que por esto mismo que acabo de decir, se pudiera reir del hombre vuestra infinita verdad? ¿Que tiempo pasado es el que fue largo? ¿Cuando era ya pasado fue largo; ó cuando todavía era presente? Porque sin duda entonces podia ser largo, cuando era ó existia: y como el tiempo en siendo pasado ya no existia, se sigue que no podia ser largo cuando ya pasado, porque no tenia ser largo.

Luego tampoco debemos decir *que el*

tiempo pasado fue largo; porque no hallarémos tiempo alguno de quien afirmar que fuese largo, supuesto que ya no es ni existe por lo mismo que es pasado. Pues digamos, *largo fue aquel tiempo presente*, porque cuando era presente, era lo largo. Porque entonces no habia pasado aun al no ser, y asi habia entonces quien pudiese ser largo; pero luego que pasó, dejó precisamente de ser largo, porque dejó de ser.

19 No obstante, averigüemos, alma mia, si el tiempo que es presente puede ser largo; porque tienes facultades con que advertir y mensurar la duracion de los tiempos. ¿Que es lo que me respondes? ¿Es por ventura largo tiempo el de cien años que sean presentes? Pero mira primero si esos cien años pueden ser ó estar presentes. Porque si estamos en el primero de esos cien años, solo ese primer año será el presente; que los otros noventa y nueve son futuros ó estan por venir, y por consiguiente todavía no son. Y si estamos en el segundo año, ya el primero de los ciento es año pasado, el segundo presente, y los

demas futuros. Y del mismo modo, si tomamos cualquier año de los que estan hácia el medio del dicho centenario, y suponemos que aquel es el presente año; no hay duda en que los que hubo antes de él, ya son pasados, y los que correspondan despues de él, aun son futuros. Por lo cual es imposible que todo el tiempo de los cien años sea presente.

No obstante, averigüemos si á lo menos el año que ahora corre está presente. Porque si estamos en el primer mes del año, los demas meses todavía son futuros; y si en el segundo, ya el primero está pasado, y los demas estan por venir. Con que ni el año en que estamos es todo él presente; y no siéndolo, no es presente el año. Porque el año consta de doce meses; y cualquiera de ellos que se suponga ser ahora el presente, los demas serán ó pasados, ó futuros. Fuera de que ni el mismo mes en que estamos, está presente, sino solo un dia de él. De modo que si es el primer dia del mes, los demas dias son futuros; y si es el último, ya todos los demas dias son pasados; y si es alguno de los de en medio del mes, aquel dia es únicamente el que es presente, y está entre unos dias que ya son pasados, y otros que son todavía futuros.

20 Ve aqui como el tiempo presente, que es el único que hemos demostrado poder llamarse largo, apenas se reduce al breve espacio de un dia. Pero examinemos tambien este mismo breve espacio de tiempo, porque á la verdad ni un dia, considerado de por sí y solo, es todo él presente. Porque un dia se compone de veinte y cuatro horas, entre nocturnas y diurnas: y á la hora primera de dicho dia han de seguirse las otras veinte y tres, que son futuras respecto de ella; y la última se sigue á todas, que respecto de ella son ya pasadas; y cualquier hora de las de en medio tiene antes otras que ya estan pasadas, y tras de sí otras que estan por venir y son futuras.

Y aun mirada cada hora de por sí está compuesta de muchas partes pasageras y sucesivas. Y de estas unas ya se fueron, y asi pertenecen al tiempo pasado; otras no han llegado aun, y pertenecen al tiempo futuro. Por lo cual si puede concebirse algun instante de tiempo que no pueda dividirse en ningunas partículas de tiempo, por mínimas que sean, ese solo punto indivisible será el que se puede llamar *presente*. Pero ese mismo punto vuela tan rápidamente del ser futuro á ser pasado, que no tiene estension alguna su ser presente. Porque si tuviera estension, se dividiera en pasado y futuro: y asi el presente no puede tener el mas mínimo espacio ni estension.

¿Pues donde está el tiempo que podamos llamar largo? ¿Acaso será el tiempo futuro ó venidero? Lo cierto es que de este no podemos afirmar que *es largo*, porque todavía no hay quien sea largo, sino que solo podemos decir que *será largo*. ¿Pero cuando lo será? Porque si esto se afirma cuando todavía está por venir, no será verdad que será largo: porque en ese *entonces* futuro, no hay ni existe aun aquello que ha de ser largo. Pero si se afirma que será largo, cuando de futuro que todavía no existe, comenzase ya á existir y á ser presente, para que asi pueda haber sugeto en quien recaiga la denominacion de largo, ya el mismo tiempo presente clama con las razones que arriba hemos propuesto, que siendo presente, es imposible que sea largo.

CAPÍTULO XVI.

Cuál tiempo pueda medirse, y cuál no.

21 No obstante eso, Señor, es cierto que conocemos y discernimos los intervalos de los tiempos, y comparando los unos con los otros, decimos que unos son mas largos, y otros mas breves. Tambien medimos cuanto es mas largo ó mas corto un tiempo respecto de otro, y resolvemos que el uno es doblado ó triplicado respecto del otro, y que este es la mitad del primero que tiene por dos de este, ó finalmente afirmamos que son ambos iguales entre sí. Pero nosotros medimos los tiempos mientras van pasando, y sintiéndolos ó esperimentándolos es como los medimos; mas los pasados que ya no son, ó los futuros que no son todavía, ¿quien es capaz de medirlos? á no ser que se atreva alguno á decir, que se puede medir

lo que no existe ni tiene ser. Y asi cuando pasa el tiempo, puede sentirse y medirse; pero cuando ya ha pasado, no se puede medir, porque ya no es.

CAPÍTULO XVII.

Dónde estan los tiempos pasado y futuro.

22 Yo, Padre mio celestial, no hago en todo esto mas que buscar la verdad; pero no resuelvo ni afirmo. Asistidme Vos, Dios mio, y dirigidme.

¿Quien será el que me diga que no hay tres tiempos, segun que de muchachos lo aprendimos, y despues lo hemos enseñado á otros muchachos, esto es, pasado, presente, y futuro; sino que solo hay tiempo presente, porque los otros dos no existen actualmente ni tienen ser?

¿Acaso podrá decirse que estos dos tiempos sí existen; pero que el futuro se hace presente, saliendo de algun seno donde estaba oculto: y de presente se hace pasado, escondiéndose en otro seno oculto? Porque si los futuros no existen; ¿donde los vieron ó previeron aquellos que nos anunciaron tantas cosas que estaban por venir? Pues lo que no es, no puede verse. Tambien los que nos cuentan cosas pasadas, no nos dirian la verdad, si no vieran con los ojos del alma las cosas pasadas que nos cuentan. Y si las unas y las otras, pasadas y futuras, no fueran ó no existieran, no pudieran verse. Con que tienen ser las futuras, y tambien las pasadas.

CAPÍTULO XVIII.

Cómo los tiempos pasado y futuro, sean presentes.

23 Permitidme, Señor, que prosiga preguntando. Vos única esperanza mia, no permitais que se interrumpa ni turbe mi atencion que ocupo en esto; porquè deseo saber donde estan ó tienen ser los pasados y futuros, si es que ellos le tienen. Y si todavía no puedo llegar á saber esto, á lo menos sé que en cualquiera parte que esten, alli no son futuros ni pasados, sino presentes. Porque si tambien alli fueran futuros, todavía no estuvieran alli; y si fueran alli pasados, ya

no estuvieran alli. Luego es cierto que en cualquiera parte que tengan ser, esten ó existan las cosas que de cualquier modo son, estan ó existen, no estan alli ni existen, si no son presentes.

Y aunque cuando se refieren cosas pasadas y verdaderas, se saquen de la memoria de quien las cuenta, no son las mismas cosas pasadas las que salen de ella, sino las ideas formadas por la impresion que hicieron en el ánimo las imágenes ó especies de aquellas cosas pasadas, las cuales imágenes pasando por los sentidos, dejaron unas como huellas de las cosas que representan.

Asi la edad de mi puericia que ya no existe, está en el tiempo pasado que ya no existe ni le hay; pero cuando recuerdo cosas de aquella edad y las refiero, estoy viendo y mirando de presente la imágen de aquella edad, que persevera aun y existe actualmente en mi memoria.

Pero si se puede ó no señalar esta misma razon para el conocimiento anticipado y prediccion de las cosas futuras, de modo que esto se haga por medio de algunas imágenes ya existentes, que representen las cosas que todavia no existen, confieso, Dios mio, que no lo sé. Mas sé con toda certeza que muchas veces premeditamos nuestras mismas acciones futuras: y que esta premeditacion nos es presente; aunque la accion premeditada no lo sea, porque es futura; pero cuando nos ponemos á hacer dicha accion, y comenzamos á egecutar lo que anticipadamente teniamos pensado y premeditado, entonces existirá aquella accion, porque ya entonces no es futura sino presente.

24 Mas sea como fuere este anticipado conocimiento de los futuros, lo cierto es, que *no se puede ver* sino lo que existe ó es. Y lo que ya existe ó es, no es futuro, sino presente. Y asi, cuando se dice que se ven ó preven las cosas futuras, no son las mismas cosas que aun no existen y que son futuras las que se ven; sino las causas ó signos quizá de aquellas cosas: y esas causas ó signos ya existen y son presentes. Por lo cual no son futuros, sino presentes ya á los que los ven, aquellos signos y causas de que se valen para anunciar los futuros,

que en su ánimo tienen concebidos. Y tambien estos conceptos existen ya en su mente, y los estan viendo presentes en su interior los que anuncian aquellas cosas futuras.

Entre la innumerable multitud de cosas que componen el mundo, tomemos alguna por ejemplo. Yo veo la aurora : y de aqui infiero y anuncio que va á salir el sol. Lo que veo está presente; y lo que anuncio, futuro. Pero no es futuro el mismo sol, que ese ya existe; sino el nacimiento del sol, que entonces no existe aun. No obstante, si yo no tuviera imaginado en mi mente el nacimiento del sol, como actualmente le tengo al hablar esto, no pudiera de ningun modo anunciarle. Pero ni aquella aurora que veo en el cielo, que precede al nacimiento del sol, ni tampoco aquella idea que tengo en mi mente de lo que es nacer el sol, es el mismo nacimiento del sol; aunque estas dos cosas se han de estar viendo presentes precisamente para anunciar el futuro nacimiento del sol.

Luego es cierto que los futuros todavía no son; y si no son todavía, al presente no son: si al presente no son, no se pueden ver; pero de otras cosas que existen ya presentes y las vemos, se pueden inferir y anunciar algunos futuros.

CAPÍTULO XIX.

Confiesa que no alcanza el modo con que Dios enseña las cosas futuras.

25 Decidme Vos, Dios mio, que reinais perfectísimamente sobre todo lo criado, decidme de qué modo enseñais á las almas las cosas futuras; porque no puede dudarse que se las enseñasteis á vuestros profetas. ¿Cual es aquel modo de que os valeis, Dios mio, á quien nada es futuro, para enseñar á los hombres las cosas futuras? ó por mejor decir, ¿para enseñarles algunas cosas presentes acerca de los futuros? porque tampoco se puede enseñar lo que de ningun modo es. Yo confieso que estoy muy lejos de alcanzar á ver este modo vuestro. Es una cosa tan alta y tan superior á mí, que no *puedo* con mis propias fuerzas llegar á co-

nocerla (1); pero podré conseguirlo concediéndomelo Vos, que sois suavísima y deliciosa luz de los ojos interiores de mi alma.

CAPÍTULO XX.

Como se han de nombrar las diferencias de los tiempos.

26 Lo que es cierto y que clara y patentemente se conoce es, que ni lo pasado es ó existe, ni lo futuro tampoco. Ni con propiedad se dice, *tres son los tiempos, pasado, presente y futuro*; y mas propiamente acaso se diria, *tres son los tiempos, presente de las cosas pasadas, presente de las presentes, y presente de las futuras.* Porque estas tres presencias tienen algun ser en mi alma, y solamente las veo y percibo en ella. Lo presente de las cosas pasadas, es la actual memoria ó recuerdo de ellas; lo presente de las cosas presentes, es la actual consideracion de alguna cosa presente; y lo

(1) Psalm. 138. 6.

presente de las futuras, es la actual espectacion de ellas.

Como se me permita hablar de este modo, asi ya veo tres tiempos, y confieso que todos tres son de presente y existen. Dígase tambien que hay tres tiempos, pasado, presente y futuro; dígase enhorabuena, aunque es impropio modo de hablar, de que abusa la costumbre. Desde luego lo dejaré pasar, no me opondré, ni reprenderé que se hable asi, con tal que se entienda bien lo que se dice, y no se entienda que lo futuro ya es, ni tampoco que lo pasado todavía es. Verdaderamente que son pocas las cosas que hablamos con propiedad, y muchas las que impropiamente hablamos; pero siempre se deja conocer lo que queremos decir.

CAPÍTULO XXI.

Cómo pueda medirse el tiempo.

27 Ya dige poco antes (a), que medimos los tiempos que van pasando, de modo que podamos decir con verdad, que tal espacio de tiempo es doble respecto de aquel otro, que es la mitad de este, ó que tal tiempo se estiende y dura tanto como este otro, y asi tambien cualquiera otra cosa que podamos afirmar, cotejando unas partes del tiempo con las otras. Por lo cual, como decia, es verdad que medimos los tiempos que van pasando.

Y si alguno me preguntara, ¿de que sabes que medimos los tiempos que de presente pasan? Le responderé: lo sé de que los medimos; y mal pudieramos medir los que no hay ni existen, como los pasados y los futuros.

¿Mas como medimos el tiempo presente, no teniendo espacio alguno? Le me-

(a) En el capítulo XVI de este mismo libro.

dimos cuando pasa, pues despues que ya ha pasado no se mide, porque ya no hay entonces cosa que se mida.

¿Pero de donde viene él, por dónde pasa, y adónde va cuando se le mide? ¿De donde sino del futuro? ¿por donde sino por el presente? ¿y adonde sino al pretérito? Con que viene de aquello que aun no es; pasa por aquello que no tiene espacio ni estension, y va á aquello que ya no es.

¿Y que es lo que medimos sino el tiempo en algun espacio? Porque espacios de tiempo, es lo que decimos y no otra cosa, cuando decimos sencillo, doble, triple, igual ó cualquiera otra cosa de estas que decimos del tiempo.

¿Pues en que espacio medimos el tiempo que se pasa? ¿Acaso es el espacio futuro de donde viene para pasarse? No por cierto, pues no medimos lo que todavía no hay ni existe. ¿Es acaso el presente por donde pasa? Tampoco, porque no medimos lo que no tiene espacio alguno. ¿Y es el pretérito á donde él pasa y va á no ser? Ni eso es tampoco, porque lo que ya no hay ni existe, no lo medimos.

CAPÍTULO XXII.

Pide á Dios que le enseñe la solucion de este enigma.

28 Mi alma se ha encendido en deseos de alcanzar y saber este enigma enredosísimo. No querais, Dios y Señor mio, padre mio amantísimo, no querais, os ruego por mi Señor Jesucristo, negar á mi deseo el llegar á conocer estas cosas, que al mismo tiempo son muy usadas y muy ocultas; antes bien concededme, Señor, que me sean claras y manifiestas, alumbrándome para ello vuestra misericordia. ¿A quien puedo yo preguntar estas cosas? ¿Y á quien confesaré con mayor provecho mio mi ignorancia, si no á Vos, á quien no le son molestos ni enfadosos estos deseos ardientes, que me inflaman por la inteligencia de vuestras santas Escrituras? Concededme lo que deseo, pues lo deseo de veras, y Vos mismo me habeis dado este deseo. Concededmelo, Padre amorosísimo, que sois el que sabe dar *buenas dádivas* á vuestros

hijos (1). Concededme esto que os pido, pues ya me he puesto á penetrar este misterio, y me cuesta muchísimo trabajo y no lo entenderé hasta que Vos me lo querais manifestar (2). Yo os ruego en nombre de mi Señor Jesucristo, que es el santo de los santos, que ninguna cosa me sirva de estorbo, ni impida la atencion con que me aplico á entender esto. La fe con que creo, me hace hablar de este modo; y la esperanza que tengo y con que vivo, es de llegar á contemplar los deleites de mi Señor (3).

Yo conozco que llevo pasados ya muchos dias de mi vida, y que ellos se van pasando, y no sé el como (4). Todos los dias decimos y repetimos hablando: *Tiempo y tiempo*, nombramos y diferenciamos *tiempos y tiempos: por tanto tiempo estuvo hablando este; en tanto tiempo hizo aquello el otro; ya hace mucho tiempo que no veo tal ó tal cosa; y finalmente, esta sílaba larga se pronuncia en doble tiempo, respecto de aquella otra que es breve.* Todo

(1) Matt. 7. 11. (2) Ps. 72. 17.
(3) Ps. 115. 1. (4) Ps. 38. 6.

esto lo decimos, y lo oimos decir á cada instante; y otros nos entienden bien, y nosotros los entendemos á ellos. Este modo de hablar es muy usado, y tambien muy claro y perceptible á todos; pero esas mismas cosas tan claras y comunes, son tan dificultosas de entender, y estan de tal suerte ocultas, que será gran novedad llegar á conocerlas.

CAPÍTULO XXIII.

Qué sea el tiempo.

29 Oí decir á un hombre docto, que el tiempo no era otra cosa que el movimiento del sol, de la luna y de los astros; pero de ningun modo me conformé con su sentir. Porque á la verdad, ¿por qué no habia de ser mejor el afirmar que el tiempo es el movimiento de todos los cuerpos? Acaso, si el sol, luna y estrellas se pararan, y la rueda de un alfarero se moviera, no habria tiempo con que pudiesemos medir las vueltas que daba, y decir que tanto tardaba en unas como en otras; ó al contrario, si unas veces

andaba mas aprisa que otras, decir que unas vueltas duraban mas y otras menos? Y cuando nosotros hablaramos esto mismo, ¿no era preciso que hablaramos en tiempo, y que lo que deciamos se comensurara ó midiera con el tiempo? Y tambien cuando hablasemos, ¿no habia de haber en nuestras palabras unas sílabas largas y otras breves, que forzosamente se habian de pronunciar unas gastando mas largo tiempo, y otras mas corto? Vos, Dios mio, haced que conozcamos los hombres, y veamos en lo pequeño las nociones universales, que son comunes á las cosas pequeñas y á las cosas grandes.

Es cierto que los astros y luces celestiales estan puestos en el cielo y destinados para señalar y distinguir los tiempos, los años y los dias (1): esto no admite duda; y asi no diria yo jamas que una vuelta de aquella ruedecilla de madera que usa el alfarero, bastaba para formar un dia; pero no obstante que no pueda ser un dia, no por eso habia de decir

(1) Gen. 14.

aquel docto que he citado, que no es algun tiempo.

30 Lo que yo deseo saber es la fuerza y naturaleza del tiempo, con que medimos el movimiento de los cuerpos, diciendo que aquel movimiento, v. gr., es mas largo ó dura mas que este otro.

Pero cuando pregunto lo que es el *dia*, supongo que por dia no se entiende solamente aquel tiempo que gasta el sol en correr todo nuestro horizonte, segun lo cual es muy distinto el *dia* de la noche, sino tambien todo el que gasta en dar la vuelta entera, desde que aparece en el oriente, hasta que vuelve á aparecer en el oriente mismo, segun que decimos *tantos dias han pasado*; porque se incluyen tambien las noches, cuando decimos *tantos dias*, y en este sentido no quedan escluidos los espacios de las noches. Suponiendo pues que para formar un dia entero es menester, ademas del movimiento del sol, que este dé la vuelta entera desde un oriente á otro oriente: pregunto si el movimiento mismo del sol es el dia, ó toda la tardanza que hay en dar aquella vuelta, ó si todo junto, esto es, aquel movimiento y esta tardanza es lo que llamamos dia. Porque si se dice lo primero, se infiere que tambien seria un dia, aunque el sol concluyese toda aquella vuelta en tanto espacio de tiempo como el de una hora. Si se dice lo segundo, se sigue que no seria un dia, aunque el sol diera su vuelta entera desde el oriente al oriente en tan breve espacio como el de una hora, sino que seria necesario que veinte y cuatro veces diese el sol esta vuelta, para completar un dia. Si se dice que lo uno y lo otro es necesario juntamente para formar un dia; se sigue, que si el sol diese toda su vuelta en el espacio de una hora, todo aquel giro no seria ni se llamara un dia, ni tampoco se llamara dia aquel en que el sol estuviese parado tanto tiempo, como el que suele gastar en dar su vuelta entera desde que nace una mañana, hasta la mañana siguiente en que vuelve á nacer.

Pero no pregunto ahora qué cosa sea lo que se llama *un dia*, sino qué tiempo sea aquel con que midiendo el curso del sol, diriamos que en la mitad menos de tiempo que acostumbra habia dado toda su vuelta, en caso que la hubiese dado en tanto espacio de tiempo como corresponde á doce horas.

Y comparando despues aquel tiempo con este, diriamos que aquel era al doble mas largo que este otro, aun dado caso de que el sol unas veces diese toda su vuelta de una mañana á otra en el espacio de veinte y cuatro horas, y otras veces en el de solas doce.

Pues no hay ya que decirme, que los movimientos de los cuerpos celestes son propiamente los tiempos; porque cuando al imperio de Josué se detuvo el sol para acabar la batalla con felicidad y victoria (1), es cierto que el sol estaba parado; pero no cesaba de correr el tiempo; porque aquella batalla se egecutó y concluyó en aquel espacio de tiempo que fue necesario para darse y concluirse.

Supuesto lo cual, veo que el tiempo no es mas que una cierta estension. ¿Pero qué sé yo si lo veo claramente, ó si solo me parece á mí que lo veo? Vos, luz y verdad eterna, me lo demostrareis y enseñareis.

(1) Josué 10. 15.

CAPÍTULO XXIV.

El tiempo es con lo que medimos el movimiento de los cuerpos.

31 ¿Me mandais Vos acaso que yo apruebe el pensamiento de alguno, que establezca que el tiempo no es otra cosa que el movimiento de los cuerpos? No me lo habeis mandado. Porque yo oigo decir, y lo decis Vos mismo, que ningun cuerpo se mueve sino en tiempo; pero no oigo, ni Vos me lo decis, que el mismo movimiento del cuerpo sea el tiempo. Porque cuando se mueve un cuerpo, me valgo del tiempo para medir y saber cuánto dura aquel movimiento del cuerpo desde que comienza á moverse hasta que acaba. Y si no le vi comenzar á moverse, y continúa él moviéndose, ni veo tampoco cuando acaba, no puedo medir cuánto es lo que ha durado aquel movimiento, sino cuando mas, desde el punto en que comencé á verle mover, hasta que degé de verle. Y si le estuve viendo mucho tiempo, solo podré afirmar, que

por largo tiempo se estuvo moviendo; pero no podré decir *cuánto* fue lo que duró aquel movimiento, porque no puede decirse *cuánto*, sino por comparacion á otro, como diciendo *tanto es esto, cuanto aquello, ó esto es doble comparado con aquello*, y otras cosas que decimos á este modo.

Mas si pudiesemos notar en los lugares donde se mueve el cuerpo, el espacio que hay desde donde se mueve hasta donde llega moviéndose aquel cuerpo, ó las partes de él si se mueve (a) al rededor, podremos decir entonces *cuánto* tiempo ha gastado en moverse aquel cuerpo (ó una determinada parte de él en el movimiento circular), desde aquel lugar hasta aquel otro lugar.

Con que siendo el movimiento de un cuerpo cosa muy diferente de aquello con que medimos cuanto dure aquel movimiento, ¿quien hay que no eche de ver

(a) Los anotadores han oscurecido este pasage en lugar de ilustrarle. La traduccion del M. Zeballos está clara, y por lo mismo se suprime su larga nota.

cual de estas dos cosas deba con mas razon llamarse tiempo? pues aunque el movimiento del tal cuerpo no sea igual y uniforme, sino que ya se mueva, ya se pare, medimos con el tiempo no solo su movimiento, sino tambien su quietud, y decimos, *tanto duró su quietud, cuanto se movió*, ó tambien, *dos ó tres veces tanto mas estuvo parado, que lo que antes se habia movido*, ú otras cosas á este modo, que las haya comprendido realmente la medida nuestra, ó que á nuestro parecer las comprenda poco mas ó menos, como suele decirse. Luego es cierto y evidente que el movimiento de los cuerpos no es el tiempo.

CAPÍTULO XXV.

Vuelve á pedir á Dios que le ilumine.

32 Yo os confieso, Señor, que aun todavía no sé qué sea el tiempo; pero tambien os confieso, que bien sé, Dios mio, que todo esto que digo lo hablo en tiempo, y que mucho ha que estoy hablando del tiempo, y que el mismo *mu-*

cho ha no sería lo que es sin estension de tiempo. ¿Pues como sé yo esto, si no sé todavía lo que es tiempo? ¿Será acaso porque no acierto á esplicar lo que ya sé? ¡Ay de mí, que siquiera no sé qué es lo que no sé! Bien veis, Dios mio, que no miento, y que lo mismo que hablo, es lo que siento en mi interior. Vos, Dios y Señor mio, alumbrareis mi entendimiento, y os suplico y espero que ilumineis mis tinieblas (1).

CAPÍTULO XXVI.

De qué modo medimos el tiempo.

33 ¿No es cierto, Señor, que confesándoos mi alma que yo mido los tiempos, os hace una confesion verdadera? ¿Y es posible, Dios mio, que los he de medir bien, y no he de saber lo que mido?

¿Me sirve acaso el tiempo de medida para medir el movimiento de un cuerpo, pero no mido al tiempo mismo? ¿Pudie-

(1) Psalm. 17. 29.

ra yo medir el movimiento de un cuerpo, y cuanto tiempo ha durado, y cuanto ha tardado en llegar desde aqui hasta alli, sin medir tambien el tiempo en que aquel cuerpo se movia?

¿Pues como y con qué medida mido al tiempo? ¿Acaso nos valemos de un tiempo que es mas corto para medir con él otro tiempo que es mas largo, como cuando con la medida de un codo medimos la longitud de un banco ó de una viga: y asi tambien parece que medimos una sílaba larga con una sílaba breve, y decimos que en pronunciarse la larga, se gasta doble tiempo que en pronunciarse la breve? Asi medimos tambien la estension mayor de un poema con la estension y espacio menor de los versos, y la estension de estos con la de los pies, la de los pies con la de las sílabas, y la de las sílabas largas con la de las breves: todo lo cual se mide, no por el espacio que ocupa en el papel (porque esto seria medir el lugar que ocupan, no el tiempo que gastan), sino por el tiempo que las voces gastan al pronunciarse: segun lo cual decimos, *tal poema es largo, porque consta de tan-*

tos versos: aquellos versos son largos, porque constan de tantos pies; estos pies son largos porque se componen de tantas sílabas; y aquella sílaba es larga, porque gasta doble tiempo que una breve.

Pero aun de este modo no se conoce la cierta, fija y determinada medida del tiempo, pues bien puede suceder que un poema breve dure por mayor espacio de tiempo, pronunciándose poco á poco, y uno largo dure menos tiempo, diciéndose mas aprisa. Y lo mismo puede decirse de un verso, de un pie, y de una sílaba. Por eso me ha parecido á mí que el tiempo no es otra cosa que una cierta estension; pero de qué cosa sea esta estension, no lo sé ni lo percibo; y harto será que no sea una especie de estension de nuestra misma alma. Porque, Dios mio, os ruego me digais, ¿que es lo que mido cuando digo hablando indefinidamente: *Este tiempo es mas largo que aquel otro*; ó hablando definida y determinadamente digo: *Este tiempa es al doble mas largo que aquel otro*? Bien sé que mido el tiempo; pero no mido el futuro, porque este no existe aun; ni el presente, porque no tiene estension, ni tampoco el pasado, porque ese no existe ya. ¿Pues que es lo que mido? ¿Será acaso que lo que mido és los tiempos cuando van pasando, no cuando ya han pasado? Pero esto ya lo habia yo dicho.

CAPÍTULO XXVII.

Cómo medimos el tiempo que queda en nuestra mente.

34 Estate firme, alma mia, en esta contemplacion, y atiende con fortaleza y constancia, que Dios nos ayudará, porque somos hechura de sus manos, y no nos hemos hecho nosotros á nosotros mismos: pon toda la atencion hácia alli, por donde se comienza á descubrir y como que aclara la luz de la verdad.

He aqui, supongamos, que una voz corpórea, sensible y material comienza á sonar, y suena, y persevera sonando, y que finalmente cesa: ya entonces hay silencio, y aquella voz es pasada, y ya no hay tal voz. Era futura antes que sonara, y no podia medirse porque todavía no era: y ahora al presente no puede medirse, porque ya no es. Con que cuando ella sonaba, podia medirse: porque existiendo entonces, ya habia una cosa que se pudiese medir. Pero aun entonces no se detenia; sino que se iba pasando y deshaciendo.

¿O acaso entonces era cuando mejor podia medirse? Porque mientras pasaba, era cuando se estendia por algun espacio de tiempo con que pudiese medirse; porque al presente no tiene espacio ni estension alguna.

Pues si entonces era cuando podia medirse, supongamos que otra voz comienza á sonar, y suena todavía, y continúa sonando sin alguna interrupcion ni decadencia; pues midámosla mientras está sonando; porque cuando dejare de sonar, ya será pasada, y no habrá voz que suene, ni que pueda medirse. Midámosla pues, y determinemos su cuantidad y estension. Pero todavía está sonando; y no se puede medir sino desde su principio en que comenzó á sonar, hasta su fin en que deje de sonar. Porque lo que medimos es ese mismo espacio ó intermedio que hay desde el principio hasta el fin. Con que la voz que todavía no ha acabado de sonar, no se puede medir de modo que se diga cuan larga ó cuan breve es; ni tampoco se puede decir si es igual á otra, ni si es sencilla respecto de otra que es al doble mas larga, ó si es larga al doble respecto de otra, y á este modo otras cosas semejantes. Pues cuando haya acabado de sonar ya no hay tal voz. ¿Pues de qué modo se ha de poder medir? No obstante, ello es verdad que medimos los tiempos; pero no los que todavía no son, ni los que ya no son, ni tampoco los que no tienen estension alguna; ni finalmente los que no tienen términos fijos donde comiencen y acaben. Con que ni medimos los futuros, ni los pasados, ni los presentes, ni los que van pasando; y no obstante eso es verdad que medimos los tiempos.

35 Este verso: *Deus Creâtor ómnium*, es compuesto de ocho sílabas breves y largas alternativamente. Y asi las cuatro breves, que son la primera, tercera, quinta y séptima, son sencillas, y gastan la mitad menos de tiempo que las otras cuatro largas, que son la segunda, cuar-

ta, sesta y octava. Cada una de estas ocupa en pronunciarse doble tiempo que cada una de aquellas: yo las pronuncio, las cotejo interiormente, y conozco que es asi verdaderamente conforme se percibe por el sentido esterior. Y es cierto que segun lo que se percibe por este sentido, con una sílaba breve mido una larga, y sensiblemente conozco que esta tiene dos veces tanto como la otra. Pero como la una haya de sonar precisamente despues de la otra; si la primera, por egemplo, es breve, y la segunda es larga, ¿como he de detener á la breve, y como he de aplicarla á la larga para medirla, y saber que tiene dos veces tanto como la otra, si la larga no comienza á sonar hasta que ha dejado de sonar la breve? Y aun á la misma larga no la mido cuando presente: pues no la puedo medir hasta que ha acabado de sonar; y haber asi acabado es haber ya pasado. ¿Pues que es lo que he de medir? ¿Adonde está la breve, con la cual he de medir? ¿Adonde está la larga que he de medir? Ambas sonaron, volaron, pasaron, y ya no son; y no obstante yo las mido, y con toda la seguridad que me da el sentido corporal que las percibe, y está práctico y acostumbrado á oirlas, afirmo que la una es sencilla, y se pronuncia en la mitad menos de tiempo, que la otra que ocupa doble tiempo. Y no puedo hacer este juicio, sino despues que ambas han pasado ya, y han acabado de sonar. Luego lo que mido no son las mismas sílabas, que ya no tienen ser, sino alguna cosa que de ellas quedó impreso en mi memoria.

36 En ti es ¡oh alma mia! en donde mido los tiempos. No quieras ahora estorbar mi atencion con preguntarme el por qué; ni á ti misma te inquietes y perturbes con tus antecedentes afecciones ó preocupaciones. En ti misma, vuelvo á decir, en ti es donde mido los tiempos: porque lo que mido es aquella misma especie que en ti hicieron las cosas cuando iban pasando, la cual queda impresa en ti, y permanece aun despues que ellas han pasado ya; y no mido las mismas cosas que pasan, y que al pasar dejan aquella impresion: y esa es la que tengo presente, y la que mido cuando mido los tiempos. De lo cual se infiere, ó que ella

es lo mismo que los tiempos, ó que no es verdad que yo mido los tiempos.

¿Y que diremos cuando medimos aun el silencio, y decimos que tal pausa de ruido ó tal silencio duró tanto como tal voz ó tal sonido? ¿No es cierto que entonces estendemos nuestro pensamiento á medida de la voz, como si todavía sonase, para que podamos afirmar algo de aquellas pausas ó intervalos de silencio, que ha habido en el espacio de tiempo que media entre una y otra voz? Porque tambien muchas veces, sin hablar ni abrir la boca hacemos mentalmente poemas, versos y cualesquier discursos, y las dimensiones ó medidas que queremos de cualesquier movimientos, y del espacio y duracion de los tiempos, afirmando mentalmente las proporciones que hay de un tiempo ó otro, del mismo modo que si lo hablaramos y pronunciaramos.

Si un hombre quisiere dar una voz que dure algun tiempo, y determinase allá en su interior lo larga que ha de ser aquella voz y cuanto ha de durar, este tal formó y tasó en silencio un espacio y duracion de tiempo, y le imprimió en su memoria: despues de lo cual comienza á dar aquella voz que está sonando esteriormente, hasta que llegue al término que él mismo tiene premeditado; y no solamente es cierto que comienza á sonar aquella voz, sino tambien que sonó y que sonará. Porque toda la parte primera que se formó ó pronunció ya de aquella voz, ya ha sonado, y lo que resta de ella tiene que sonar. Asi se hace y se forma toda aquella voz hasta llegar á su fin, hallándose presente aquella premeditada intencion, la cual va trasladando lo futuro de la voz á lo pasado, aumentándose y creciendo este con la diminucion de lo futuro, hasta que consumiéndose enteramente lo futuro de aquella voz y del tiempo que habia de durar, se hizo todo él pretérito ó pasado.

CAPÍTULO XXVIII.

Con el alma medimos los tiempos.

37 ¿Pero como se disminuye ó se consume el futuro, que todavía no es? ¿Y cómo puede crecer lo pasado, que ya no es? ¿Como, sino porque en el alma,

que es la que hace todo lo dicho, hay tres cosas ó tres operaciones, porque *espera*, *atiende y recuerda*; para que aquello que *espera*, pase por lo que *atiende*, y vaya á parar en lo que *recuerda*? ¿Quien hay que niegue que los futuros no existen todavía? pero no obstante, ya existe en el alma la *espectacion* de los futuros. ¿Y quien hay que niegue que lo pasado no existe ya? pero no obstante, hay todavía en el alma la *memoria* de lo pasado ¿Y quien hay que niegue que el tiempo presente carece de estension ó espacio, pues pasa en un punto? pero no obstante permanece y dura la *atencion* por donde pase á un ser que no será. Luego no es largo el tiempo futuro, que todavía no existe; sino que se dice largo el futuro, porque es larga la *espectacion* del futuro. Ni es largo el tiempo pasado, porque este ya no es, sino que lo que se llama largo en lo ya pasado, no es otra cosa que una larga *memoria* de lo pasado.

38 Supongamos que yo esté para decir un cántico que sé. Antes que le comience, mi *espectacion* se estiende á todo él; pero en comenzándole, cuanto voy

quitando de ella hácia lo pasado, se coloca y estiende en mi *memoria*, y esta vital accion mia de decir el cántico igualmente se estiende á la *memoria*, por lo que ya llevo dicho de aquel cántico, como á la *espectacion*, por lo que me falta aun que decir de él; pero está presente mi *atencion*, por la cual pase lo que era futuro de él para que se haga pretérito ó cósa ya pasada: y conforme esto se va haciendo y prosiguiendo, se va disminuyendo la *espectacion*, y prolongándose la *memoria* hasta que toda la *espectacion* se acabe, y toda aquella accion concluida pase á mi memoria.

Pues esto que sucede hablando de todo el cántico entero, sucede tambien con cada una de sus partículas ó versillos de que consta, y aun con cada una de las sílabas que tiene: esto mismo sucede en otra accion mas larga, de la cual todo aquel cántico sea una parte sola: y esto mismo en toda la vida, de la cual son partes todas las acciones humanas: y esto finalmente sucede en la duracion continuada de todas las vidas de los hombres, de cuya duracion es una parte cada una de las vidas.

CAPÍTULO XXIX.

Como antes estuvo dividido en muchas cosas temporales, ya desea y pide fervorosamente ser unido y reunido á solo Dios.

39 Mas como vuestra misericordia es mucho mejor que todas las vidas juntas de los hombres (1), he aqui que siendo mi vida una disipacion penosa, me ha recogido vuestra poderosa diestra por medio de mi Señor Jesucristo, hijo del hombre, y mediador entre Vos, que sois *uno* indivisible, y los hombres, que ademas de ser en número *muchos*, somos cada uno de por sí divididos en muchísimas ocupaciones y afectos, y distraidos en muchísimas cosas, operaciones y cuidados, para que por medio de este mi Salvador, que me ha hecho volver sobre mí para seguirle, continúe hasta alcanzarle: y por medio suyo me separe y abstraiga de la antigua disipacion de mi vida pasada, y me ocupe solo en seguir lo *uno necesario*

(1) Ps. 62. 4.

que espero; olvidándome de todo lo pasado; no estendiendo mi afecto ó mi deseo á las cosas futuras y transitorias (1), sino estendiéndole, sin distraccion alguna á las que son muy anteriores á ellas. Sigo pues y prosigo mi carrera con intensos afectos y deseos, no con distraidos pasos para conseguir la palma y corona á que Vos me habeis llamado, y que me teneis prometida y prevenida en el cielo, donde oiga yo la voz de vuestra alabanza, y me ocupe en contemplar vuestros gozos y deleites (2), que como presentes siempre y eternos, ni tienen que venir, ni tienen que pasar, despues de haber venido y llegado.

Pero ahora mis presentes años los paso entre sollozos y gemidos (3), y únicamente en Vos tengo el consuelo que sois mi Dios y Señor, y eterno padre mio. Mas yo he hablado y tratado de los tiempos, cuyo órden ignoro; por lo que mis pensamientos y lo mas íntimo de mi alma se ven desechos y destrozados con la tumultuosa

(1) Phil. 3. 12. 13. (2) Ps. 25. 7.
(3) Ps. 30. 12.

multitud de variedades y mutaciones de estas cosas temporales, hasta que purificado y liquidado en el fuego de vuestro amor (a), me pueda incorporar y unir en Vos.

CAPÍTULO XXX.

Vuelve á redargüir á los que hacian aquella pregunta: qué hacia Dios antes de la creacion del mundo.

40 Entonces quedaré firme y solidado en Vos, de modo que conserve en mi alma vuestra verdad, que es el modelo por donde me formasteis. Ni tendré que sufrir las importunas y molestas cuestiones de los hombres, que por la dolencia que padecen en pena de su culpa, desean saber mas de lo que deben y pueden, y asi preguntan: "¿Que es lo que Dios hacia antes de hacer el cielo y la tierra? ó tambien, ¿cómo fue el venirle el pen-

(a) Hace alusion, como advierte *Dubois*, á lo que sucede en la fundicion de los metales, que á puro fuego se derriten muchas porciones, y se incorporan todas y se unen entre sí.

samiento de producir ó criar alguna cosa, cuando ántes nunca habia criado cosa alguna?"

Concededles Señor que piensen bien lo que dicen, y que lleguen á conocer que la palabra *nunca* no se puede verificar donde no hay tiempo. ¿Que otra cosa es decir que *nunca* habiais criado algo, sino decir que *en ningun tiempo* lo habiais criado? Conozcan pues que ningun tiempo puede haber sin creacion, y asi degen de hablar cosas tan vanas y repugnantes. Estiendan su consideracion á las cosas eternas, que son antes de las temporales y transitorias (1), para entenderos á Vos, que sois antes de todos los tiempos, y eterno criador de todos los tiempos; y que ningun tiempo, ni criatura alguna, aunque sea superior á los tiempos, es coeterna á Vos.

(1) Phil. 3. 13.

CAPÍTULO XXXI.

Cómo conoce Dios, y cómo las criaturas.

41 ¡Oh Dios y Señor mio, en qué altísimo é inaccesible seno es donde se ocultan vuestros impenetrables juicios! ¡Y cuan lejos de él me han arrojado las consecuencias y efectos de mis culpas! Sanad los ojos de mi alma, para que participe de vuestra luz con gozo y alegría.

A la verdad, si hubiera un alma dotada de tanta ciencia de lo pasado, y anticipada noticia de lo venidero, que supiese tan bien todas las cosas pasadas y futuras, y las tuviese todas tan presentes como yo un cántico que tengo muy sabido, sería verdaderamente una alma maravillosa y capaz de causar horror y espanto: como que era un alma, á quien nada se le ocultaba de todo cuanto se ha hecho en el mundo, ni de todo cuanto se ha de hacer en los siglos venideros: al modo que á mí, cuando me pusiera á cantar aquel cántico, no se me ocultaria cuanto es, y qué es lo que va cantado ya desde su principio, y qué es y cuánto lo que falta de cantar hasta su fin.

Pero no permitais que piense yo, Dios mio, criador del universo mundo, y criador de nuestras almas y cuerpos; no permitais que piense yo que Vos conoceis y y sabeis de aquel modo todas las cosas futuras y pasadas. Vuestro modo de saberlo y conocerlo todo es muy superior á aquel; es mucho mas admirable, secretísimo é incomprensible. Porque no os sucede á Vos, como sucede á los que cantan ú oyen cantar un cántico que tienen muy sabido, que con la memoria de las palabras que ya llevan dichas, y con la espectacion de las que les faltan que decir, tienen que mudar de afectos, y dividir su atencion entre lo uno y lo otro; pero á Vos no os sucede nada de esto, porque sois invariablemente eterno, y eso es ser eterno verdaderamente: y sois infinitamente superior á las almas como criador de todas ellas. Del modo pues que en el principio conocisteis al cielo y á la tierra, sin variedad alguna de vuestro conocimiento, asi tambien hicisteis en el principio el cielo y la tierra sin que vuestra accion se dividiese ni dilatase (a). El que pueda entender esto, os debe alabar y bendecir por todo; y el que no pueda entender este misterio, os debe alabar y bendecir tambien.

¡Oh que altísimo sois, Dios mio! y no obstante vuestra altísima escelencia, teneis á los humildes de corazon por vuestra morada. Vos sois á la verdad el que levanta á los caidos, y el que hace que no caigan los que os tienen por su única y verdadera exaltacion.

(a) La leccion verdadera de este pasage del santo Doctor es, *sine distentione* (que por yerro se leia *distinctione*), y pide precisamente la version que queda puesta; porque en castellano no hallo mejor voz para espligar la fuerza del latino *distendo*, que usa en estos capítulos el Santo con mucha propiedad y en su rigorosa significacion.

LIBRO XII.

Prosigue esplicando las referidas palabras del Génesis, y distingue entre el cielo del cielo, y el cielo de la tierra. Dice que Moises solamente habla del primero, y que en él están significadas las sustancias espirituales, como la materia informe en la palabra tierra. Que estas dos sustancias no se sugetan al tiempo: y la una está cerca de la nada, y la otra cerca de Dios. Que las palabras de Moises pueden recibir diversos y verdaderos sentidos; pero que los que sostengan diversas ó contrarias opiniones, las han de sostener sin lesion de la paz y caridad.

CAPÍTULO PRIMERO.

Dificultad que hay en hallar la verdad.

1 Señor, muchas son las cosas que en la pobreza y escasez de luces propia de esta vida, desea ansiosamente tratar y averiguar mi corazon, tocado y con-

movido con las palabras de vuestra santa Escritura. Por eso muchas veces es abundante de palabras la misma escasez de la humana inteligencia: porque se habla mucho mas al inquirir una verdad, que al encontrarla; es mas largo el camino de pedir, que el de alcanzar; y mas le cuesta á la mano el llamar, que el recibir. Yo me atengo, Señor, á vuestra promesa; porque ¿quien es capaz de impedir que la cumplais? *Si Dios está á favor nuestro, ¿quien puede hacer cosa alguna contra nosotros? Pedid, y recibireis: buscad, y hallareis: llamad, y se os abrirá. Porque todo el que pide, recibe: el que busca, halla: y á quien llama, se le abre* (1). Todas estas son promesas vuestras. ¿Pues quien ha de temer ser engañado, cuando es la verdad misma quien promete?

(1) Rom. 8. 31. Matt. 7. 7.

CAPÍTULO II.

De dos modos que hay de entender el cielo y la tierra.

2 La humildad y bajeza de mi lengua confiesa á vuestra alteza soberana que Vos hicisteis el cielo y la tierra: Vos, Señor, hicisteis este cielo que veo, y esta tierra que piso, de la cual se tomó esta tierra que en mi cuerpo llevo. Pero, Señor, ¿donde está *el cielo del cielo*, del cual oimos decir en las palabras de un salmo: *El cielo del cielo fue destinado para trono del Señor; pero la tierra la dió para habitacion de los hombres?* (1)

¿Dónde pues está aquel cielo que no vemos, respecto del cual es tierra todo lo que vemos? porque siendo esto un todo corpóreo, ni está en todas partes todo, ni las partes de que consta tienen igual hermosura, ni tanta las inferiores, como las superiores partes de este todo, cuya ínfima parte es nuestra tierra; sino que

(1) Ps. 113. v. 16.

comparado á aquel *cielo del cielo*, es tan inferior este todo corpóreo, que aun el cielo de nuestra tierra es tierra. Y no es absurdo decir que estos dos grandes cuerpos tierra y cielo no son mas que *tierra*, comparados con aquel no sé qué *cielo* destinado únicamente para *el Señor*, y no para *los hijos de los hombres* (1).

CAPÍTULO III.

Qué signifiquen las tinieblas del abismo.

3 Lo cierto es que esta *tierra estaba invisible y sin hermosura*: y habia no sé qué profundo abismo sobre el cual no habia luz; porque no tenia especie ni forma alguna. ¿Y por qué mandasteis, Señor, que se escribiese, que *las tinieblas estaban sobre el abismo*, sino para que nosotros entendiesemos que no habia luz alguna? Porque si entonces hubiera habido luz, ¿en donde habia de estar sino en lo superior, sobresaliendo y resplandeciendo?

(1) Ps. 113. 24.

Y asi donde no habia luz aun, ¿que otra cosa quiere decir *que habia tinieblas*, sino que faltaba luz? Estaban pues las tinieblas sobre el abismo, por cuanto la luz no estaba sobre él, asi como se dice que hay silencio donde no hay sonido. ¿Y que otra cosa es haber allí silencio, sino dejar de haber allí sonido?

¿No es verdad, Señor, que enseñasteis á mi alma, que ahora os alaba y confiesa, no es cierto que me enseñasteis, Señor, que antes que hubieseis dado forma alguna á esta materia, y la hubieseis desarrollado y distinguido, no era todavía algo; porque ni era color, ni figura, ni cuerpo, ni espíritu? Pero no era enteramente nada; sino un material sin forma ni especie alguna.

CAPÍTULO IV.

Qué significa la tierra invisible y sin compostura.

4 ¿Pues como se habia de llamar á esta materia, y por qué sentido se les habia de dar á conocer de algun modo

á los hombres rudos y de mas tardo ingenio, sino dándola un nombre muy usado? Y entre todas las partes de que se compone el mundo, ¿cual pudiera hallarse que se acercase y pareciese mas á la tal materia sin forma ni especie alguna, que la *tierra* y el *abismo*? Porque estas dos cosas, por el ínfimo grado que tienen en la naturaleza, tienen tambien menos hermosura que las demas, que son superiores, y todas ellas son claras, lucidas, y resplandecientes. ¿Pues por que no podremos entender que para que los hombres percibiesen con facilidad la desnudez de la materia, que Vos hicisteis sin forma ni hermosura, de la cual habiais de hacer un mundo tan hermoso, quisisteis que se la nombrase *tierra invisible y desnuda de toda forma y especie* (a)? Para que cuando nuestro pensamiento anda buscando en ella alguna

(a) En otras ediciones comenzaba aqui el capítulo siguiente; pero el sentido y las razones que aqui alega el Santo, convencen que todo es parte y prueba de lo antecedente, por lo que no debe formar un capítulo aparte Mr. M.

cosa que pertenezca á los sentidos; y hablando consigo mismo dice: ella no es alguna forma puramente inteligible como la vida ó como la justicia; porque es una materia destinada á formar de ella los cuerpos; ni es tampoco alguna forma sensible, porque nada tiene que se vea ni sienta, lo que se dice y es invisible y sin especie alguna: con estas reflexiones acerca de la entidad de la materia, se esfuerce á conocerla ignorando, ó á ignorarla conociendo (a).

CAPÍTULO V.

Cómo concebia antes la materia informe, y cómo despues.

5 Yo, Señor, si con la boca y con la pluma he de confesaros todo cuanto me habeis enseñado acerca de esta materia, confieso que oyendo antes

(a) *Vel nosse ignorándo*, dice el Santo, *vel ignoràre noscéndo*: porque ni se acaba de conocer enteramente, ni se ignora de todo punto: y viene á ser una noticia mezclada de ignorancia.

de ahora este nombre, no entendia bien lo que por él se significaba; y queriéndomelo esplicar otros, que tampoco lo entendian, me la representaba yo á mí mismo con varias é innumerables formas al mismo tiempo; y asi no era verdaderamente la materia lo que yo imaginaba y me representaba. Revolvia y juntaba mi pensamiento sin orden ni proporcion alguna formas feas y horribles, pero al fin eran formas; y á esto lo llamaba yo *informe* ó sin forma; no porque careciese enteramente de toda especie ó forma, sino porque la tenia tal, que si se manifestara y dejara ver, la estrañarian mis ojos como una cosa estraordinaria y desagradable, y no podria menos de conturbarse á su vista la flaqueza humana. Pero á la verdad, aquello que yo me imaginaba, no era *informe* ó sin forma, porque estuviese privado de toda forma absolutamente, sino en comparacion de otras cosas que tenian formas mas bellas y agradables, y eran mas bien formadas.

Y la razon me persuadia que si queria imaginar yo lo *informe* enteramente, era necesario que abstragese de allí y quitase de todo punto cualesquier reliquias y rastro de todo lo que es forma; pero no podia ni acertaba á egecutarlo así. Porque mas presto creia que no tenia ser alguno lo que estuviese privado de toda forma, que pudiese imaginar un ente medio entre lo formado y la nada, que ni fuese formado, ni fuese nada; sino una entidad informe y casi nada.

Cesó mi entendimiento de consultar sobre esta materia á mi imaginacion: que como estaba llena de aquellas imágenes que recibia de los cuerpos formados que tienen su respectiva forma, no hacia mas que proponérmelas mudándolas y variándolas á su arbitrio. Figé mi atencion en los mismos cuerpos, y contemplé mas profundamente la mutabilidad que les es propia, segun la cual dejan de ser lo que habian sido, y comienzan á ser lo que no eran. Y vine á sospechar que este paso de los cuerpos de una forma á otra, era por medio de un (a) ente *informe*,

(a) En el capítulo VII. de este mismo libro, se esplica este sistema con toda claridad.

y no por un medio que enteramente fuese nada; pero yo no me contentaba con sospecharlo, sino con saberlo.

Pero si yo hubiera de confesaros de boca y por escrito todo cuanto Vos me habeis enseñado y declarado acerca de esta cuestion, ¿que lector habria que lo pudiese leer, ó que perseverase en la leyenda tanto como era menester para leerlo todo y entenderlo? Mas no por eso cesará mi alma de glorificaros y ofreceros cántico de alabanza por todas aquellas cosas que se ve precisada á suprimir.

Lo cierto es, que la misma mutabilidad de las cosas mudables es capaz de todas las formas á que se mudan las cosas mudables. ¿Pero esta mutabilidad que cosa es? ¿Por ventura es alma? ¿Acaso es cuerpo? ¿O es por ventura alguna especie y semejanza del alma ó del cuerpo? Si pudiera decirse, diria yo que era *la nada y algo*, ó diria que *es y no es*.

Pero no obstante, ella ya era de algun modo para que pudiese recibir todas estas especies y formas visibles, y tan bellamente dispuestas.

CAPÍTULO VI.

De la nada hizo Diós la materia del cielo y de la tierra.

6 ¿Mas de donde tenia su tal cual ser esta materia sino de Vos, de quien todas las cosas reciben el ser que tienen, de cualquier modo que ellas sean? Pero tanto mas lejos estan de vuestro ser, cuanto mas desemejantes son á Vos; pues no es la distancia de lugares la que hace que esten lejos de Vos las criaturas.

Por lo cual Vos, Señor, que nunca sois diferente de Vos mismo, ni en la sustancia, ni en el modo, sino siempre inmutablemente tres veces el mismo santo, santo, santo, Señor Dios todo poderoso, hicisteis algo aun de la misma nada, en aquel principio que procede de Vos: en vuestra sabiduría que nació de vuestra sustancia. Porque hicisteis el cielo y la tierra; pero no lo hicisteis de vuestra propia sustancia, porque así serian iguales á vuestro hijo unigénito, y por consiguiente iguales á Vos mismo. Fuera deque se opone á la razon, que lo que no fuese procedido de vuestra sustancia, pudiese seros igual.

Ni fuera de Vos, (que sois Dios, trinidad una, y unidad trina) habia entonces otra cosa de donde pudieseis hacer el universo; y asi de la nada hicisteis cielo y tierra; aquel grande, esta pequeña; porque teneis omnipotencia y bondad para producir todas las cosas, y producirlas buenas, ya sean grandes como es el cielo, ya menores como es la tierra. Vos solamente existiais; y fuera de Vos no habia sino la *nada*, de que hicisteis el cielo y la tierra, que son dos cosas tan distantes entre si, que la una está cercana á Vos, y la otra cerca de la nada: la una tan noble y escelente, que solo á Vos os reconoce por superior; y la otra de tan baja suerte, que solamente la nada es inferior á ella (a).

(a) Entiende aqui por cielo, la naturaleza de los ángeles criados en el cielo; y por tierra, la materia desnuda de toda forma, como el mismo Santo dijo en el capítulo IV. de este libro, y en las primeras palabras del capítulo siguiente.

CAPÍTULO VII.

De la nada hizo Dios el cielo, *esto es, los ángeles; y la* tierra *tambien, esto es, la materia informe.*

7 Pero aquello que hicisteis tan escelente y cercano á Vos, es el *cielo del cielo*, destinado, Señor, para vuestro trono; y esto otro tan inferior y distante de Vos, es la *tierra*, que la entregasteis á los hijos de los hombres para que la habitasen, viesen, y tocasen; aunque entonces no era tal como la vemos ahora y la tocamos; porque estaba invisible, y sin composicion ni ornato de forma alguna: y era como un abismo destituido de toda luz, ó *unas tinieblas mas oscuras y espesas que el abismo*. Porque este abismo de aguas que ahora ya nos son visibles, aun en los parages y senos mas profundos tienen algun género de luz sensible y perceptible á los peces y demas animales que andan arrastrando por el mismo fondo del mar. Pero aquel primitivo *todo* era un cuasi nada, porque todavía estaba enteramente sin for-

ma alguna; si bien era ya tal que podia ser formado ó recibir cualquiera forma. Vos pues, Señor, de esta materia informe que hicisteis de la nada, y tan cerca de la nada, hicisteis el mundo y esas cosas tan grandes que admiramos los hijos de los hombres.

Verdaderamente es muy digno de admiracion este cielo corpóreo, que despues de la creacion de la luz, le hicisteis firmamento que separase las aguas unas de otras, diciendo Vos, *hágase el firmamento*, y al instante se hizo. Y á este firmamento le llamasteis *cielo*; pero cielo de esta tierra y de este mar que hicisteis al tercer dia, dando una forma visible á la materia informe que habiais criado antes que hubiese dia alguno. Tambien entonces habiais hecho el *cielo* antes de todos los dias, porque en el principio hicisteis *el cielo y la tierra*; pero aquel era *cielo* de este cielo.

Pero la tierra misma que hicisteis juntamente con aquel *cielo del cielo*, era no solamente una materia informe, por cuanto era invisible y no adornada, sino tambien unas tinieblas mas espesas que en el abismo. De la cual *tierra invisible y sin forma*, de la cual *informidad*, del cual *cuasi nada* habiais de hacer todas las cosas de que consta este mudable mundo, que por mudable no (a) consta; en el que manifiestamente se percibe la mutabilidad y variacion, que es la que nos hace conocer los tiempos y poder contarlos. Porque los tiempos se hacen con las mutaciones ó variaciones de las cosas, segun que se van variando las formas, y pasando de unas especies á otras, cuya materia es la ya dicha, esto es, la tierra invisible y sin forma alguna.

(a) Aquí acaba el Santo Doctor de afirmar y establecer lo que en el cap. V. dijo que lo sospechaba, aunque no *se contentaba con sospechar lo que deseaba saber*: Sed nosse cupiebam, non suspicari. Lo que entonces sospechaba y ahora establece es, que la materia informe, y segun que está desnuda de toda forma, es el medio por donde los cuerpos pasan de una forma á otra, y donde se reciben todas las formas visibles de que consta el universo, y todas las que tendrá con el tiempo sucesivamente, segun que las formas que actualmente existen vayan pasando á otras que todavía no existen actualmente.

CAPÍTULO VIII.

La materia informe fue hecha de la nada, y de ella fueron hechas todas las cosas visibles.

8 Por eso el divino espíritu, que es el maestro que dictaba lo que vuestro siervo Moises escribia, no hace mencion alguna de los tiempos ni de los dias, cuando refiere que en el principio hicisteis el cielo y la tierra. Y es porque aquel *cielo del cielo* que hicisteis en el principio, es una criatura intelectual, aunque de ningun modo coeterna á Vos, ¡oh Trinidad santísima! pero haciéndola Vos participante de vuestra eternidad, queda fijada en gran manera la mutabilidad que le es natural y propia, en virtud de la dulzura que recibe de la felicísima contemplacion que tiene en Vos sin cesar; y como está unida á Vos desde su creacion sin decadencia ni intermision alguna, escede y es superior á todas las volubles mutaciones de los tiempos.

Tampoco esta informidad ó materia,

esta tierra invisible y sin forma alguna, entra á contarse en aquellos dias; porque donde no hay especie ó forma, no hay órden de cosa alguna, y nada hay que suceda á otra cosa, ni cosa alguna que haya pasado; y donde esto se verifica, ni hay dias, ni sucesion de espacios temporales.

CAPÍTULO IX.

Por qué sin hacer mencion de dias, se dice en la Escritura que hizo Dios el cielo y tierra.

9 ¡Oh verdad, ilustrad mi entendimiento, iluminad mi alma; no me hablen ni gobiernen ya las tinieblas de mis dudas é ignorancias! Me degé llevar de estas en algun tiempo, y quedé como á oscuras y en tinieblas; pero aun desde aquel estado de oscuridad, en medio de mis sombras y tinieblas os amé, y vivia enamorado de Vos. Anduve errante y descaminado, y aun entonces me acordé de Vos. Oí vuestra voz como detras de mí, que me llamaba para que volviese á Vos, y apenas podia oirla por el ruido tu-

multuoso y continuo que al rededor de mí (a) hacian los enemigos de la paz. Y ve aqui que ahora abrasado de sed y sin aliento vuelvo á vuestra fuente. Nadie me estorbe llegar á tan dulces y saludables aguas; haced que de ellas beba (b), y que de ellas viva. De aqui adelante no viva yo de mí mismo, pues viviendo asi antes, he vivido mal; y asi á mí mismo con mi vida me he dado la muerte: volviéndome á Vos, vuelvo á revivir. Pues habladme Vos solo, y dignaos que entienda lo que me decis por vuestros sagrados libros, á quienes respetuosamente creo, y cuyas palabras contienen profundísimos misterios.

(a) Esto es, por el frecuente trato, y doctrinas y conferencias de los maniqueos á quienes oia.

(b) Es paranomasía que usa el mismo Santo, diciendo: *Hunc bibam, & hinc vivam.*

CAPÍTULO X.

Esplica los deseos que tiene de que Dios le enseñe é ilumine.

10 Ya Vos, Señor, con una voz muy fuerte, que la han percibido bien los oidos interiores de mi alma, me habeis dicho que Vos solo sois el eterno, y *solo el que tiene inmortalidad* (1), porque con ninguna forma ni movimiento se muda vuestro ser, ni tampoco con el tiempo se varia vuestra voluntad. Pues toda voluntad que ahora es una, y luego es otra, no es verdaderamente inmortal. Yo confieso, como que hablo en vuestra presencia, que esto lo sé y conozco claramente, y os suplico que cada vez lo conozca mejor y con mayor claridad, y que en el conocimiento de esta verdad que me habeis manifestado, permanezca yo humilde y prudentemente con la proteccion de vuestra gracia.

Tambien, Señor, me habeis dicho con

(1) 1. Tim. 6. 16.

una voz fuerte, que penetró los oidos interiores de mi alma, que Vos habeis criado y dado el ser á todas las naturalezas y sustancias que no son lo que Vos sois, pero realmente son ó existen; y que solamente no tiene ser recibido de Vos lo que no tiene ser, y *aquel* movimiento con que la voluntad se aparta de Vos, supremo y divino ser, convirtiéndose y volviéndose hácia lo criado, cuyo ser es tan inferior al vuestro; porque este tal movimiento es defecto, delito y pecado. Y tambien me habeis dicho y hecho saber claramente que ningun pecado, sea de quien se fuere, os puede hacer daño alguno, ni perturbar el órden que habeis establecido en vuestro imperio, ni en lo sumo, ni en lo ínfimo. Esto es lo que claramente conozco en vuestra presencia, y lo que os suplico que cada vez se me descubra y manifieste mejor y con mayor claridad, y que persevere yo usando humilde y prudentemente del conocimiento de estas verdades que me habeis manifestado, bajo la proteccion de vuestra gracia.

11 Ademas de esto me habeis enseñado y dicho con una voz fuerte y gran-

de, que la percibe y oye el interior oido de mi alma, que ni aun aquellas escelentísimas criaturas intelectuales y bienaventuradas, que solo en Vos tienen toda su delicia, y no tienen mas voluntad que la vuestra, son ni pueden decirse coeternas á Vos, aunque el estar gozándoos con un amor purísimo incesantemente y con perseverancia constantísima, las impida en todo lugar y tiempo el mostrar su natural mutabilidad; y tambien se lo impide el teneros siempre presente, el estar con todo su afecto unidas á Vos, el no haber para ellas cosa futura que esperen, ni cosa transitoria que se mude á lo ya pasado, y tengan necesidad de acordarse de ella, ó traerla á la memoria: y finalmente, el no estar sujetas á la variedad y alternativa de los sucesos, ni á tener que dividir su atencion entre los unos tiempos y los otros.

¡Oh dichosas criaturas las que tales sean, porque estan siempre gozando de vuestra bienaventuranza! ¡Felices ellas, que os sirven de morada en que eternamente habitais, comunicándolas vuestra propia luz! No hallo cosa alguna, á quien mejor le convenga el llamarse *cielo del cielo destinado para trono del Señor*, que esas criaturas que os sirven de morada en que habitais, y que estan continuamente contemplando vuestras inefables delicias, sin faltar ni cesar nunca, y sin que ningun otro objeto las distraiga: esas criaturas, digo, espirituales, á quienes une y enlaza la mayor concordia, y que viven en una paz estable, constante y suma; propia y correspondiente á unos santos espíritus, que son los verdaderos ciudadanos de vuestra celestial ciudad, y son muy superiores á estos cielos corpóreos y visibles.

12 De lo cual puede inferir una alma (á quien se le hará larga la peregrinacion en esta vida, si es que ella suspira verdaderamente por Vos, si ya hace de sus propias lágrimas su cotidiano sustento, cuando oye que la dicen todos los dias, *¿adónde está tu Dios?* si ya no os pide ni desea alcanzar mas que aquella única cosa necesaria, que es el habitar en vuestra casa por todos los dias de su vida; y su vida ¿cuál es sino Vos mismo? ¿y que son vuestros dias sino la eternidad, como

tambien vuestros años que nunca pasan, porque siempre sois el mismo?) de aqui, vuelvo á decir, infiera el alma que pueda cuán superior os hace á todos los tiempos vuestra eternidad, viendo que esas criaturas espirituales en que habitais, y que os sirven de morada, las cuales no han peregrinado ni desviádose de su patria, ya que no sean coeternas á Vos, no padecen las variedades de los tiempos, á causa de la adhesion perpetua que han tenido y tienen á Vos, sin falta ni decadencia alguna. Todo esto bien claramente lo conozco, Señor, como que hablo en vuestra presencia, lo digo y confieso; y al mismo tiempo os suplico que cada vez se me haga esto mas claro, y yo persevere usando juiciosa y prudentemente de la manifestacion de estas verdades, bajo la proteccion de vuestra gracia.

13 Ve aqui que tambien descubro no sé qué entidad destituida de toda especie y forma en estas mutaciones de las cosas de acá bajo, que son las últimas é inferiores á todas las demas. ¿Y quien sino el que vagueando y dando vueltas por

los vacíos espacios de su imaginacion con los fantasmas que hay en ella; quién sino este tal que vaya siguiendo á su fantasía, podrá decirme que quitada y destruida toda especie y forma, quedando solamente la informidad ó materia, por donde las cosas iban pasando de una especie á otra y mudándose, pudiera ella sola hacer las variaciones del tiempo? Esto absolutamente es imposible, porque sin variedad de movimientos no hay tiempo, y no hay variedad alguna, donde no hay especie ó forma.

CAPÍTULO XI.

Confiesa lo que ha aprendido por ilustracion de Dios.

14 Consideradas todas estas cosas tanto como Vos, Dios mio, me concedeis que pueda considerarlas, tanto como me escitais para que os suplique me las manifesteis, y tanto como os habeis dignado manifestármelas, hallo dos cosas que hicisteis, las cuales no estan sugetas á la variedad y sucesion de los tiempos;

y con todo eso no son coeternas á Vos. La una es aquella, á quien disteis tanta firmeza y estabilidad, que aunque ella por sí misma sea mudable, no se muda jamas; antes bien sin cesar de contemplaros, y sin variedad ni mutacion alguna, está gozando de vuestra eternidad é inmutabilidad. La otra es aquella, que estando tan desnuda de toda forma y especie, que no podia pasar de una forma á otra, ni del movimiento á la quietud, no tenia por donde sugetarse á la sucesion del tiempo.

Pero no dejasteis que esta quedase así destituida de toda forma, no obstante que en el principio y antes de todos los dias hicisteis *el cielo y la tierra*, que son las dos cosas que yo decia. Pues aquellas palabras, *pero la tierra estaba invisible y sin composicion alguna, y las tinieblas estaban sobre la faz del abismo*, son espresiones diversas, que sirven como de grados por donde puedan subir y acercarse á la inteligencia de estas cosas, aquellos que no pueden concebir una entera y absoluta privacion de lo que es forma ó especie, sin llegar todavía á la nada, habiendo antes esa entidad informe, de la cual habiais de hacer otro cielo, y otra tierra visible y compuesta, y el agua especiosa, y todo lo demas que en la creacion del universo se refiere haber sido hecho con tiempo; porque todas estas cosas son proporcionadas para que en ellas se egecuten las diferencias de los tiempos, por las sucesivas mutaciones que tienen de movimientos y formas.

CAPÍTULO XII.

De dos clases de criaturas que no se sugetan al tiempo.

15 Lo que al presente percibo, Dios mio, cuando oigo decir á vuestra Escritura: *En el principio hizo Dios el cielo y la tierra; pero la tierra estaba invisible y sin forma alguna, y las tinieblas estaban sobre la faz del abismo* (1), y que no dice en qué dia hicisteis estas dos cosas: lo que desde luego entiendo es, que habla aqui de aquel *cielo del cielo*, que

(1) Gen. 1. v. 1. 2.

es un cielo intelectual, donde el entendimiento está en actual conocimiento de todas las cosas de una vez, y no las conoce por partes, ni como por enigmas, ni como en un espejo, sino de todo punto, manifiestamente y cara á cara (1); no entendiendo ahora una cosa y luego otra, sino como está dicho, conociéndolas todas juntas de una vez, y sin variedad alguna ni sucesion de tiempos. Tambien juzgo desde luego que habla asi la Escritura, á causa de aquella tierra invisible, informe y sin especie alguna, que no estaba sugeta á las sucesiones de los tiempos como esta, que suele ya tener una cosa, ya mudarse á tener otra. Pues por estas dos cosas, que la una fue desde su principio perfectamente formada, y la otra enteramente informe; aquella significada con el nombre de *cielo*, pero *cielo del cielo*, y esta con el nombre *de tierra*, pero *tierra invisible y sin forma*: por estas dos cosas conozco desde luego, que dice la Escritura, sin conmemoracion de dia alguno, que *en el principio hizo Dios*

(1) 1. Cor. 13. 13.

el cielo y la tierra. Por eso inmediatamente añade la Escritura de qué tierra habla, y como tambien se dice hecho el firmamento en el segundo dia, y que se llamó *cielo*, bastantemente insinúa de qué cielo habló antes sin hacer mencion de dias.

CAPÍTULO XIII.

Por qué sin nombrar los dias refiere la Escritura, que en el principio crió Dios el cielo y la tierra.

16. ¡Admirable es, Dios mio, la profundidad de vuestras Escrituras! Se nos presentan fáciles en la superficie, convidando halagüeñamente á los humildes; pero consideradas por lo interior, ¡qué admirable es, Dios mio, su profundidad! Horror y temblor causa contemplarla; pero es un horror nacido del respeto, y temblor que proviene de lo mucho que enamora. Muchísimo aborrezco á sus enemigos. ¡Oh si Vos, Señor, con aquella vuestra misteriosa *espada de dos filos* (a)

(a) Es frase de San Pablo, que dice que

los traspasarais (1), de modo que dejaran de ser enemigos suyos (2)! Pues amo y deseo que mueran para sí, como vivan para Vos.

Pero ve aqui que hay otros, que nada hallan que reprender en el libro del Génesis; antes bien le alaban, los cuales me responden diciendo: "*Esa* inteligencia y sentido que das á aquellas palabras, no es conforme á lo que el Espíritu Santo quiso dar á entender, cuando se las dictaba á su siervo Moises, que las escribió; no se deben entender como tú dices, sino como nosotros decimos." A los cuales voy á responder, siendo Vos el juez árbitro de mi respuesta, pues sois Dios de los unos y los otros.

la divina palabra es mas penetrante que una espada de dos filos, y llega á dividir los pensamientos, intenciones, afectos y pasiones de los hombres. Y eso es lo que pide San Agustin, que hagan las palabras de la sagrada Escritura en los que no la entienden y la impugnan: que ella los penetre á ellos, y asi podrán penetrarla.

(1) Apocal. 1. v. 15. (2) Hebr. 4. 12.

CAPÍTULO XIV.

Que la creacion del mundo no fue efecto de una voluntad nueva en Dios: y de lo que une íntimamente los ángeles á Dios.

17 ¿Podreis acaso vosotros decir, que tambien es falso lo que la misma Verdad me está diciendo con una voz muy fuerte, que llega á los oidos interiores de mi alma, acerca de la verdadera eternidad de nuestro Criador? Pues ella es la que me dice, que de ningun modo se varía su sustancia con el tiempo, y que su voluntad no es diferente de su sustancia; por lo cual no quiere ahora una cosa y despues la otra, sino que todo lo que quiere, lo quiere de una vez, lo quiere juntamente, y lo quiere siempre; asi no quiere una y otra vez, ni quiere ahora estas cosas, y luego aquellas, ni quiere despues lo que antes no queria, ni deja de querer lo que queria antes, porque una voluntad que fuera asi, es voluntad mudable, y todo lo que es mudable no puede ser eterno; pero nuestro Dios eterno es.

¿Me direis tambien que es falso lo que la verdad me dice en lo interior de mi alma, esto es, que la *espectacion* de las cosas venideras se convierte en *atencion* ó *vista de presente*, cuando llegan, y esta misma se vuelve en *memoria*, cuando ya han pasado? pues toda inteligencia ó intencion que se varía de ese modo, sin duda alguna es mudable; y todo lo mudable no es eterno; mas nuestro Dios eterno es. No tengo mas que coger estas verdades y juntarlas, para inferir de ellas necesariamente que mi Dios, y Dios eterno, para criar este mundo, no tuvo una voluntad ó un querer que le viniese de nuevo, y que en su ciencia no cabe cosa alguna transitoria.

18 ¿Que me direis ahora los que me contradecis? ¿Por ventura son falsas estas cosas? No lo son, responden ellos. ¿Pues cual es lo falso? ¿Es falso por ventura, que toda naturaleza formada y perfecta, y tambien la materia formable ó capaz de formas, no tienen el ser que tienen sino recibido de aquel que es sumamente bueno, porque es el sumo y soberano ser? Tampoco negamos eso dicen ellos.

Pues qué, ¿por ventura negareis lo otro que dige, esto es, que hay unas criaturas de clase y órden muy superior y sublime, cuyo amor casto y perfecto las une tan estrechamente al Dios verdadero y verdaderamente eterno, que aunque ellas no sean coeternas á Dios, ninguna variedad ni mutacion de los tiempos las desune ni aparta de él jamas; antes bien gozan de un reposo y quietud inalterable, no contemplando en otra cosa sino en él con una ciertísima y clarísima contemplacion? Lo cual consiste, Dios mio, en que os manifestais y descubris á aquellas criaturas, y ellas os aman cuanto las mandais que os amen, y saciadas de vuestra infinita bondad, ni aun para mirarse á sí apartan la atencion de Vos.

Estas criaturas son vuestra morada y casa, no edificada de algunos materiales terrenos, ni tampoco de alguna materia celestial y corpórea, sino puramente espiritual, y por cuanto participa de vuestra eternidad, está firme y constante eternamente sin el menor desliz. Porque Vos la habeis dado esa firmeza y estabilidad, con que permanezca eternamente por los siglos de los siglos, esto fue precepto vuestro, que se observará puntualmente (1). Mas con todo eso no es coeterna á Vos, pues siendo criatura, ó habiendo sido hecha, alguna vez comenzó á ser.

19 Es verdad que antes de ella no hallamos tiempo alguno que la precediese, porque *antes de todas las demas cosas fue criada la sabiduría* (2). Lo cual se ha de entender, no de la sabiduría que á Vos, Dios mio, padre suyo, os es enteramente igual y coeterna, por la cual todas las criaturas fueron hechas, y que es aquel *principio* en que criasteis el cielo y la tierra, sino de la sabiduría criada, esto es, de aquella naturaleza intelectual, que con la inmediata contemplacion de vuestra luz es ella luz tambien; lo cual hace que aunque criada, se la nombre tambien *sabiduría*. Pero tanto como se distingue la luz que ilumina, de la que es iluminada, tanto se distingue la sabiduría criadora, de la sabiduría criada; asi como tambien la santidad y justicia que nos hace justos, escede infi-

(1) Ps. 145. 6. (2) Eccl. 1. 4.

nitamente á la justicia causada en nosotros por la justificacion. Porque tambien nosotros gozamos el honroso título de *justicia vuestra*; pues dice uno de vuestros siervos, que *nosotros somos la justicia de Dios en Jesucristo* (1).

Pues como la primera de todas fue criada una sabiduría (2), que es la criada *inteligencia*, y ciudad vuestra racional, intelectual y santa, *ciudad libre* y eterna, madre nuestra establecida en los *cielos* (3), (¿pero en cuales, sino en *los cielos que os alaban*? que son *cielos de los cielos* (4), verificándose aqui lo del salmo, *el cielo del cielo se reservó para el Señor* (5): pues como se crió, vuelvo á decir, la primera de todas las criaturas esa sabiduría, no podemos hallar tiempo que sea anterior á ella, porque es tambien antes de la creacion del tiempo, la que fue criada antes de todas las cosas; pero antes de ella está la eternidad del mismo Criador que la produjo, y habiendo sido hecha,

(1) 2. Cor. 5. 21. (2) Eccli. 1. 4.
(3) Galat. 4. 26. (4) Ps. 148. v. 4.
(5) Ps. 113. v. 16.

de él tomó el principio, no de tiempo, porque aun no le habia, sino principio de su naturaleza ó de su mismo ser.

20 Por lo cual, Dios mio, de tal suerte dimanó de Vos, que enteramente se distinga de vuestro divino ser, no teniendo ella ese invariable, eterno y siempre mismísimo ser que teneis Vos. Pues aunque ni antes de ella, ni tampoco en ella hallamos tiempo ni sucesion alguna, por haberla Vos criado tan proporcionada y dispuesta para ver y contemplar siempre vuestro divino rostro, y que efectivamente no cesa de contemplarle nunca, con lo cual está libre de padecer ninguna variedad ni mutacion de tiempo (1); con todo eso tiene en su naturaleza mutabilidad verdadera y propia, que seria suficiente para reducirla á un estado de tinieblas y frialdades, si con aquel grande amor que la une á Vos tan estrechamente, no consiguiera de Vos las vivas luces y ardores con que resplandece y arde como un perpetuo mediodia.

¡Oh casa resplandeciente y hermosa!

(2) Psalm. 25. v. 8.

mucho he amado y amo tu hermosura, porque eres morada y habitacion de la gloria de mi Señor, que es el que te ha fabricado, y el que te habita y posee. Por ti he de suspirar mientras dure este mi destierro y peregrinacion; y suplico al mismo que te hizo, que me posea á mí incorporado en ti, pues es el mismo que me hizo á mí. *Yo anduve errante y descaminado como una oveja perdida* (1); pero en la gran misericordia de mi amoroso pastor, que es el divino artífice que te edificó á ti, espero que *llevándome sobre sus hombros* (2), me ha de volver al rebaño que se ha de unir é incorporar contigo.

21 ¿Que me decis ahora vosotros á quienes hablo, y que os oponeis á la inteligencia que doy á las palabras de Moises, no obstante que le reconoceis por piadoso y gran siervo de Dios, y que creeis que sus libros son oráculos del Espíritu Santo? ¿Es verdad que hay en los cielos esta casa y morada de Dios que tengo dicho, la cual aunque no sea coe-

(1) Ps. 118. v. 176. (r) Luc. 15. v. 5.

terna al mismo Dios, es tambien eterna á su modo, y que es en vano que busqueis en ella diferencia ni variedad de tiempo, porque no la hallareis, siendo como es superior á toda estension y espacio sucesivo y voluble de los tiempos, por estar ella siempre unida á Dios y tenerle por su único y sumo bien? Es verdad que hay todo eso dicen ellos.

Pues de todas aquellas cosas que mi corazon ha confesado públicamente á Dios, cuando oia interiormente *la voz de su alabanza* (1), ¿cual es la que pretendeis calificar de falsa? ¿Será acaso, que la materia estaba destituida de toda forma, y por eso en ella no habia órden alguno, porque no puede haberle donde falta enteramente la razon de forma, y que donde no habia órden, tampoco podia haber alguna sucesion de tiempo; pero que no obstante eso, aquel casi nada, en cuanto no era nada enteramente, sino que tenia algun ser, es ciertísimo que este tal cual ser le habia recibido de aquel Ser soberano y sumo, de quien han recibido todas las co-

(1) Ps. 25. v. 7.

sas que son el ser que tienen, de cualquier modo que sean? Eso dicen ellos, támpoco lo negamos.

CAPÍTULO XV.

No quiere disputar con los que contradicen á la verdad divina.

22 Quiero continuar, Dios mio, hablando con estos en presencia vuestra, ya que me han concedido, que son verdaderas todas estas cosas que llevo dichas, y las mismas que vuestra verdad no cesa de decirme en lo interior de mi alma. Porque aquellos que las niegan, ladren ellos, griten y hagan todo el estruendo que quieran, por no oir en su interior estas verdades, que yo procuraré persuadirles que se sosieguen, y no estorben que vuestra palabra los hable y y los instruya. Pero si no quisieren aquietarse, ni atenderme, yo os suplico, Dios mio, que no ceseis de hablarme y enseñarme á mí. Hablad á mi corazon, Dios mio, y habladme la verdad (1); porque

(1) Ps. 27. v. 1.

sólo Vos sois el que la hablais, que yo dejaré á estos que no atienden mas que á las cosas esteriores, ni hacen otra cosa que soplar el polvo y levantar polvareda que les cae en los ojos (a); los dejaré con sus esterioridades, y entraré á recogerme en lo interior de mi alma, y allí os cantaré canciones amorosas, mezcladas de los gemidos indecibles que me cuesta mi peregrinacion en esta vida, acordándome de la celestial Jerusalen, y levantando los afectos y deseos de mi corazon hácia esa ciudad santa, Jerusalen patria mia y madre mia, y tambien hácia Vos que sois su rey, su luz, su padre, su tutor, su esposo, sus delicias castas y perpétuas, y su verdadera y sólida alegría, y todos los bienes inefables juntos y de una vez, por ser Vos el único, el verdadero, el sumo infinito bien.

(a) ¡Hermosa semejanza de lo que hacen los incrédulos y los que quieren imitarlos en el exámen de los dogmas de la religion revelada! ¡Traspasadlos, Señor, con vuestra espada de dos filos mencionada en el cap. XIII. del modo que os lo pide el Santo, y con él nosotros!

Haced que nunca me aparte de estos sentimientos, suspiros y deseos de esa mi amadísima madre, donde estan las primicias de mi espíritu, de donde me proviene la certeza que tengo de estas verdades que digo, hasta que recogiéndome Vos todo cuanto soy, y juntándome de esta dispersion de potencias y afectos que me dividen y afean, me unais é incorporeis á los moradores de aquella ciudad de paz, y me *conformeis* á su bienaventuranza, y me *confirmeis* eternamente en ella, como lo espero de Vos, Dios mio y misericordia mia.

Pero con aquellos, que no dicen que son falsas todas aquellas cosas que llevo dichas como verdaderas; antes bien veneran y respetan la santa Escritura que escribió el santo Moises, y la colocan como nosotros en el punto mas alto de autoridad, digna de ser seguida de todos; pero no obstante me contradicen en parte la inteligencia y sentido que la he dado, les hablo de este modo. Vos, Dios mio, sed el juez árbitro entre las confesiones mias, y las contradicciones y respuestas suyas.

CAPÍTULO XVI.

Que con los nombres de cielo y tierra se pueden significar muy diferentes cosas.

23 "Dicen ellos, que aunque sean verdaderas estas doctrinas que he dado acerca de la naturaleza angélica, y la materia informe; Moises no puso la mira en aquellas dos cosas, cuando por revelacion del Espíritu Santo dijo: *En el principio crió Dios el cielo y la tierra* (1). Ni con el nombre de *cielo* significó aquella espiritual é intelectual criatura, que está siempre viendo y contemplando á Dios cara á cara, ni tampoco en el nombre de *tierra* quiso significar la materia sola y sin forma alguna."

¿Pues que quiso dar á entender? "Lo que nosotros decimos, me responden, eso es lo que aquel santo varon sintió, y lo que en aquellas palabras dió á entender." ¿Y que es ello? "Con el nombre de *cielo y tierra*, dicen ellos, quiso primero sig-

(1) Gen. I. v. I.

nificar todo este mundo visible general y compendiosamente, para ir despues refiriendo con órden y por dias cada cosa de por sí, hasta decirlas todas, y del modo con que el Espíritu Santo quiso decirlas. Porque eran tales aquellos hombres, y tan carnal y rudo el pueblo á quien hablaba Moises, que no juzgó á propósito el referirles y recomendarles otras obras y criaturas de Dios, sino estas visibles, materiales y corpóreas." Pero no obstante, ellos mismos convienen en que por aquellas palabras, *tierra invisible y sin composicion alguna*, y *tenebroso abismo*, se puede bien entender la materia informe, de donde se muestra haber sido hechas despues en aquellos seis dias todas estas cosas visibles, que son patentes á todos.

24 ¿Pero que dirán ellos, si alguno otro digera, que á esa misma informidad y confusion de la materia se le da desde el principio el nombre de *cielo y tierra* en la Escritura, por cuanto de ella fue hecho, formado y perfecto todo este mundo visible, que con todas las naturalezas que manifiesta y contiene, se acostumbra

llamar muchas veces con el nombre de *cielo y tierra*?

¿Y que dirian si tambien otro digera que se conformaba con ellos, en cuanto á juzgar que la naturaleza espiritual é invisible, y tambien la visible y corpórea, se llaman razonablemente en la Escritura con el nombre de *cielo y tierra*, y que por consiguiente todas cuantas criaturas hizo Dios en la sabiduría, esto es, en el principio, estan comprendidas en estos dos vocablos *cielo y tierra*? Mas no obstante eso, como estas criaturas no fueron hechas de la misma sustancia y naturaleza divina, sino que todas ellas fueron hechas de la nada, pues no tienen el mismo ser que Dios; antes bien todas ellas son mudables, ya sean aquellas espirituales criaturas á quienes la presencia y contemplacion de Dios hace firmes y permanentes, y que son la casa y trono de su magestad; ya sean las que efectivamente se mudan, como sucede á nuestra alma y á nuestro cuerpo, la Escritura esplicó y señaló la matería comun y general de todas las cosas visibles é invisibles, en el punto y estado en que todavía estaba sin forma alguna, pero capaz de cualesquier formas, de la cual materia se había de hacer el *cielo y la tierra*, esto es, las criaturas invisibles, y las visibles formadas ya y perfectas; y esplicó y señaló la dicha materia con tales nombres que correspondiesen á llamarla *tierra invisible y desnuda de toda forma, y tinieblas sobre el abismo*; pero con tal distincion, que con las primeras palabras, *tierra invisible y desnuda de toda forma* se signifique solamente la materia corporal, antes de recibir en sí ninguna forma; y con las otras palabras, *tinieblas sobre el abismo*, se signifique la materia espiritual, antes de recibir su forma conveniente, que determinase y limitase aquella como fluidez inmensa, esplicada por la palabra *abismo*, y antes de recibir la ilustracion de la sabiduría, cuyo estado anterior se señala con la voz *tinieblas*.

25 Todavía hay otra inteligencia que poder dar á aquellas palabras, si alguno quisiera decir, que cuando leemos, *en el principio crió Dios el cielo y la tierra*, no se significan con los nombres *cielo y tierra* las naturalezas visibles é invisibles

formadas ya y perfectas, sino que la misma materia, todavía sin forma alguna, pero formable ó capaz de formas, por la cual comenzó la produccion de las cosas, como confusamente y en embrion se significó con aquellos nombres *cielo y tierra*, por cuanto en dicha materia ya estaban estas cosas confusas y mezcladas entre sí, y no distinguidas y separadas segun sus respectivas cualidades y formas, las cuales cosas que al presente estan colocadas y dispuestas con órden en sus propias clases, se llaman *cielo y tierra*, entendiendo en la palabra *cielo* las criaturas espirituales, y en la voz *tierra* las corporales.

CAPÍTULO XVII.

Qué error pueda haber acerca de la Escritura que no sea perjudicial.

26 Despues de oidas y consideradas bien todas estas cosas, no quiero gastar palabras en disputar acerca de ellas y contradecirlas; porque seria una contienda de voces que para *nada es útil, sino para engaño y confusion de los oyen-*

tes (1). Mas *para su edificacion es buena y propia la ley, cuando se usa de ella legítimamente y como ella misma pide, porque tiene por fin á la caridad nacida de un corazon puro, de una buena conciencia, y de una fe sincera y no fingida* (2). Asi nuestro divino maestro supo muy bien de cuales dos preceptos de la caridad ponia como pendiente toda la enseñanza de la ley y de los profetas (3). Por lo cual, Dios mio, luz de mi corazon que interiormente alumbrais los ojos de mi alma, una vez que yo confieso con ardientísimo afecto todas estas verdades, ¿que inconveniente hay en que, pudiendo recibir aquellas palabras de Moises tan diferentes sentidos, y todos verdaderos; qué inconveniente hay, vuelvo á decir, en que yo las dé uno de aquellos sentidos, aunque sea diverso del que otro las da, y del que juzga él que es el mas propio y el que intentó el escritor sagrado?

Todos cuantos leemos algun libro, nos esforzamos cuanto nos es posible, para

(1) 2. Tim. 2. 14. (2) 1. Tim. 1. 5.
(3) Matth. 22. 40.

entender y comprender la mente y lo que quiso decir el autor de la obra que leemos. Y cuando le tenemos por verídico, no nos atrevemos á juzgar que él dijo nada de aquello que sabemos con certeza que es falso, ó que nos lo parece á nosotros. Y asi cuando leyendo las sagradas Escrituras, intenta uno y se esfuerza por alcanzar la mente de quien las escribió; ¿que inconveniente hay en que entienda y descubra en ella aquella inteligencia y sentido, que Vos mismo, luz de todas las almas que dicen la verdad, le mostrais que es verdadero, aunque este sentido no sea el que intentó dar y manifestar el mismo autor sagrado, no obstante que él pretendió significar un pensamiento verdadero, aunque no este otro sentido que es verdadero tambien?

CAPÍTULO XVIII.

Cuales son en esta materia las sentencias ciertamente verdaderas.

27 Ello es verdad, Señor, que Vos hicisteis el cielo y la tierra.

Tambien es verdad, que vuestra sabiduría es el *principio* en que hicisteis todas las cosas.

Tambien es verdad, que todo este mundo visible tiene esas dos grandes partes, que son el *cielo y la tierra*; en lo que se comprenden y dicen de una vez todas las naturalezas criadas, de cualquier modo que hayan sido hechas ó producidas.

Tambien es otra verdad, que todo lo que es mudable, nos hace formar concepto de que tiene una cierta informidad ó capacidad de formas, que le hace poder recibir no solamente aquella forma que actualmente tiene, sino tambien mudarse y pasar á otras formas.

Es verdad tambien, que aquella naturaleza, que se halla tan íntimamente unida á la naturaleza y sustancia inconmutable, que no obstante ser ella mudable por sí misma, no se muda en virtud de aquella union tan estrecha, no padece ni esperimenta la variedad y sucesion de los tiempos.

Tambien es otra verdad, que aquella informidad ó materia que es un cuasi nada, no puede por sí sola recibir variedad y sucesion de tiempos.

Tambien es verdad, que aquello de que se hace alguna cosa, puede, en cierto modo de hablar, tener desde luego el nombre mismo de aquella cosa, que se hace ó se forma de aquella otra primera; y asi pudo bien llamarse *cielo y tierra* la materia informe, de la cual cielo y tierra fueron hechos.

Tambien es verdad, que de todas las cosas formadas, ninguna hay mas cercana á la materia informe que la *tierra* y el *abismo*.

Tambien es verdad, que Vos, de quien han recibido su ser todas las cosas, no solamente hicisteis todo lo que hay criado y formado, sino tambien lo que hay en ellas criable y formable.

Y finalmente, tambien es verdad, que

todo lo que se forma de lo informe, era informe primero, y despues formado.

CAPÍTULO XIX.

Que las palabras del Génesis: En el principio crió Dios &c., *se pueden entender de varios modos.*

28 De todas estas verdades, que las creen sin duda alguna todos aquellos á quienes Vos habeis concedido, que las vean interiormente con la vista de su alma, y ademas de eso creen firme y constantemente, que vuestro siervo Moises las escribió ilustrado y movido del espíritu de la verdad; adopta una para sí el que dice, que por estas palabras, *en el principio hizo Dios el cielo y la tierra*, se ha de entender, que Dios hizo las criaturas inteligibles ó espirituales, y las sensibles ó corporales, por su Verbo divino que le es coeterno.

Otra de aquellas verdades toma para sí el que afirma, que cuando dice la Escritura: *En el principio crió Dios el cielo y la tierra*, es lo mismo que decir, que

Dios crió por su Verbo divino, que le es coeterno, toda esta grande y abultada máquina del mundo corpóreo, con todas las naturalezas visibles y manifiestas que incluye.

Otra de estas verdades abraza para sí el que dice, que aquellas palabras: *En el principio hizo Dios el cielo y la tierra*, quieren decir que Dios por su Verbo, que le es coeterno, hizo la materia (a) informe de las criaturas espirituales y corpóreas.

(a) Mi P. S. Agustin, diciendo *materia informe de las criaturas espirituales*, no entiende otra cosa sino las mismas sustancias espirituales, consideradas en el estado antecedente á la perfeccion que recibieron por los rayos de la luz eterna, y por el amor que las une al Bien inconmutable: y como esta perfeccion es respecto de su naturaleza espiritual, lo que es la forma respecto de las sustancias corporales, por eso la sustancia espiritual viene á ser como materia respecto de aquella perfeccion. El mismo Santo observa, que la mayor parte de los escritores antiguos se valian de esta palabra *cuerpo*, para significar todo lo que existe, de cualquier naturaleza que ello fuese; pero añade el Santo, "que *aunque no* se debe disputar de las voces,

Otra de ellas escoge para sí el que dice, *que en el principio hizo Dios el cielo y la tierra*, es decir, que Dios en su Verbo, que le es coeterno, hizo la informe y desnuda materia de las criaturas cor-

---

una vez que ya está determinada y admitida su significacion, se debe evitar cuidadosamente la palabra *cuerpo*, cuando se habla de las sustancias espirituales, para no dar motivo á que algunos las confundan con las corporales": *Non quidem admitténda est ista locútio, ne non inveniâmus quómodo loquentes, ea quæ corpórea non sunt, à corpóribus distinguàmus.* Lib. 7. de Gen. ad litt. cap. 21. n. 30. No queriendo pues mi P. S. Agustin dar en el escollo que deseaba evitasen los demas, aqui y en otros muchos lugares de sus obras se vale del término genérico *materia*, que ya en su tiempo se usaba para denotar una sustancia existente, ya fuese corporal, ya espiritual. Y pareciéndole al Santo que aun esa voz *materia* era demasiado fuerte, y no la mas propia para significar sustancias espirituales, la templa y la modera cuanto es posible, ya usando de esta limitacion, *una materia en su genero*, ya de esta, *una como materia*, *llamándola una cierta materia espiritual en su género*, ya finalmente diciendo, *una cierta materia no corpórea.* Lib. cit. cap. 6. y 7.

porales, donde estaban todavía confusos y mezclados entre sí el cielo y la tierra, que ahora estan ya distintos y formados, segun los vemos en esta grande máquina de universo.

Otra de ellas finalmente toma para sí el que dice que las palabras, *en el principio hizo Dios el cielo y la tierra*, significan que en el principio de su obrar y producir hizo Dios lo primero de todo la materia informe, que incluia en sí confusamente al cielo y á la tierra, de donde salieron formados como ahora estan y aparecen, con todas las formas y criaturas que en ellos se contienen.

CAPÍTULO XX.

Las palabras del Génesis: La tierra era invisible &c., *se pueden entender de diversos modos.*

29 También por lo que toca á la inteligencia de las palabras que se siguen á aquellas primeras, entre todas aquellas verdades toma para sí una de ellas el que dice, que estas palabras, *pero la tierra estaba invisible y sin compostura, y las ti-*

nieblas estaban sobre el abismo, quieren decir, que aquella masa corpórea que Dios hizo al principio, era todavía entonces la informe materia de las cosas corporales, sin órden, sin distincion, sin luz.

Otra de aquellas verdades toma para sí el que dice, que las tales palabras, *pero la tierra estaba invisible, y sin compostura ni adorno alguno, y las tinieblas estaban sobre la faz del abismo*, dan á entender que aquel todo que la Escritura llama *cielo y tierra*; era entonces no mas que la informe, invisible y tenebrosa materia, de la cual habia de hacerse el cielo corpóreo, y la tierra tambien abultada y corpórea, con todas las demas cosas que hay en ellos, y que tocamos con los sentidos corporales.

Otra de aquellas verdades escoge para sí el que dice, que las tales palabras, *pero la tierra estaba invisible y sin ornato alguno, y las tinieblas estaban sobre el abismo*, significan que aquel todo que llamó la Escritura *cielo y tierra*, era solamente la informe y tenebrosa materia, de donde habia de hacerse el cielo espiritual ó inteligible (que en otra parte se llama *cielo del cielo*), y la tierra, esto es, todas las criaturas corpóreas, de modo que debajo de este nombre se entienda entre ellas tambien este cielo corpóreo; y es lo mismo que decir, que de aquella materia se habian de hacer todas las criaturas que son espirituales é invisibles, y las que son corpóreas y visibles.

Otra de las mismas verdades adopta y sigue el que dice, que aquellas palabras, *pero la tierra estaba invisible y sin compostura alguna, y las tinieblas estaban sobre el abismo*, no significan que en las palabras antecedentes entendió la Escritura la materia informe, y la llamó con el nombre *de cielo y tierra*: porque ya habia, dirá este, ya habia esa misma informidad y materia, la cual llamó la Escritura *tierra invisible y sin compostura, y tinieblas sobre el abismo*, de la cual dejó dicho, que Dios habia formado el cielo y la tierra, esto es, las criaturas espirituales y corpóreas.

Y finalmente, otra de aquellas verdades escoge y sigue el que dice, que las palabras, *pero la tierra estaba invisible y sin compostura, y las tinieblas estaban sobre el abismo*, denotan que ya habia una materia informe, de la cual habia formado Dios el *cielo y la tierra*, como la escritura habia dicho antes, significando toda esta gran máquina del mundo, distribuida en dos grandes porciones ó partes de él, que son la superior y celestial, y la inferior ó terrena con todas las criaturas que todos usamos y vemos contenidas en el universo.

CAPÍTULO XXI.

No hay repugnancia alguna, en que el libro del Génesis no refiera algunas de las cosas que ha criado Dios.

30 Pero si alguno oponiéndose á las dos últimas sentencias que acabo de proponer, no quisiese admitir que con el nombre de *cielo y tierra* entendió la Escritura la materia informe, puede impugnarlas diciendo: "Luego alguna cosa habia, de la cual hizo Dios el cielo y la tierra, la cual cosa no la habia Dios hecho. Porque la Escritura en ninguna parte dice que Dios hizo esta materia, si no la entendemos significada con el

nombre de *cielo y tierra*, ó con el nombre de *tierra solamente*, cuando dijo": *En el principio crió Dios el cielo y la tierra*; de modo que lo que se sigue, *pero la tierra estaba invisible y sin compostura*, aunque Moises quisiese llamar asi la materia informe, no lo entendemos de otra materia, sino de la misma que hizo Dios, y que se significa en lo que antes dejó escrito, *hizo Dios el cielo y la tierra.*

Pero los defensores de las dichas dos sentencias, ó de alguna de las dos, que propuse las últimas, responderán oidas estas réplicas, diciendo: "No negamos que esta materia informe fue hecha por Dios, que es el que hizo todas las cosas escelentes y buenas. Porque asi como decimos que es un bien mayor aquello que se crió formado ya y perfecto; asi tambien confesamos que es un bien menor aquello que se hizo de modo que fuese capaz de recibir su forma y su perfeccion, lo cual es ciertamente algun bien; pero que la Escritura no hizo mencion de que Dios crió esta informidad ó materia: así como tampoco hizo mencion de otras muchas cosas, como los querubines y serafines, y las otras inteligencias que el Apóstol nombra en particular tronos, dominaciones, principados y potestades, las cuales es constante que las crió Dios." (1).

Y por otra parte, si se dice que en aquella espresion de la sagrada Escritura, *hizo Dios el cielo y la tierra*, estan comprendidas todas las cosas, ¿que hemos de decir de aquellas *aguas sobre que era llevado el Espíritu de Dios?* Porque si queremos suponer que se entienden bajo el nombre de *tierra*, ¿como con ese mismo nombre ha de significarse la materia sin forma, cuando vemos que las aguas tienen una forma tan bella?

Y dado caso que se entienda asi aquella sentencia, ¿por que escribió Moises, que de aquella informe materia hizo Dios el firmamento, y le llamó cielo, y no escribió que fueron hechas las aguas? porque no hemos de decir que todavía se estan invisibles y sin forma alguna, cuando las vemos correr con una forma y hermosura tan bella.

(1) Col. 6. 1. 16.

Y si se pretende sostener que recibieron esta hermosura que hoy tienen cuando Dios dijo: *Júntense en un lugar todas las aguas que hay debajo del firmamento* (1), de modo que el juntarse fuese lo mismo que formarse ó recibir su propia forma, ¿que es lo que se ha decir de las otras aguas que hay sobre el firmamento? Porque si ellas estuvieran sin su propia forma y correspondiente hermosura, no estuvieran en estado de merecer un sitio tan honroso; fuera de que no consta en la Escritura, cuándo ni con qué palabras mandó Dios que se formasen ó recibiesen su forma.

Por lo cual, siendo cierto que el Génesis deja de referir la creacion de algunas cosas, las cuales ciertísimamente las crió Dios, sin que acerca de esto ni la sana y recta fe, ni tampoco la razon permita alguna duda; y no por eso ningun hombre prudentemente docto se atreverá á decir que las tales aguas son coeternas á Dios, por cuanto en el Génesis oimos, sí, hablarse de ellas; pero no hallamos donde

(1) Gen. 1. 9.

se diga que fueron hechas; ¿por que pues no entenderemos, sugetándonos al magisterio y enseñanza de la verdad, que tambien aquella materia informe que llama esta Escritura *tierra invisible y sin compostura, y abismo tenebroso*, fue obra de Dios que la hizo de la nada, y asi no le es coeterna, aunque en esta narracion no se diga donde ni cuando fue hecha?

CAPÍTULO XXII.

Dos géneros de cuestiones que puede haber en la interpretacion de las Escrituras.

31 Oidas pues y consideradas bien todas estas cosas, segun la capacidad de mi limitado entendimiento (cuya cortedad os la confieso á Vos, Dios mio, que lo sabeis muy bien), veo que pueden originarse dos generos de cuestiones ó disputas, cuando unos sugetos veraces refieren alguna cosa por escrito, ó por medio de otros cualesquier signos esteriores: el uno es cuando se mueve disputa acerca del hecho y verdad de las cosas; el otro cuando es la disputa acerca de la vo-

luntad é intencion del mismo que las refiere. Porque del un modo preguntamos cuál sea la verdad acerca de la creacion de las cosas; y del otro inquirimos, qué fue lo que Moises vuestro fiel ministro, quiso en aquellas palabras dar á entender á quien las leyese ú oyese.

En aquel primer género de disputa apártense lejos de mí todos aquellos que juzgan que saben con certeza unas cosas que son enteramente falsas. Y en este otro género, apártense tambien lejos de mí todos los que juzgan que Moises ha dicho unas cosas que son falsas. Pero júnteme yo por vuestra gracia, Dios mio, y deléiteme en Vos con aquellos que se apacientan de vuestra verdad en el anchuroso espacio de la caridad: y asi juntos y unidos lleguemos á leer y contemplar las palabras de vuestro libro, y busquemos en ellas vuestra voluntad por medio de la voluntad é intencion de vuestro siervo Moises, de cuya pluma os valisteis para comunicarnos estas cosas.

CAPÍTULO XXIII.

No se debe afirmar con certeza entre muchos sentidos verdaderos, que este ó aquel determinadamente fue el que Móises intentó.

32 Pero entre tantas esposiciones verdaderas, como se ofrecen á los que reflexionan bien aquellas palabras, ya entendidas de un modo, ya de otro: ¿quien de nosotros halló de tal suerte la voluntad é intencion que tuvo Moises al escribirlas, que se atreva á decir y asegurar que este sentido determinado es el que intentó Moises, y el que quiso se diese á aquella narracion: y esto lo afirme con tanta confianza, como asegurará que es verdadero esto que Moises ha escrito, ya sea en aquel sentido determinado, ya sea en otro muy diverso?

Porque yo mismo, yo siervo vuestro, Dios mio, que os he ofrecido un sacrificio de alabanzas en esta obra, y que os suplico me concedais la gracia de que cumpla y perfeccione mi oferta: yo mismo, que con toda confianza digo y afirmo, que Vos hicisteis todas las cosas visibles con vuestra divina palabra inconmutable: ¿podré acaso decir con la misma confianza, que esto únicamente fue lo que Moises intentó y quiso decir cuando escribió aquellas palabras, *en el principio hizo Dios el cielo y la tierra*? No por cierto, porque no puedo yo ver ni registrar el interior de su alma, para descubrir si fue esto lo que él pensó cuando escribió aquella sentencia; así como en vuestra verdad veo que es cierto aquel sentido é inteligencia que he dicho.

Porque á la verdad, cuando él dijo, *en el principio*, puede ser que su intencion fuese denotar el *principio mismo del obrar*, que es decir, por donde comenzó la creacion. Tambien puede ser que diciendo él *cielo y tierra*, no quisiese dar á entender aqui alguna naturaleza formada ya y perfecta, ni espiritual ni corporal; sino únicamente significar la una y la otra naturaleza comenzada á producir, pero informe todavía. Porque yo bien veo que se puede decir con verdad cualesquiera de estas dos cosas; pero no veo del mismo modo cual de ellas fue la que él pensó, y quiso que entendiesemos por aquellas palabras. Aunque yo no dude que aquel gran varon tuvo presente en su interior la verdad, y la manifestó oportuna y convenientemente cuando dijo aquellas palabras: ya que él tuviese en su pensamiento alguno de aquellos dos sentidos; ya algun otro diverso de los dos, del cual no haya yo hablado.

CAPÍTULO XXIV.

Contra aquellos que desechan temerariamente el modo que otros tienen de interpretar la Escritura.

Nadie me moleste ya diciéndome: *No sintió Moises ni pensó lo que tú dices; que pensó lo que yo digo.* Pero si alguno me preguntara: *¿De donde sabes tú que el pensamiento de Moises fue ese mismo sentido é inteligencia que das á sus palabras?* yo deberia escuchar su pregunta con tranquilidad de ánimo, y acaso le responderia lo que mas arriba tengo respondido, y con mayor estension, si lo requeria su dureza ó terquedad.

Pero cuando se me dice: *Lo que Moises pensó no es eso que tú dices, sino lo que yo digo*; y por otra parte no se niega que sea verdadero lo que decimos el uno y el otro, ¡oh Dios mio! que sois vida de los necesitados, Vos, Señor, en cuyo seno no halla abrigo el espíritu de contradiccion y contencioso, dignaos de derramar sobre mi corazon una lluvia copiosa de paciencia con que pueda sufrir pacíficamente á tales hombres: que no me dicen esto porque ellos sean profetas iluminados, y que hayan penetrado el espíritu ó alma de vuestro siervo Moises, y visto en ella lo que dicen y afirman; ni porque han llegado á penetrar la sentencia de Moises, sino porque aman la suya propia; y esto no porque ella sea verdadera, sino porque es suya. Pues si esto no fuera asi, tambien amarian cualquiera otra que igualmente fuese verdadera; asi como amo yo lo que ellos dicen cuando dicen verdad, aunque no lo ame por ser dicho y sentencia de ellos, sino por ser verdad, y una vez que es verdad, ya no es propiamente de ellos.

Pero si aman lo que dicen porque ello es verdadero, ya no es de ellos solamente, sino que tambien es mio, porque asi pertenece al comun de todos los que aman la verdad. Pero que ellos se empeñen en sostener que Moises no sintió lo que yo digo, sino lo que ellos dicen, no lo quiero ni lo amo; porque aunque ello sea asi, no obstante el afirmarlo es una temeridad que no nace de su ciencia, sino de su audacia; no es parto de su conocimiento, sino de su soberbia, vanidad y orgullo.

Por eso, Señor, son tremendos vuestros juicios, porque vuestra verdad ni es mia, ni de este, ni de aquel, sino de todos nosotros, á los que públicamente llamais para que todos participemos de ella, amenazándonos terriblemente con que nos veremos privados de la verdad, si la queremos tener esclusivamente cada uno para sí. Porque cualquiera que se apropia á sí lo que Vos habeis propuesto y franqueado para que lo gocen todos, y quiere que sea suyo solamente lo que es de todos, este tal queda escluido de aquel bien comun de todos, que es la verdad, y arrojado á lo que es particular y propio de él, que es la mentira, pues como dice San Juan : *De suyo habla todo el que habla mentira* (1).

34 Vos, perfectísimo juez, Dios mio, que sois las misma verdad, dignaos de atender á lo que voy á decir á mi contrario. Atended, Señor, pues hablo en vuestra presencia, y en la de mis hermanos que legítimamente usan de vuestra ley en toda la estension que tiene la caridad. Atended, Señor, y ved lo que le digo, si es de vuestro agrado (2); porque á este tal que me contradice, le voy á dar esta respuesta fraternal y pacífica.

Si los dos vemos, que lo que tú dices es verdad, y los dos vemos que lo que yo digo es verdad tambien, ¿en donde es, pregunto, donde lo vemos el uno y el otro? Porque ni yo lo puedo ver en ti, ni tú lo puedes ver en mí, sino que entrambos lo vemos en la misma verdad inconmutable, que está sobre la mente del uno y del otro. Pues una vez que discordamos acerca de la ilustracion que nos comunica nuestro Dios y Señor, ¿para que disputamos y hemos de tener contienda acer-

(1) Joan. 8. 44. (2) 1. Tim. 1. 5. 8.

ca de lo que pensó nuestro prógimo, cuyo interior pensamiento no podemos alcanzar á verle, asi como vemos la verdad inconmutable? pues aun cuando el mismo Moises se nos apareciese á entrambos, y digese, *este fue mi pensamiento*, ni aun asi podriamos penetrar su interior, y ver alli su pensamiento mismo, sino que únicamente creeriamos lo que nos decia.

Asi no hay para qué engreirse el uno contra el otro (1) sobre la inteligencia de lo que escribió algun otro, y por alcanzar y entender mas de lo que está escrito. Amemos á nuestro Dios y Señor con todo el corazon, con toda el alma y con toda nuestra mente, y á nuestro prógimo como á nosotros mismos (2). A cuyos dos preceptos de la caridad ordenó Moises todo cuanto pensó y dejó escrito en aquellos libros, y si no lo creyeramos asi, tendriamos á Dios por mentiroso, juzgando que el ánimo de Moises fue diverso del que Dios dice que tuvo. Mira pues cuan grande locura sea afirmar temerariamente, entre tanta muchedumbre de

(1) 1. Cor. 4. 6. (3) Deut. 6. 5.

sentencias verdaderas como puede deducirse de aquellas palabras, cuál sea precisamente la que Moises intentó manifestar, y para esto valerse de perniciosas disputas y contiendas que vulneran la caridad, por causa de la cual dijo Moises todo aquello, cuyos dichos procuramos entender é interpretar.

CAPÍTULO XXV.

Qué lenguage corresponda á la sagrada Escritura.

35 Por lo que á mí toca, Dios mio, que dais exaltacion á mi bageza, descanso á mis trabajos, que ois mis confesiones y perdonais mis pecados, por cuanto me mandais que ame á mi prógimo como á mí mismo, creo firmemente que vuestro fidelísimo siervo Moises no fue menos favorecido de Vos, que lo que yo hubiera querido y deseado ser, si hubiera nacido cuando Moises, y me hubierais puesto en su lugar, sirviéndoos de mi espíritu, de mi lengua y pluma para escribir y publicar aquellos sagrados libros,

que tanto tiempo despues habian de aprovechar á todas las naciones, y que habian de tener por todo el mundo tan grande autoridad, que sobrepujasen á todas las palabras y razonamientos especiosos de todas las doctrinas y sectas tan soberbias como falsas.

Porque yo querria entonces, supuesto que me hubierais criado en lugar de Moises (pues todos descendemos de una misma masa, y nada mas es el hombre que lo que Vos quereis que sea con solo acordaros de él)(1); querria pues entonces, si hubiera sido lo que él, y me hubierais encargado que escribiese el libro del Génesis, que me hubieseis concedido tal destreza y habilidad en esplicarme, y tal modo de disponer mi razonamiento, que aquellos que todavía no pueden entender como cria Dios, no rehusasen mis palabras por superiores á sus fuerzas y capacidad; y aquellos que ya pueden entender la creacion, hallasen que cualquier pensamiento verdadero, en que hubiesen venido á dar para esplicarla, no dejaba

(1) Psalm. 8. 6.

de tocarse y estar insinuado en las pocas palabras de vuestro siervo; y si algun otro descubria en la luz de la verdad un nuevo pensamiento y modo de entender la creacion, tampoco ese dejase de estar incluido en las mismas palabras.

CAPÍTULO XXVI.

Que es conveniente el estilo sencillo y llano de la sagrada Escritura.

36 Porque asi como una fuente ó manantial en el poco terreno que ocupa es mas abundante, y surte de aguas á mayor número de arroyuelos que las derraman por muchos lugares anchos y espaciosos, que cada uno de los mismos arroyos que van esparciendo las aguas por los dichos diferentes sitios, dimanando todas ellas de una misma fuente: asi la narracion que hace vuestro historiador, que ha de aprovechar á muchos que hablen y traten de ella, en pequeño número de palabras mana copiosos raudales de líquida verdad, de donde cada uno toma para sí lo que puede hallar verdadero

acerca de aquellas cosas de que trata, y uno toma y escoge esta verdad determinada; y el otro escoge aquella, estrayéndolas todas de una misma fuente con mas estension de términos y dilatados rodeos de palabras.

Porque algunos cuando leen ú oyen leer las referidas palabras del principio del Génesis, imaginan á Dios al modo de un hombre, ó á manera de un cuerpo de una potestad y actividad inmensa, que por una nueva y repentina voluntad que tuvo, hizo fuera de sí mismo y como en lugares separados y distantes de él y entre sí, esos dos grandes cuerpos cielo y tierra, el uno allá arriba, y el otro acá bajo, en los cuales se comprendiesen todas las cosas. Y cuando oyen aquellas otras palabras: *dijo Dios, hágase tal cosa, y la tal cosa al instante fue hecha*, se les figura que aquellas palabras se pronunciaron de modo que comenzasen y acabasen, y que habiendo sonado sucesivamente y por algun tiempo, pasaron y cesaron, y que despues de haber pasado, al instante existia aquello que Dios habia mandado que existiese; y si piensan de la creacion de alguna otra cosa, á este modo es como la conciben é imaginan, por la costumbre que tienen de pensarlo todo asi materialmente. Estos pueden compararse á los pequeños y tiernos animalillos, que por sus pocas fuerzas los lleva su madre como en brazos y en el seno, pues tambien á estos como flacos y débiles todavía los recibe y sostiene la Escritura con aquel género llanísimo de palabras, que es como el seno de una buena madre, y en ellos se imprime y graba provechosamente el dogma de fe, con la cual creen y tienen por cierto, y defienden firmemente que Dios hizo todas estas naturalezas y especies de criaturas, cuya admirable y hermosa variedad se presenta á sus sentidos por todas partes. Y si alguno de ellos como despreciando la humildad y llaneza de aquel estilo, y movido de su soberbia flaqueza, saltase y se echase fuera de aquel lenguage humilde, que es como el seno y cuna donde se iba su fe nutriendo y fortificando, caerá infeliz y miserablemente en el suelo. Tened Vos, Señor, misericordia de él, para que siendo este tal como un pajarillo nuevo, que sin alas ni plumas se cayó del nido, no le pisen los pasageros, sino enviad uno de vuestros ángeles que vuelva á colocarle en su nido, para que viva seguro en él hasta que esté en estado de poder volar.

CAPÍTULO XXVII.

Que la Escritura se entiende de diversos modos por los mismos que estan versados en ella.

37 Otros hay, para los cuales las referidas palabras de Moises no son ya como el nido en que ellos se van criando y fortaleciendo, sino como un vergel lleno de árboles fructíferos y opacos, donde ellos ven el fruto cubierto y escondido entre las hojas, y vuelan por aquella amenidad alegres, cantan y gorgean mientras descubren el fruto, y descubierto le cogen.

Desde luego, Dios mio, cuando leen ú oyen las primeras palabras de Moises, ven ellos que vuestra eternidad estable y permanente es infinitamente superior á todos los tiempos pasados y futuros.

Ven no obstante eso, que no hay criatura alguna temporal que no la hayais criado Vos.

Ven que por ser vuestra voluntad lo mismo que vuestro ser, hicisteis Vos todas las cosas, sin mutacion alguna de vuestra voluntad, y sin que para ello tuvieseis una voluntad nueva, que antes no hubieseis tenido.

Ven que no las criasteis de vuestra propia sustancia, ni produciendo una semejanza vuestra, que fuese forma de todas las criaturas, sino que las criasteis de la nada, haciendo desde luego una desemejanza informe, ó informidad que á nada era semejante, que se formase despues ó recibiese su forma por vuestra semejanza: volviendo á Vos, que sois eternamente uno, todo cuanto á cada una de las cosas respectivamente en su género les fue dado, segun la capacidad que Vos mismo ordenasteis que cada una tuviese y observase; y asi se hiciesen todas *en sumo grado buenas*, ya sean aquellas criaturas que son permanentes porque estan unidas á Vos, ya sean las que estan distantes de

Vos, segun los mas ó menos grados que tienen de perfeccion y bondad, conforme á los cuales hacen ó padecen las hermosas variaciones y diferencias de tiempos y lugares, de que consta la armoniosa máquina del universo.

Ven ellos todo esto, y se llenan de gozo por este conocimiento y noticia que tienen ilustrados con la luz de vuestra verdad, cuanto les es posible participarla aqui abajo, á proporcion de su corta y limitada capacidad.

38 Algun otro repara en las palabras de Moises, *en el principio hizo Dios*, y ve en ellas, que *el principio* es la sabiduría misma que nos habla y dice todo esto.

Algun otro tambien ve las mismas palabras, y entiende por *principio* el exordio de las cosas criadas, esto es, por donde se comenzo la creacion de las cosas; y asi estas palabras: *en el principio hizo*, las toma como si se digera, *lo primero que Dios hizo, ó primeramente hizo Dios.*

Y entre los mismos que por la palabra *principio* entienden la sabiduría con que hicisteis el cielo y la tierra, alguno de ellos juzga, que las palabras *cielo y tierra* denotan solamente la materia de que habia de hacerse el cielo y la tierra; otro juzga que denotan las naturalezas y sustancias de todas las cosas ya formadas y perfectas; y otro cree que con el nombre de *cielo* se significa una naturaleza ya formada y perfecta, y que es la naturaleza espiritual, y que con el nombre de *tierra* se significa la otra naturaleza de materia corporal, pero informe todavía.

Aun aquellos mismos que en los nombres de *cielo y tierra* entienden que está significada solamente la materia informe, de donde se habian de formar los cielos y la tierra, aun estos no lo entienden esto de un mismo modo; sino que unos dicen que de esta materia habia de formarse y perfeccionarse, no solamente la naturaleza corpórea y sensible, sino tambien la espiritual é inteligible; y otros son de parecer que dicha materia solamente habia de servir á la formacion de esta gran máquina corporal, que contiene en su vastísimo seno todas las especies de cosas que nos son tan claras, manifiestas y patentes á nuestros sentidos.

Ni tampoco aquellos que creen haberse dado en este lugar el nombre de *cielo y tierra* á las cosas ya formadas y puestas en órden, entienden y esplican esto de un mismo modo, sino que unos de ellos quieren que eso se estienda á todas las criaturas visibles é invisibles; otros lo restringen á solas las criaturas visibles, en que se comprende ese cielo que vemos lucido y resplandeciente, y esta tierra oscura de suyo, y todo lo que se contiene en uno y otro.

CAPÍTULO XXVIII.

De cuantos modos pueda decirse que una cosa es primero que otra.

39 Mas los que entienden aquellas palabras, *en el principio hizo*, como si hubiera dicho Moises, *lo primero que Dios hizo*, no tienen otro modo de entender con verdad *el cielo y la tierra*, sino entendiendo en estas palabras la materia del *cielo y de la tierra*: que es decir, de

todas las criaturas inteligibles y corpóreas. Porque si por *cielo y tierra* quisieren entender el universo formado ya y perfecto con todas sus criaturas, se les puede justamente preguntar: *Si esto fue lo primero que hizo Dios, ¿que fue lo que hizo despues?* Y no hallarán que responder; porque despues de hecho todo, nada resta que hacer; y asi contra su voluntad tendrán que oir que les reconvienen diciendo: *¿como pudo ser aquello lo primero, si despues nada se hizo?* Pero si ellos digeran que primeramente hizo Dios la materia sin forma alguna, y que despues la dió su forma, no seria absurdo este modo de pensar, como ellos tengan bastante capacidad para discernir entre la precedencia de *eternidad* y precedencia de *tiempo*, y entre la prioridad ó precedencia de *eleccion* y precedencia ó prioridad de *origen*. Asi Dios precede á todas las cosas con precedencia de *eternidad*, la flor precede al fruto con precedencia de *tiempo*, el fruto á la flor con precedencia de *eleccion*, y el sonido al canto con precedencia de *origen*.

De estas cuatro suertes de prioridades

la primera y última se comprenden con mucha dificultad; pero las otras dos de en medio se entienden muy facilmente. Porque es muy raro y muy dificultoso llegar, Señor, el entendimiento humano á conocer bien vuestra eternidad, que inmutablemente hace todas estas cosas que son mudables, y consiguientemente las precede á todas. Y por otra parte, ¿quien es el que tiene tan aguda y perspicaz la vista de su entendimiento, que sin mucho trabajo pueda llegar á entender, cómo el sonido sea primero que el canto? no mas de porque el canto es un sonido ya formado: y puede muy bien existir ó ser una cosa que aun no está formada; pero no puede formarse ó recibir su forma, una cosa que no es.

Así es la prioridad que tiene la materia respecto de todo aquello que de ella se hace. Porque ella no es primero ó no precede como causa eficiente, porque ella no hace, antes bien es hecha; ni es primero con precedencia ó prioridad de tiempo, pues no proferimos antes los sonidos informes, y despues en otro tiempo los formamos y acomodamos á la forma del cántico, ó los preparamos como las tablas de que se ha de hacer despues una arca, ó como la plata para hacer despues un vaso. Porque estas materias es constante que preceden tambien con prioridad de tiempo á las cosas que de ellas se forman y fabrican. Pero en el canto no sucede así. Porque cuando se canta, se oye el sonido del canto; y no suena al principio sin forma, y despues suena ya formado en canto. Porque de cualquier modo que sea el sonido, luego que sonó ó comenzó á sonar, pasa y desaparece; de modo que nada de él hallarás que poder coger otra vez para componerlo y formarlo: por lo cual es cierto que el cántico está envuelto en su sonido, y este mismo sonido es la materia del cántico.

Este mismo sonido se forma para que sea cántico: y por eso, como antes decia, es primero la materia del sonar, que la forma del cantar; no con la prioridad y precedencia que tiene la potencia eficiente respecto de la obra que hace, (porque el sonido no es la potencia que canta, ni la causa eficiente del cántico) sino que es la materia de que el alma forma el canto, mediante el cuerpo del que canta. Ni el sonido precede al canto con prioridad de tiempo, pues á un mismo tiempo se hace el uno y el otro; ni tampoco es primero en la eleccion, pues bien lejos de que el sonido sea mejor y mas principal que el cántico, éste es mejor que el sonido, porque el cántico no solamente es sonido, sino sonido harmonioso.

Y asi la prioridad que le corresponde es la que se llama *de orígen*: porque no se forma el cántico para que exista el sonido, sino que el sonido es el que se forma, para que el cántico exista.

Con este egemplo entenderá el que pudiere, como la materia fue primeramente hecha, y llamada *cielo y tierra*, porque de ella se habian de formar la tierra y el cielo; y que no fue hecha primeramente con prioridad ó precedencia de tiempo (a); porque las formas de las

(a) Este lugar, en que dice San Agustin que la materia no fue hecha de modo que precediese con precedencia ó prioridad de tiempo á todas las cosas, sirve muy bien, como

cosas son las que precisamente muestran los tiempos; y aquella materia (estaba sin forma alguna, aunque despues formada se conoce juntamente con los tiempos. Ni se puede tratar de ella sola, sin atribuirla una precedencia que parece prioridad de tiempo, por lo mismo que se juzga la última de todas las cosas: pues no puede dudarse que mejores son las cosas ya formadas, que las informes; y es precedida de la eternidad del criador, que la hizo de la nada, para que hubiese de donde hacer algo.

CAPÍTULO XXIX.

Que los que tratan de la Escritura, aunque lleven diversas sentencias, deben unirse en la caridad y en el deseo de acertar con la verdad.

40 En esta diversidad de sentencias, que todas son verdaderas, produzca

---

previene M. *Dubois*, para esplicar otros lugares del Santo en estos últimos libros en que habla de la materia, como si por algun tiempo hubiera estado sin alguna forma.

la verdad misma la concordia; y nuestro Dios y Señor tenga misericordia de nosotros, y nos conceda que usemos de su ley como ella misma pide, ordenándolo todo á una caridad pura y sincera, que es el fin de toda su santa ley (1).

Por lo cual, si alguno me pregunta cuál de todas estas sentencias sea la que vuestro siervo Moises intentó manifestar, no serian estos libros que os consagro, verdaderamente libros de mis confesiones que hago en presencia vuestra, si hablando con Vos no confesara llanamente *no lo sé*; aunque sé que todas aquellas sentencias son verdaderas, exceptuadas aquellas que han inventado los hombres, gobernados solamente por el informe de los sentidos: de las cuales ya he dicho lo que me ha parecido conveniente. No obstante, á estos mismos los contemplamos como unos párvulos todavía que dan buenas esperanzas, pues no los aterran las palabras de vuestras divinas Escrituras, que son palabras sublimes con humildad, y breves con abundancia.

(1) 1. Tim. 1. 5.

Todos pues los que en las dichas palabras han descubierto y dicho la verdad como se lo confieso, amémonos mutuamente unos á otros, y todos juntos amemos á Vos, Dios nuestro, que sois la fuente de toda verdad, si es que nuestra sed anhela por la verdad, y no por la vanidad.

Y al mismo siervo vuestro, de quien Vos, Señor, os servisteis para que nos comunicase vuestra Escritura, y le llenasteis de vuestro divino espíritu, debemos venerarle y honrarle de tal modo, que creamos que cuando él escribió estas cosas que Vos le revelabais, tenia puesta la mira y atencion en aquella sentencia que es mas aventajada y escelente, ya por la luz de la verdad, ya por el mayor provecho y utilidad.

CAPÍTULO XXX.

Cómo debe juzgarse que Moises sintió todo lo que en sus palabras se encuentra de verdad.

41 Asi, cuando oigo decir á alguno, *Moises sintió esto mismo que yo siento*; y que otro dice, *y antes bien lo que Moises sintió, es esto que yo propongo*; me parece que mas piadosamente hablaré yo, diciendo, *¿pues por que no sentiria Moises lo uno y lo otro, si uno y otro es verdadero*? Y si hay otra tercera sentencia, ú otra cuarta, ú otras mas sentencias que alguno ha descubierto conformes á la verdad en las tales palabras, ¿por que no se ha de creer que todas ellas las vió y atendió Moises, cuya mano gobernaba solo Dios, haciendo que de tal modo templase sus palabras, que diversos entendimientos descubriesen en ellas diversos sentidos, y todos verdaderos?

Yo ciertamente, sin temor alguno me atrevo á decir, (y lo digo muy de corazon), que si yo escribiera para que mis escritos tuvieran la más elevada y suprema autoridad, mas quisiera escribir de suerte que mis palabras significaran todo cuanto pudiera cada uno hallar de verdad en estas cosas, que significando solamente una sentencia tan clara y patentemente, que escluyese todas las demas, cuya falsedad no pudiese perjudicarme.

Y así, Dios mio, no quiero ser tan temerario, que no crea haber Moises merecido para con Vos este escelentísimo modo de escribir. Por lo cual tengo por cierto que en sus palabras espresó él y pensó al tiempo de escribirlas, todas cuantas verdades he podido descubrir aquí, y todas cuantas no he podido, ó no puedo todavía, pero pueden hallarse y descubrirse en sus palabras.

CAPÍTULO XXXI.

Que los sentidos verdaderos de la Escritura son revelados por el Espíritu Santo.

42 Ultimamente, Señor, que sois Dios, y no carne y sangre como nosótros, dado caso que aquel gran hombre no vie-

se á un tiempo todos estos sentidos é inteligencias de sus palabras; ¿por ventura tambien á vuestro espíritu, que es el que me guia y ha de conducir á Vos por el camino de la rectitud, podia ocultársele nada de cuanto Vos mismo habiais de descubrir en vuestras palabras á los que las leyesen en adelante; aun supuesto que Moises al tiempo de escribirlas no tuviese en su pensamiento mas que una de tantas sentencias verdaderas como contienen sus palabras? Pues siendo esto así, supongamos que la que él tenia en su pensamiento, sea la mas escelente y sublime entre todas: y Vos, Señor, dignaos de darnos á entender esa misma inteligencia, ó alguna otra de ellas, la que fuese de vuestro agrado, á fin de que en todo caso, ya nos manifesteis la misma inteligencia que á vuestro siervo Moises, ya alguna otra verdadera incluida en sus mismas palabras, Vos seais el que nos alimenteis con vuestra verdad, y no sea el error quien nos engañe y nos burle.

Hé aquí, Señor Dios mio, ¡cuantas cosas llevo ya aquí escritas, mirad os ruego, cuántas acerca de tan poquísimas palabras vuestras! ¿Pues qué fuerzas y facultades son las mias, ni qué tiempo seria bastante para ir esponiendo y esplicando á este modo todos vuestros libros? Permitidme pues que yo os alabe en ellos mas sucinta y compendiosamente: y que entre muchos sentidos verdaderos que se me ofrezcan para inteligencia de vuestras palabras (pues ciertamente son muchos los que pueden ofrecerse), acierte yo á elegir alguno de ellos, el que Vos me inspireis, que desde luego será verdadero, cierto y provechoso. Todo lo cual deseo se cumpla con tal fidelidad y sinceridad de mi confesion, que si llegare á decir lo mismo que sintió aquel vuestro fiel ministro, recta y escelentemente pensaria yo, porque eso es á lo que debo aspirar; pero si no llegare á conseguir tanto como esto, logre á lo menos decir lo que vuestra verdad quiera dictarme y enseñarme por medio de sus palabras, asi como ella misma fue la que á él le dictó lo que quiso que él digera.

Se confiesa agradecido á los beneficios que Dios le habia hecho: le suplica que habite de asiento en su alma, y le comunique luz para entender las primeras cláusulas del Génesis. Descubre alli al Padre, al Hijo, y al Espíritu Santo: y en nuestra alma una imagen de este misterio. Halla en la historia de la creacion insinuado el establecimiento de la Iglesia, y los medios de que Dios se valió para fundarla, estenderla, y perfeccionarla.

CAPÍTULO PRIMERO.

Invoca á Dios, de quien se reconoce favorecido.

1 Yo os invoco, Dios mio, fuente inagotable de misericordias, que las habeis usado conmigo habiéndome criado, y no olvidándoos de mí, aun cuando yo os olvidaba. Yo os invoco para que vengais á mi alma: á la cual para que pue-

da recibiros y hospedaros, Vos mismo la preparais y disponeis con este buen deseo, que Vos mismo la inspirais. No desampareis á quien os invoca ahora, pues Vos me prevenisteis para que os invocara, y persististeis multiplicando voces y llamamientos de muchos modos, para que oyese desde lejos vuestra voz, y me volviese y os invocase á Vos, que me llamabais á mí.

Porque Vos, Señor, borrasteis todos mis méritos malos, para no veros en la precision de darme el castigo correspondiente á mis obras, con que me habia apartado de Vos; y me prevenisteis y anticipadamente dispusisteis todos mis méritos buenos, para que tuvieseis buenas obras que premiar en mí, que deben atribuirse á vuestras manos, con las cuales me disteis tambien el ser que es dimanado de Vos, que tambien erais antes que yo fuese. Ni aun siquiera tenia un ser en que mereciese que Vos me dieseis el ser perfectamente; y no obstante, he aqui que ya existo por vuestra infinita bondad; que no solo me prevenisteis en cuanto á todo el ser que me disteis, y todo cuanro me hicisteis, sino en cuanto á la materia de que me hicisteis. Porque ni entonces tuvisteis necesidad de mí, ni yo soy tal bien que pueda ayudaros á obra alguna, mi Señor y mi Dios; ni para serviros de tal suerte, que os alivie yo alguna fatiga en vuestras obras, ni de tal modo que pareciese menor vuestro poder, si le faltara mi obsequio; ni tampoco de modo que si os faltara mi culto, fuerais Vos como la tierra, que en faltándola el cultivo, es inculta; sino únicamente para que os sirva y os dé culto, de modo que de Vos me venga á mí la felicidad, como tambien de Vos he recibido el ser capaz de recibir esa felicidad.

CAPÍTULO II.

Que las criaturas subsisten por la bondad de Dios, y por la misma se perfeccionan.

2 Porque la existencia de vuestras criaturas se debe únicamente á la abundancia y plenitud de vuestra bondad que las crió, para que no dejase de haber

un bien que podia provenir de Vos, aunque de nada os aprovechase, y que dimanando de Vos, no fuese igual á Vos.

Porque á la verdad, ¿que méritos tenian para con Vos *el cielo y la tierra* que hicisteis en el principio?

Que nos digan las espirituales y corporales criaturas que Vos hicisteis en vuestra sabiduría, por donde pudieron ellas merecer aquel su ser incoado é informe, respectivamente cada una en su género, ó espiritual ó corporal, en que unas y otras por su naturaleza caminaban á la inmoderacion ó á una desemejanza distantísima de vuestro ser; no obstante que lo espiritual, aunque informe, fuese mejor que lo corpóreo formado, y tambien lo corporal sin forma fuese mejor que lo que de todo punto es nada; pero lo uno y lo otro hubiera estado imperfecto, si vuestro divino Verbo, en quien aun asi estaban, no los hubiera conformado á vuestra unidad, dándoles respectivamente sus formas, con que llegaran á ser todas juntas buenas en sumo grado, recibiendo toda su bondad de Vos que sois el único y solo bien sumo.

¿Por donde, y como pudieron ellas llegar á merecer el ser siquiera informes, cuando ni aun eso podian ser, sino recibiéndolo de Vos?

3 ¿Qué méritos tenia para con Vos la materia corporal, para conseguir el ser á lo menos invisible é informe? porque ni aun esto lo fuera, si Vos no la hubierais hecho: y por tanto no podia ella merecer de Vos el ser, pues no tenia antes ser alguno.

¿Ni que méritos tenia hechos para con Vos la naturaleza espiritual, para que siquiera tuviese aquel principio de su ser fluctuante y tenebroso, por el cual era semejante al abismo, y desemejante á Vos; si el mismo divino Verbo no la convirtiera al mismo que la habia dado el ser, para que iluminada por su mismo autor, se hiciese luz, que sin ser igual á Vos, fuese conforme al perfecto modelo que es igual á Vos?

Porque asi como respecto del cuerpo no es lo mismo el ser, que el ser hermoso, pues de otra suerte no podria nunca ser feo: asi tambien respecto del espíritu criado, no es lo mismo el vivir, que el vivir recta y sabiamente, pues de otra suerte siempre inconmutablemente obraria sabia y rectamente. Pero su bien consiste en estar unida á Vos (1), para que la luz que ha adquirido mediante su conversion, no la pierda con su aversion, y vuelva á caer en aquella vida que la hacia semejante al tenebroso abismo.

Porque tambien de nosotros, que segun el alma somos espirituales, mientras estuvimos aversos y separados de Vos, que sois nuestra luz, se verificó que en aquella vida *fuimos alguna vez tinieblas* (2): y todavía estamos trabajando contra las reliquias de aquella oscuridad nuestra, hasta que por vuestro Unigénito, *que se hizo nuestra justicia*, seamos tan elevados como aquellos montes, de quienes dice la Escritura, que son (a) *montañas divinas* (3), ya que

(1) Psalm. 72. 27. (2) Ephes. 1. 8.
(3) Psalm. 35. 7.
(a) Aqui usa el Santo Doctor una antítesi, que debe advertirse para entender bien la sentencia, pues opone el Santo la *profundidad* del abismo á que el pecado nos habia precipitado, á la *suma altura* de las montañas divinas á que nos eleva la gracia de Jesucristo.

antes por vuestros juicios fuimos como el profundo abismo.

CAPÍTULO III.

De la creacion y perfeccion de la naturaleza angélica, entendida en las palabras, hágase la luz, y fue hecha la luz.

4 Lo que Vos, Señor, digisteis en la produccion de las primeras criaturas, esto es, aquellas palabras, *hágase la luz, y fue hecha la luz*, lo entiendo de la criatura espiritual con bastante fundamento y congruencia, porque ella era ya alguna entidad viviente, y capaz de recibir vuestra iluminacion. Pero asi como ántes no habia merecido que la hicieseis tal criatura, que tuviese capacidad para ser iluminada, asi tampoco despues que ya existia, mereció que de hecho la iluminarais.

Porque aquel primer estado de su ser informe no os agradaría, si no (a) se hubiera hecho luz; no en virtud de su ser y existencia, sino contemplando la sobe-

(a) Véase el cap. x. de este mismo libro.

rata luz que la ilustra, y uniéndose firmemente á ella, para que de este modo no solamente deba á vuestra gracia aquel primer ser y vida, sino tambien su ser perfecto y vida bienaventurada: convirtiéndose por una mejor mudanza hácia aquel bien que no puede mudarse, ni á ser mejor, ni á ser peor ó menos bueno; el cual bien solo sois Vos, porque solamente Vos sois el que absolutamente tiene ser, respecto de quien la vida bienaventurada es lo mismo que la vida, porque Vos mismo sois vuestra bienaventuranza.

CAPÍTULO IV.

Dios, sin necesitar de sus criaturas, las produjo por su bondad, y las perfeccionó para que le agradaran.

5 ¿Pues que os faltaria á Vos del bien sumo, que sois para Vos mismo, dado caso que todas estas criaturas ó de ningun modo existieran, ó se hubieran quedado informes? porque Vos no las hicisteis por necesitar de ellas, sino por un efecto de la plenitud y superabundancia de

vuestra bondad: por la cual tambien contuvisteis y disteis firmeza á su ser, convirtiéndole y reduciéndole á su perfeccion y forma; pero no porque de todas las criaturas hubiese de añadirse alguna perfeccion á vuestro gozo; sino que como Vos sois tan sumamente perfecto, no os agradaba la imperfeccion de aquellas criaturas, y asi de Vos recibiesen tambien su perfeccion, y con ella os agradasen; pero no os desagradaba su imperfeccion, como si Vos fuerais imperfecto, que con su perfeccion hubierais de ser perfeccionado.

Por lo cual dice la Escritura, que vuestro *espíritu era llevado sobre las aguas* (1): no le llevaban las aguas como si descansara en ellas; porque antes bien á aquellos en quienes se dice que descansa vuestro divino Espíritu, él mismo les sirve á ellos de descanso (2); sino que vuestra voluntad incorruptible é inconmutable, y que se basta á sí misma, de un modo muy superior era llevada sobre aquella viviente criatura que Vos habiais hecho, respecto de la cual no es lo mismo la vida, que

(1) Gen. 1. 2. (2) Isai. 1. 2.

la vida bienaventurada, pues aun cuando flotaba inquieta en su oscuridad (a), tenia ciertamente vida; y solo la faltaba convertirse ó volverse hácia aquel que la habia producido, y vivir mas y mas adherida á la fuente inagotable de la vida; y con la luz que de allí se le comúnica, ver la divina luz, y con ella perfeccionarse, ilustrarse y beatificarse.

CAPÍTULO V.

El misterio de la Trinidad, que es Dios, se descubre en las primeras palabras del Génesis.

6 He aqui, Dios mio, donde como en enigma se me representa vuestra Trinidad santísima: porque aqui os veo, Padre todo poderoso, criando *el cielo y la tierra* en el *principio* de nuestra sabiduría, el cual es la misma sabiduría vuestra, na-

(a) El contesto del Santo pide esta traduccion, y no la que hace Mr. J. M. diciendo: *Elles jouissoyent déja d'une vie flottant et ténebreuse.*

cida de Vos, igual y coeterna á Vos, y que es vuestro Hijo.

Tambien he dicho ya muchas cosas (*a*) acerca del *cielo y de la tierra invisible y sin forma ni compostura*, *tambien del abismo cubierto de tinieblas*, en órden á la defectibilidad de la naturaleza espiritual en el estado de su primer ser informe, si no se hubiera convertido hácia aquel que la habia criado y comunicado la tal cual vida que por entonces era; y asi participando de su luz se hiciese hermosa vida, y fuese *cielo* de aquel *cielo*, que despues se hizo entre unas y otras aguas: en lo cual ya tenia yo al *Padre* que hizo todas estas cosas, entendiéndole en la palabra *Dios*, y tenia tambien al *Hijo* en que las hizo, entendiéndole yo en la palabra *principio*.

Mas como el Dios en quien creo es Trinidad, lo mismo que creia, lo andaba buscando en sus mismas palabras santas, y leo, *y el Espiritu divino era llevado sobre las aguas*. Y ve aqui os hallo á Vos, Dios mio, Trinidad, Padre, Hijo y Espíritu Santo, criador de todas las criaturas.

(a) En los primeros capítulos del libro XII.

CAPÍTULO VI.

Por qué se dice en el Génesis, que el Espíritu Santo era llevado sobre las aguas.

7 ¡O luz, que solo iluminas enseñando la verdad! á Vos acerco mi corazon para que me la enseñeis, y disipando todas sus tinieblas, me digais claramente, como os lo suplico por vuestra infinita caridad, madre de todos los fieles (a), ¿que razon y causa tuvo Moises, para que despues de haber nombrado *al cielo y á la tierra invisible y sin compostura*, y *á las tinieblas estendidas sobre el abismo*, entonces nombrase á vuestro divino Espíritu? ¿Acaso fue porque era conveniente insinuarle de modo que se nos digese que era *sobrellevado*; y esto no se diria bien, si antes no se hacia alguna conmemoracion de aquello sobre lo cual pudiesemos

(a) *Obsecro te, per matrem charitatem*: porque la infusion del espíritu de caridad es la que nos hace fieles: y asi puede la caridad tener el nombre de madre de los fieles.

entender que era llevado vuestro divino Espíritu? Porque en efecto no era llevado sobre el Padre, ni sobre el Hijo, ni tampoco se diria con propiedad que era *sobrellevado*, si no fuera llevado sobre alguna cosa. Con que primeramente habia de decirse y tratarse de aquello sobre que habia de ser llevado, y despues nombrarse aquel, que no convenia referirse de otro modo, sino diciendo que era sobrellevado. ¿Pero por qué no debia el divino espíritu insinuarse de otro modo que diciendo que era sobrellevado?

CAPÍTULO VII.

De los efectos del Espíritu Santo.

8 Desde este lugar de la Escritura siga el que pudiere seguir con el entendimiento á vuestro apóstol San Pablo, que dice que la *caridad se difundió en nuestros corazones por el Espíritu Santo que nos fue dado* (1): y tambien en otra parte, esplicando lo mas elevado de la vida espiritual,

(1) Rom. 5. 5.

enseña y demuestra el modo *eminentísimo* del espíritu de caridad, que como arrodillado delante de vuestra divina Magestad, pide por nosotros (1), para que así conozcamos la *sobreeminente* ciencia de la caridad de Cristo (2). Y por eso desde el principio, vuestro Espíritu, como tan superior y *sobreeminente*, se dice que era *sobrellevado* sobre las aguas.

¿A quien podré yo esplicar, y de qué modo podré tratar del peso de nuestros apetitos, que nos precipita á lo mas hondo del abismo; y cómo nos subleva y saca de aquel profundo la caridad por el Espíritu Santo que sobre las aguas era *sobrellevado*? ¿A quien he de decirlo? ¿y cómo podré esplicarlo? Nos hundimos en este abismo, y volvemos á salir arriba; no porque esto se haga con movimiento local, ni se egecute con dependencia de lugar alguno: pero por otra parte, ¿que cosa hay mas parecida, y que tambien menos se le parezca? Uno y otro se egecuta con el afecto y con el amor. La inmundicia y corrupcion de nuestro espíritu, al

(1) Rom. 8. 26. (2) Ephes. 3. 19.

modo de un arroyo que va siempre fluyendo hácia lo mas bajo, con el amor de nuestros cuidados y ocupaciones nos atrae y arrastra hácia lo mas profundo; y la santidad de vuestro Espíritu elevándonos á lo alto con el amor y deseo de vernos salvos y seguros, nos hace que tengamos el corazon elevado hácia Vos, donde vuestro Espíritu es *sobrellevado* sobre las aguas: para que lleguemos á aquel *sobreeminente* descanso (1), despues de haber pasado nuestra alma aquellas aguas en que no hay subsistencia, solidez ni seguridad alguna.

CAPÍTULO VIII.

Cómo á la naturaleza intelectual ninguna cosa que sea menos que Dios la basta para su felicidad.

9 Cayó el ángel, y cayó el hombre: y la caida de ambos nos hace conocer, que las naturalezas espirituales hubieran sido siempre un abismo profundo y tenebroso, si no hubierais dicho Vos desde el

(1) Ps. 123. 5.

principio, *hágase la luz, y no hubiera sido hecha la luz*: que es decir, que toda aquella porcion de inteligencias obedientes á Vos, de que consta vuestra santa y celestial ciudad, se uniese estrechamente á Vos, y descansase en vuestro Espíritu, que inconmutablemente es *llevado sobre* todo lo mudable. De otra suerte, aun aquella naturaleza espiritual que es el *cielo del cielo*, hubiera sido en si misma un tenebroso abismo, *cuando al presente es luz en el Señor* (1).

Porque tambien en aquella infeliz mudanza de los espíritus angélicos que se apartaron de Vos, que manifestaron sus tinieblas propias cuando fueron despojados del vestido de vuestra luz (a), bien claramente mostrais cuan grande y escelente hicisteis la criatura racional, para cuya felicidad y bienaventuranza no es bastante cosa alguna que sea menos que Vos; y por consiguiente ni ella se basta á si misma.

(1) Eph. 5.

(a) Alude San Agustin á las palabras del salmo 103. *Amictus lúmine sicut vestimento.*

Vos, Dios mio, sois el que únicamente puede ilustrar nuestras tinieblas (1). De Vos, Señor, proceden todos los resplandores con que adornais nuestras almas, convirtiendo nuestras tinieblas en una luz tan clara como el sol de mediodia (2).

Daos á mí, Dios mio, restituios á mí, porque de veras os amo: y si todavía es poco lo que os amo, haced que os ame mucho mas. No puedo tomar medidas suficientes y cabales para saber cuanto amor me falta para aquel grado de amor perfecto, en que pueda mi alma correr á unirse con Vos, y á gozar estrechamente de vuestros abrazos, sin apartarse de ellos hasta lograr aquella seguridad eterna, que comunica vuestro divino rostro. Yo solamente sé una cosa, y es que me va muy mal fuera de Vos, no solamente en todo lo que es esterior á mí, sino tambien en todo lo que soy yo mismo; y que toda la abundancia que no sea mi mismo Dios, es miseria y pobreza para mi.

(1) Ps. 17. 29. (2) Ps. 138. 12.

CAPITULO IX.

Por qué de solo el Espíritu Santo se dice que era llevado sobre las aguas.

10. Mas por ventura ¿no se verifica del Padre ó del Hijo, que tambien era *llevado sobre las aguas*? Porque si esto se concibe que era localmente, como si un cuerpo fuera el llevado, asi tampoco era llevado sobre las aguas el Espíritu Santo; pero si esto se entiende de aquella altísima eminencia que la inconmutable divinidad tiene sobre todo lo mudable: el Padre y el Hijo eran tambien llevados sobre las aguas como el Espíritu Santo.

¿Pues por que solamente se ha dicho esto de vuestro Espíritu Santo? ¿Por que solamente de él, (de quien tambien solamente se dice que es *Don* vuestro) se ha dicho que era llevado sobre las aguas, como si estuviera alli localmente, no habiendo alli ni movimiento, ni ocupacion de lugar? Es porque donde descansamos, es nuestro lugar, y no descansamos ni gozamos de Vos, sino en vuestro *Don*:

el amor es el que nos eleva y lleva allá; y el Espíritu Santo es el que exalta nuestra humildad, sacándola de las puertas de la muerte. En la buena voluntad (a) tenemos nuestra paz (1). El cuerpo por su peso y gravedad camina á su lugar y centro. El peso no le lleva, ni es para que le lleve al lugar mas bajo, sino á su lugar propio. Asi el fuego camina hácia arriba, y la piedra hácia abajo. Sus pesos respectivos que á entrambos les son propios, los dan estos movimientos, y con ellos caminan á los lugares que les son propios. Asi el aceite si se echa debajo de agua en un vaso, se eleva y se pone sobre el agua; y si el agua se echa sobre el aceite, se hunde hasta ponerse debajo de él. Lo cual sucede, porque á cada uno le imprime su propio peso el movimiento correspondiente, para que camine y tome el lugar que la naturaleza le

(a) Alude el Santo á la buena voluntad que los ángeles anunciaron á los hombres en el nacimiento de nuestro Salvador: la cual consiste en ordenarse continuamente á Dios, y no amar ni buscar cosa alguna sino á él.

(1) Luc. 2. 14.

tiene señalado. Mientras estan sin acabar de ponerse en el órden que les toca, estan inquietos; pero luego que estan ordenados, quedan quietos.

Pues el peso mio es mi amor: á cualquiera parte adonde soy llevado, con el peso de mi amor soy llevado. Con vuestro *Don* somos encendidos en amor, y nos lleva y eleva hácia lo alto. Segun ardemos asi caminamos. Vamos subiendo de grado en grado con fervorosos afectos de nuestro corazon (1), y entonces verdaderamente cantamos el cántico de los grados. Con vuestro fuego, con vuestro fuego divino nos encendemos, y con él vamos subiendo y caminando hácia arriba, donde está la paz de la celestial Jerusalen: cumpliéndose en mí lo que dice el salmo: *Me llené de alegría cuando oí que se me dijo, iremos á la casa del Señor* (2). Alli nos colocó la buena voluntad, para que ninguna otra cosa deseemos, sino el permanecer alli eternamente.

(1) Ps. 83. 6. (2) Id. 121. 1.

CAPÍTULO X.

Cómo los ángeles se hicieron luz, y cómo hubieran sido tinieblas.

11 ¡Dichosa y bienaventurada aquella criatura que no conoció otra cosa ni la quiso, cuando ella hubiera sido otra, y se hubiera mudado, si con vuestro *Don*, que es sobre todo lo mudable, luego al punto que fue criada, sin mediacion alguna de tiempo, no hubiera sido elevada y sublimada, y hecha luz (a), en virtud de vuestra vocacion y palabra con que digisteis, *hágase la luz*, *y se hizo la luz*!

Respecto de nosotros media algun tiempo entre el ser de tinieblas que tuvimos (1), y el de luz que despues conseguimos; pero respecto de aquella criatura, bastó decir lo que ella hubiera sido, si al ins-

(a) Con este lugar del Santo se esplican bellamente todos aquellos, en que habla de los espiritus angelicos, como dando á entender que en su primitivo ser fueron una cosa informe é imperfecta.

(1) Eph. 5. 8.

tante no hubiera sido iluminada: y por eso Moises lo refiere de tal modo, como si antes hubiera ella sido vacilante y tenebrosa, para darnos á entender la causa á que debe atribuirse que ella fuese luz, convirtiéndose desde luego á la luz indeficiente.

Entienda esto el que pudiere; y el que no pudiere, pídaos á Vos la inteligencia de ello. ¿Por que me ha de molestar á mí para que le declare este misterio, como si yo fuera el que ilumina á alguno de los hombres que vienen á este mundo (1)?

CAPÍTULO XI.

Que en el hombre se hallan algunos símbolos del misterio de la Santísima Trinidad.

12. ¿Quien hay que entienda perfectamente el misterio de la santísima y omnipotente Trinidad? ¿y quien es el que no habla de él? si es que podemos decir que se habla de él aun cuando se hablan del misterio cosas que no le convienen ni le

(1) Jan. I. 9.

son propias. Es muy raro aquel que hablando de este misterio, sepa lo que habla. No obstante se disputa y se alterca sobre este altísimo misterio, siendo asi que sin paz no se puede llegar á ver claramente esta verdad incomprensible.

Quisiera que los hombres contemplarán en sí mismos estas tres cosas que tienen todos, el *ser*, el *conocer* y el *querer*; pues aunque estas tres cosas son incomparablemente distintas de aquella infinita Trinidad, quisiera que las reflexionaran, para que se egercitaran en el conocimiento de esas tres cosas, y de ahí sacarian pruebas para convencerse acerca de la infinita distancia que hay de lo uno á lo otro.

Cierto es que yo soy, conozco y quiero: soy cognoscente y queriente; conozco que soy y que quiero, y quiero ser y conocer. Pues vea el que pudiere en estas tres cosas, como siendo tan inseparables por una parte, y tan distintas por otra, con todo eso no hacen mas que una vida, una mente y una esencia. Cierto es que esto lo tiene cada uno en sí mismo; nada tiene que hacer para conocerlo mas que atender á su ser propio : véalo y contémplelo en sí mismo, y dígame si no es cierto lo que digo. Mas despues que lo haya reflexionado bien, y me haya dicho lo que hubiere descubierto, no por eso imagine que ha llegado á conocer aquel ser inconmutable, que como tal es superior á todas estas operaciones del alma, y *es* inconmutablemente, *conoce* inconmutablemente, y *quiere* inconmutablemente.

Pero si es tambien por estas tres cosas por lo que en Dios hay Trinidad, y si todas estas tres cosas estan en cada una de las personas, de modo que todas tres sean de cada una, ó si se ha de afirmar lo uno y lo otro de suerte que de un modo inefable é incomprensible tengan todas tres personas en sí mismas la simplicidad y multiplicidad, con que con un término y fin que es infinito en cada una, el soberano é inconmutable ser existe, se conoce y se basta á sí mismo invariablemente por la abundante grandeza de su unidad, ¿quien podrá fácilmente imaginarlo? ¿Quien lo podrá esplicar de modo alguno? ¿Quien se atreverá á resolverlo temerariamente?

CAPÍTULO XII.

La creacion del mundo es una imágen de la formacion de la iglesia.

13 Prosigue, alma mia, la confesion de tu fe: dile á tu Dios y Señor: «Santo, Santo, Santo, Dios y Señor mio, en vuestro nombre hemos sido bautizados, Padre, Hijo y Espíritu Santo: en vuestro nombre bautizamos, Padre, Hijo y Espíritu Santo.»

Porque tambien acá bajo entre los fieles, por medio de su Hijo hizo Dios *cielo y tierra*, esto es, los espirituales y carnales hijos de la Iglesia. Asi podemos decir tambien, que *nuestra tierra estaba invisible y sin compostura* antes que recibiese la forma de la instruccion y doctrina, y estabamos envueltos en las tinieblas de la ignorancia, verificándose en nosotros lo que dice el salmo: que con la ignorancia castigasteis la iniquidad del hombre, siendo vuestros juicios tan inescrutables y profundos como un abismo sin fondo (1),

(1) Psalm. 38. 11. Ps. 35. 7.

Pero como vuestro espíritu era llevado sobre las aguas, vuestra misericordia no desamparó á nuestra miseria; antes bien digisteis, *hágase la luz*, diciéndonos: "haced penitencia, porque ya está cercano el reino de los cielos (1). Haced penitencia, y hágase la luz en vosotros." Y por cuanto nuestra alma se conturbó con estas voces dentro de nosotros mismos (2), nos acordamos de Vos, Dios mio, á las riberas del Jordan, y en aquel monte, que es igual á Vos, pero se hizo pequeño por nosotros, y entonces nos desagradaron nuestras tinieblas, nos volvimos hácia Vos, y se hizo en nosotros la luz. Y ve aqui cumplido lo que decia San Pablo: *Que fuimos en algun tiempo tinieblas, y somos al presente luz en el Señor* (3).

(1) Matt. 3. 2. (2) Ps. 41. 7.
(3) Ephes. 5. 8.

CAPÍTULO XIII.

Que no es perfecta la renovacion del hombre mientras está en esta vida.

14 Es verdad que esto lo somos todavía con la oscuridad propia de la fe, y no con aquella claridad y perfeccion que esperamos; porque por ahora estriva nuestra salvacion en la esperanza; y la esperanza deja de ser esperanza quando ya se ve claramente lo que se espera. Todavía es cierto en nosotros que un abismo llama á otro abismo, aunque ya con voces aprendidas del cielo. Aun aquel mismo que nos decia, *no he podido hablaros como á espirituales*, *sino como á carnales*, no se juzgaba tan adelantado que hubiese llegado al término adonde caminaba; y olvidando todo lo que ya llevaba pasado, estendia su consideracion á lo que le faltaba que andar, y lo tenia presente, y gemia agoviado con el peso que en esta vida le causaba su miseria, y como el ciervo sediento por la fuente de las aguas, estaba su alma sedienta por

su Dios, y decia: ¿cuando llegaré? deseando, al decir esto, ser revestido de la inmortal vestidura de la gloria, donde permaneciese eternamente. Por eso llamando á este inferior abismo, decia: *No os querais conformar con este siglo, sino reformaos renovando vuestro espíritu.* Y en otra parte: *No querais ser niños en vuestros pensamientos, sino en la malicia; y asi sereis hombres perfectos en el pensar y entender.* Y en otro lugar dice: *¡Oh necios gálatas! ¿quien os ha seducido y fascinado?* Pero todo esto no lo decia ya como doctrina suya, sino como vuestra, porque ya Vos habiais enviado á vuestro divino espíritu desde lo alto de los cielos, por los méritos del que antes habia subido glorioso y triunfante allá, y abrió los diques que detenian la afluencia de sus propios dones, para que *el impetuoso rio* de celestiales aguas alegrase á vuestra santa ciudad.

Por esta celestial ciudad suspiraba al decir esto un amigo del divino esposo, teniéndole ya entregadas las primicias de su espíritu; pero todavía gimiendo en sí mismo, esperando que se cumpla la adopcion divina en la redencion de su cuerpo. Suspiraba por unirse á aquella celestial esposa, porque era uno de sus miembros, y la cela porque es amigo del esposo; y para él la cela, no para sí mismo, porque no ya con sus voces, sino con palabras celestiales invoca y llama á los que componen este inferior abismo; y celoso de su bien, teme que, como la serpiente usando de su astucia engañó á Eva, asi ellos dejándose corromper por los sentidos, decaigan de aquella pureza propia de vuestro Hijo y nuestro esposo.

Y esta es aquella luz de la clara vision que gozaremos cuando lleguemos á verle cara á cara *y como él es*, y con su vista se hayan acabado las lágrimas de que de dia y de noche me he sustentado como de pan, mientras que en esta vida se me pregunta cotidianamente, *¿donde está tu Dios?*

CAPÍTULO XIV.

Que recibimos fortaleza con la fe y con la esperanza.

15 También yo os digo, ¿donde estais, Dios mio? Y ve aqui donde estais y os hallo presente; porque respiro algun tanto en Vos, cuando elevándose mi alma, y volviendo sobre sí misma, contempla las voces y cánticos de alegría y alabanza, con que vuestros escogidos celebran vuestra festividad (1). Pero todavía quedo triste, porque vuelve á caer en su anterior estado, y asi vuelve á ser *abismo* (a), ó por mejor decir conoce y esperimenta que todavía es *abismo*.

Entonces con la fe que Vos me habeis dado, para que gobierne mis pasos durante las tinieblas de esta vida, la digo: ¿*Por que estás triste, alma mia, y por*

(1) Ps. 41. 5.

(a) Es decir, que todavía está inquieta y desasosegada, y sugeta á los embates de peligros y pasiones que la agitan, y en esto se parece á la inquietud de las aguas del abismo.

qué me atemorizas? Espera y confia en el Señor (1). "Su palabra es la luz que ha de guiar y gobernar tus pies. Espera y persevera esperando, mientras pasa esta noche madre de los inicuos; mientras pasa la ira del Señor; aquella ira de quien tambien nosotros fuimos hijos cuando eramos tinieblas, de las cuales traemos todavía reliquias en nuestro cuerpo muerto por el pecado, mientras acaba de venir aquel dia que destierre enteramente las sombras. Espera en el Señor, que en la *mañana* estaré presente al Señor, le contemplaré y alabaré continuamente (2)."

En la *mañana* sin noche estaré presente á mi Dios, y veré á mi Salvador y mi Dios, que es el que ha de vivificar tambien á nuestros cuerpos, por el espíritu que habita en nosotros (3); porque por su misericordia quiso *ser llevado sobre* nuestro interior *inquieto y tenebroso*. Por eso en este destierro hemos recibido una

(1) Ps. 41. v. 6.

(2) Ps. 118. v. 105. Eph. 5. 8. Rom. 8. 10. Ps. 41. 6.

(3) Rom. 8. 11.

prenda para que seamos luz, aun cuando solamente gozamos nuestra salud con la esperanza; y para que seamos *hijos de la luz é hijos del dia*, y no hijos de la noche y de las tinieblas, como lo fuimos en otro tiempo (1). Solo Vos discernis los unos de los otros; porque en esta vida en que el hombre tiene incertidumbre de las mismas cosas que conoce, Vos solamente sois el que conociendo á fondo el corazon del hombre, á la *luz* la llamais dia, y á las *tinieblas* noche (2). Porque ¿quien es el que nos discierne sino Vos? ¿Que es lo que tenemos que no lo hayamos recibido de Vos, que de la misma masa de que destinasteis á otros para que fuesen vasos de ignominia, nos sacasteis á nosotros para ser vasos de honor (3)?

(1) Rom. 8. 24. 1. Thes. 5. 5.
(2) Ps. 138. 2. (3) 1. Cor. 4. 7.

CAPÍTULO XV.

Qué se entienda por el firmamento y las aguas superiores.

16 ¿Quien sino Vos, Dios mio, estableció sobre nosotros ese firmamento de autoridad, que es vuestra divina Escritura? Porque llegará tiempo en que el cielo se doble como *se dobla un libro* (a),

(a) Para entender bien la motáfora que usa aqui mi P. S. Agustin, es menester suponer primeramente, que la mayor parte de libros que los antiguos usaban, eran unos rollos de pergamino; y siendo estas pieles de animales muertos, mientras estan vivos suelen tener pliegues ó arrugas sus pieles, y despues de muertos se estiran y estienden. Y tambien se ha de suponer, que Dios para darnos su Escritura, se sirvió del ministerio de otros hombres mortales como nosotros. Esto supuesto, se entenderá mejor toda la mente del Santo en este capítulo, donde comparando la autoridad de la Escritura á la firmeza y solidez del firmamento, dice que esta autoridad no se estendió sobre la tierra, hasta que murieron aquellos por cuyas manos nos habia enviado

si al presente está abierto y estendido sobre nosotros como si fuera *una piel* (1). Porque vuestra divina Escritura tiene sublime autoridad, despues que aquellos mortales, por cuyo ministerio nos la comunicasteis, dejaron esta vida mortal (2). Y Vos sabeis, Señor, Vos lo sabeis, por qué vestisteis de pieles á los hombres luego que por el pecado se hicieron mortales.

Por eso *como una piel* estendisteis el firmamento de vuestra divina Escritura, esto es, vuestras concordes doctrinas y palabras, que por el ministerio de los mortales que las escribieron, las sobrepusisteis á nosotros. Porque con su muerte, la autoridad y solidez de vuestras palabras que en vuestro nombre nos anunciaron, se estendió altísimamente sobre todas las cosas que estan debajo del cielo; el cual mientras ellos vivieron en este mundo, no estaba tan altamente estendido. Entonces

Dios sus divinas palabras; pues no se cuida de estender la piel de los animales hasta que estan muertos.

(1) Isai. 54. 4. (2) Ps. 103. 3.

no habiais todavía estendido el cielo al modo *de una piel*, no habiais estendido la fama de su muerte por todas las partes del mundo.

17 Concedednos, Señor, el que veamos *los cielos*, que son obras de vuestras manos; deshaced esta nube con que los encubris á nuestros ojos. En ellos se halla aquel testimonio vuestro, que da sabiduría á los pequeñuelos (1). Sacad, Señor, vuestra alabanza perfecta de las bocas de los que todavía son infantes y niños de pecho. Porque no tenemos noticia de otros libros que mejor destruyan á los soberbios, y á los enemigos sus contradictores, que defendiendo sus pecados, resisten á reconciliarse con Vos. No he conocido, Señor, no he conocido palabras tan puras como las de vuestra Escritura santa, para persuadirme á confesaros, y obligarme á doblar la cerviz á vuestro yugo, y escitarme á reverenciaros graciosamente sin mas interes que el daros culto. Haced pues, Padre amabilisimo, que yo las entienda bien: dadme la inteligencia de vues-

(1) Psalm. 18. 8.

tras Escrituras, pues soy uno de los que estamos sometidos á ese firmamento de vuestra Escritura, para quienes la disteis tanta autoridad, firmeza y solidez.

18 Hay otras *aguas* sobre este *firmamento*, que segun creo son inmortales, y apartadas de toda corrupcion terrena. Alaben ellas vuestro santo nombre: alábeos la innumerable multitud de vuestros ángeles, que no tienen necesidad de mirar á este *firmamento* de vuestra Escritura, y leyéndola conocer y saber vuestra palabra. Porque ellos ven sin cesar vuestro divino rostro, y en él leen claramente, sin pronunciacion de sílabas sucesivas, lo que quiere y determina vuestra voluntad eterna. Leen, eligen, aman: siempre leen, y nunca pasa lo que leen; porque leen la inmutabilidad de vuestros decretos, sin dejar de elegirlos y de amarlos.

Su libro nunca se cierra, no se dobla nunca, porque ese libro sois Vos, y lo sois eternamente. Porque Vos, Señor, los colocasteis sobre este *firmamento* de vuestra Escritura, que hicisteis sólido y firme, y pusisteis sobre estos inferiores pueblos, faltos de firmeza (a), para que lean, aprendan y conozcan alli vuestra misericordia, que atemperándose á nuestro modo de conocer las cosas sucesivamente y en tiempo, nos da noticia de *Vos*, que hicisteis el tiempo. Asi es verdaderamente, como dice el salmo: *Que en el cielo brilla vuestra misericordia, y vuestra verdad llega hasta las nubes* (1): porque las nubes van pasando, pero el cielo permanece: los predicadores de vuestra divina palabra pasan efectivamente desde esta vida á la otra; pero vuestra Escritura permanece estendida sobre todos los pueblos de la tierra hasta el fin de los siglos. Pero tambien habeis dicho, que *el cielo y la tierra pasarian, pero no vuestras palabras* (2); que es decir, que la *piel* en que vuestras palabras estan escritas, se arrollará y plegará, y los hombres que son de tan corta duracion como el *heno*,

(a) El Santo dice: Quod *firmasti* super *infirmitatem* inferiorum populorum; y no hay voz que esplique de una vez la energía de la palabra *infirmitatem* despues de la otra *firmasti*.

(1) Psalm. 35. 6. (2) Math. 24. 35.

sobre los cuales se estendia su Escritura, pasarán tambien y se acabarán; pero vuestra palabra permanece eternamente.

Esa palabra, ese vuestro Verbo no le vemos ahora mas que en el enigma de las *nubes*, y por el espejo del *cielo*; pero no le vemos como es en sí mismo, porque no obstante ser amados de vuestro Hijo, no tenemos aun aquel ser en que nos hemos de transformar. Se nos mostró como por entre las redes de nuestra carne, y solo asi nos enamoró é inflamó tanto, que corrimos en seguimiento de su olor y fragrancia; *pero cuando se muestre claramente, seremos semejantes á él, porque entonces le veremos como es en sí* (1). Sí, Señor, le veremos como es en sí, á proporcion de la vista que tengamos entonces, y que no tenemos aun.

(1) 1. Joan. c. 3. 2.

CAPÍTULO XVI.

Solo Dios se conoce á sí mismo perfectamente como es.

19 Porque asi como Vos perfectamente sois, asi Vos solo entera y perfectamente sabeis; porque *sois* inmutablemente, *sabeis* inmutablemente, y *quereis* inmutablemente. Y vuestra esencia *sabe y quiere* inmutablemente, y vuestra ciencia *es y quiere* inmutablemente, y vuestra voluntad *es y sabe* inconmutablemente. Y no parece que tuvisteis por justo el que como se conoce á sí misma la luz inconmutable, asi fuese tambien conocida por un entendimiento mudable, aunque iluminado. Por eso *mi alma se presenta á Vos como una tierra sin agua* (1); porque asi como no puede iluminarse á sí misma, tampoco puede saciarse á sí misma; pues como sois la fuente de la vida, tambien sois el principio de aquella luz con que hemos de ver vuestra luz eterna.

(1) Ps. 142. 6.

CAPÍTULO XVII.

Qué deba entenderse por la congregacion de las aguas, qué por el mar, y qué por la tierra árida.

20 ¿Quien ha juntado en una sociedad á los que tienen y padecen amargura (a)? Porque todos ellos tienen un mismo fin de la felicidad temporal y terrena, por la cual egecutan todas las cosas, aunque siempre fluctuen agitados de las olas de innumerable multitud de cuidados entre sí diversos. ¿Quien los unio, Señor, quién sino Vos, que mandasteis que se juntasen las aguas, y se mantuviesen unidas y juntas en un lugar, *y se*

(a) Asi me parece queda bastantemente espresado el *amaricantes* que usa aqui el Santo Doctor, para significar en las aguas del mar á los pecadores y mundanos, que como dice Mazzini, son hombres de *un ánimo amargo*, porque les falta la dulzura de la caridad y de la gracia de Dios; pero no obstante, estan juntos en una sociedad, esto es, dentro de la santa madre iglesia.

descubriese la tierra seca, y con sed de Vos (1)? Porque vuestro es el *mar*, y Vos le hicisteis: tambien vuestras manos formáron esa *tierra seca*. Ni es la amargura de las voluntades humanas la que se llama *mar*, sino la junta y congregacion de las aguas. Porque Vos refrenais los deseos desordenados de las almas, y les teneis prefijados los límites hasta donde se les ha de permitir que lleguen, para que dándose unas contra otras, se deshagan sus olas, y de ese modo haceis de ellas *un mar*, con el órden de vuestro imperio que gobierna y mànda sobre todas las cosas.

21 Pero á aquellas almas *que tienen sed de Vos, y se os presentan descubiertas* para Vos, las cuales con otro término y límite estan separadas de la compañía del *mar*, Vos las comunicais ocultamente el dulce riego de vuestras gracias, para que en ellas se cumpla que *esta tierra dé su fruto* (2).

Efectivamente da su fruto; y mandándolo Vos, que sois su Dios y Señor, pro-

(1) Gen. 1. 9. (2) Ps. 84. 13.

duce nuestra alma obras de misericordia *conformes á su especie*, amando á su prógimo, y socorriéndole en las necesidades de esta vida, para lo cual tiene en sí misma un principio ó *simiente* (a) de aquel fruto, en la semejanza específica que tiene con los otros. Porque de nuestra misma flaqueza tomamos motivo de compadecernos de los prógimos, y de socorrerlos cuando estan necesitados, favoreciéndolos y ayudándolos del mismo modo que quisieramos ser ayudados nosotros, si nos halláramos en la misma necesidad que ellos; y esto lo hemos de observar no solamente en las cosas fáciles, que son como aquellas *yerbas seminales* que al principio produjo la tierra, sino tambien en las cosas graves en que los hemos de favorecer con la proteccion fuerte y poderosa, que es como producir la tierra *árboles fructíferos*, esto es, obras que produzcan el fruto y beneficio de librar de las manos del poderoso al inocente, inju-

(a) Ninguno de los traductores que he visto, ha esplicado bien este hermoso pensamiento de San Agustin.

riado sin causa y perseguido (1): dándole la sombra de la proteccion, donde esté asegurado y defendido, como bajo del fuerte y robusto roble de un juicio justo y recto.

CAPÍTULO XVIII.

Cuáles son los luminares que dividen el dia de la noche.

22 Asi os ruego, Señor, asi como haceis, y como dais alegría y facultad de egecutar lo que tengo dicho, asi haced que nazca de la tierra la verdad, y desde el cielo nos mire la justicia (2), que será hacerse los *luminares* en el firmamento. Partamos nuestro pan con el hambriento: recojamos en nuestra casa al pobre que no la tiene: vistamos al desnudo, y no despreciemos á nuestros semejantes.

Cuyos frutos nacidos en *nuestra tierra*, miradlos Vos, Señor, y dadlos por *buenos*: haced que la luz temporal de nuestras buenas obras se manifieste: y que

(1) Ps. 81. 4. (2) Ps. 84. 12.

la cosecha que hagamos aqui de buenas obras, nos aproveche para elevarnos á las delicias de la vida contemplativa; y consiguiendo la superior inteligencia de vuestra divina palabra, que es la que da vida, aparezcamos en el mundo como astros luminosos fijos en el *firmamento* de vuestras santas Escrituras (1).

Porque allí es donde nos enseñais á hacer distincion entre las cosas inteligibles y las sensibles, al modo que se hace esa distincion entre *el dia y la noche*: ó entre las almas dedicadas á las cosas espirituales, y las que solo tratan de las corporales y sensibles: y para que en cierto modo no seais Vos el único que discierna y separe la *luz de las tinieblas*, como haciais allá en lo oculto de vuestro juicio, antes que se hiciese el firmamento; sino que tambien vuestros siervos espirituales, que Vos habeis distinguido y puesto en ese firmamento, por vuestra gracia que se (a) manifestó al mun-

(1) Phil. 2. 15.

(a) *Por vuestra gracia que se manifestó al mundo*: esto es, vuestra ley de gracia, por la

do, luzcan sobre la tierra; y hagan tambien division entre *el dia y la noche*: y en cierto modo señalen y den noticia de los tiempos, por cuanto nos enseñan que lo antiguo de las figuras ya ha pasado, y que llegó la ley de gracia, en que todas las cosas son nuevas, *que ya está mas cerca nuestra salud, que cuando creimos* (1) que ya pasó la noche, que precedió al dia que ya ha llegado (2); y que bendiciendo Vos el curso de los años (3) que forman el siglo de vuestra ley de gracia, enviais obreros para que recojan vuestra cosecha, en cuya sementera otros habian trabajado (4); y á otros enviais para que siembren en otra parte, cuyo fruto no se ha de coger hasta el fin de los siglos.

Asi se verifica que Vos cumplis los deseos del justo, y llenais de bendiciones sus años (5); pero Vos siempre sois

cual se manifestaron los misterios que estaban ocultos bajo de las sombras de la ley antigua.

(1) 2. Cor. 5. 17. (2) Rom. 13. 11.
(3) Ps. 64. 12. (4) Matt. 9. 38.
(5) Ps. 5. 13. Ps. 101. 28.

el mismo, y por eso en vuestros años, que no se pasan, preparais donde guardar y conservar nuestros años pasageros y transitorios. Porque Vos teneis determinado desde la eternidad, darnos acá en la tierra los bienes celestiales en sus propios tiempos.

23 Y asi es, que Vos comunicais á unos por vuestro divino espíritu el *don de sabiduría*, como *el luminar mayor* para aquellos que se deleitan con la luz de la verdad clara como la luz al comenzar el dia: á otros les dais por el mismo espíritu *el don de la ciencia*, que es como *el luminar menor*: á uno le dais *la fe*; á otro *la gracia de curar las dolencias*: á aquel *la gracia y don de obrar milagros*: á este otro *el don de la profecía*: á uno el don de *discernir espíritus*; á otro el don *de lenguas*: y todos estos dones son como otras tantas estrellas. Todas estas gracias las causa un mismo espíritu, dividiéndolas á cada uno segun y como quiere (1), y él es el que hace que estos *astros* aparezcan y luzcan en su igle-

(1) 1. Cor. 12. 8.

sia para utilidad de los fieles.

Pero el don de *ciencia* con que se comprenden grandes misterios, que se varian con los tiempos, al modo que la *luna* se varia; y los demas dones que he referido despues del de la ciencia, de los cuales dige que eran como las *estrellas*, cuanto se diferencian de aquella luz de la sabiduría, de que goza el dia que antes dige, tanto se han de considerar que estan al *principio de la noche.* Porque estas menores luces son necesarias para aquellos á quienes hablando vuestro prudentísimo siervo Pablo, dice que no podia hablarles como á espirituales, sino como á carnales (1), no obstante que dice él mismo, que hablaba y trataba de la sabiduría entre los perfectos (2). Pero el hombre que todavía está poseido de afectos carnales, y es principiante en la creencia y fe de Jesucristo, como pequeñuelo que solo puede tomar el delicado alimento de la leche (3), mientras que se fortalece

(1) 1. Cor. 3. 1. (2) Ibid. 2. 6. y 24.
(3) Alli 3. 2.

de modo que pueda usar de sólidos manjares, y fijar sus ojos en la claridad del *sol*, para que no pase su *noche* destituido de toda luz, se debe contentar con la luz de la *luna y de las* estrellas (a).

Esto es lo que tratais con nosotros, sapientísimo Dios mio, en el *firmamento* de vuestras divinas Escrituras, para que discernamos y entendamos todas las cosas, mediante la contemplacion de tan admirable escrito; aunque todavía sea nuestro conocimiento con *signos*, con *tiempos*, con *dias y* con *años*.

CAPÍTULO XIX.

Prosigue tratando de los mismos luminares.

42 Pero antes, dice el Señor, os habeis de labar y purificar: antes habeis

(a) Esto es, se debe contentar con la luz del don de ciencia, y de los otros dones que son luces muy inferiores á la luz clarísima de la sabiduría: porque ésta se ha comparado al sol, y aquellos á la luna y á las estrellas.

de quitar toda maldad de vuestros corazones, y apartarla de mi presencia; que es como descubrirse y *aparecer la tierra*, de donde se ha de coger despues el fruto. Aprended luego á hacer bien, juzgad justamente al huérfano, proteged á la viuda, que será *producir la tierra* de vuestros corazones saludables *pastos, y árboles fructíferos*. Y despues de esto venid, dice el Señor, y tratad conmigo (1), para que *se hagan las luces brillantes en el firmamento, que iluminen la tierra*.

Aquel rico del Evangelio preguntaba á nuestro buen maestro Jesucristo, qué era lo que habia de hacer para conseguir la vida eterna. Le responde nuestro buen Maestro, á quien él tenia por puro hombre, siendo la suma bondad, por ser el mismo Dios; le responde, digo, que si quiere llegar á la vida eterna, observe los mandamientos, separe y arroje de sí toda la *amargura* de la malicia y maldad; no mate, no adultere, no hurte, no diga testimonio falso (2), *y aparecerá la tierra*, que produzca y fructifique

(1) Isai. 16. (2) Matt. 19. 16.

las buenas obras de honrar al padre y á la madre, y de amar á sus prógimos.

"Todo eso, replicó él, ya lo tengo hecho. Pues si eres una tierra tan fértil, ¿de donde nacen tantas espinas como hay en ella? Vete, y arranca los espesos zarzales de la avaricia (1); vende tus posesiones, y dando su precio á los pobres, llénate de frutos preciosos y abundantes, y asi tendrás un tesoro indefectible en el cielo. Hecho todo lo cual, sigue al Señor, si quieres ser perfecto, haciéndote del número de aquellos que lo son, y entre los que San Pablo dice que habla y trata de la sabiduría, como quien conocia muy bien qué doctrina habia de distribuir á los que hemos dicho pertenecer á las escasas luces de la noche, y á los que pertenecen á la claridad del dia, para que tú tambien lo conozcas, y de ese modo luzcan y resplandezcan tambien para tí, como para los otros varones perfectos y espirituales, las *luces del celestial firmamento*. Pero esto no llegará á suceder, si no estuviere tu corazon en el

(1) Matt. 19. 21.

cielo; ni tampoco esto sucederá, si no estuviere alli mismo tu tesoro, como lo oiste de boca de nuestro buen maestro (1)."

Mas con esta doctrina se contristó la tierra estéril; y las espinas de que abundaba, ahogaron la semilla de la divina palabra.

25 Pero vosotros, ¡linage escogido, y que sois reputados en el mundo por débiles y flacos (2)! vosotros que habeis dejado todas las cosas por seguir al Señor (3), id caminando tras de él, y llenad de confusion á los fuertes y poderorosos del siglo: id caminando tras de él vosotros, de quienes se verifica que por seguirle teneis *los pies hermosos* (4), y lucid en el *firmamento* para que asi *los cielos anuncien la gloria de Dios* (5), haciendo distincion entre la *luz* de los perfectos, que aun no es igual á la de los ángeles, y entre las *tinieblas* de los pequeñuelos, que no obstante su imperfeccion, no los tie-

(1) Matt. 6. 21. (2) 1. Cor. 1. 27. (3) Matt. 19. 27. (4) Isai. 52. 7. Rom. 10. 15. (5) Ps. 18. 1.

ne Dios despreciados ni olvidados.

Lucid y resplandeced sobre toda la *tierra*: y *el dia* que con el *sol* de justicia está iluminado, diga y comunique al *dia* las palabras de la sabiduría; y la *noche*, que solamente con la *luna* es alumbrada, anuncie á otra *noche* las palabras que son de ciencia. La *luna* y las *estrellas* lucen para los que todavía pertenecen á la noche, pero sus tinieblas no las ofuscan ni oscurecen; antes bien luna y estrellas la iluminan, en el modo que la noche puede ser alumbrada. Asi sucedió á los principios de la Iglesia, pues como si Dios hubiera dicho entonces, *háganse unas grandes luces en el firmamento del cielo*, se formó repentinamente un ruidoso estruendo que bajaba del cielo, como si pasara un torbellino impetuoso, y se dejaron ver varias lenguas de fuego separadas unas de otras, las cuales se sentaron sobre cada uno de los apóstoles y discípulos del Señor; y ellos quedaron hechos resplandecientes *luces* en el *firmamento* de su Igesia, que tenian y comunicaban á todo el mundo palabras de vida eterna.

Ea, fuegos santos, fuegos resplandecientes, discurrid por todo el mundo, y comunicadle vuestras luces. *Vosotros sois la luz del mundo* (1), y no luz oculta debajo del celemin. Ya está exaltado en el cielo aquel á quien vosotros os allegasteis y unisteis, y como unidos á él, os exaltó consigo mismo á vosotros. Corred pues por todas partes, y daos á conocer á todas las gentes.

CAPÍTULO XX.

Qué se entiende por los animales volátiles, y qué por los que andan arrastrando.

26 Haced tambien que el *mar* sea fecundo, y dé á luz vuestras obras; y que las aguas produzcan aquellos efectos que hacen vivas las almas. Porque separando vosotros lo precioso de lo vil, habeis llegado á ser órgano y boca de Dios, por donde nos hable y diga: Produzcan las aguas, no las *almas vivientes* que la *tierra* produce, sino los efectos de *las almas vi-*

(1) Matt. 5. 15.

vos, y las *aves que vuelan sobre la tierra* (1). Porque vuestros sacramentos, Dios y Señor mio, por las obras de vuestros santos fueron introduciéndose y penetrando por entre las olas de las tentaciones del siglo, para llegar á enseñar vuestro nombre á los gentiles, y lavarlos con el agua de vuestro bautismo. Al mismo tiempo se egecutaron grandes prodigios y maravillas, que podemos figurar en *las grandes ballenas*: como tambien las voces de vuestros embajadores, en *las aves* que vuelan sobre la tierra: sirviéndoles vuestro sagrado libro de firmamento que los autorizaba, bajo del cual volaron á todas las partes adonde fueron. Porque sus voces y predicaciones no fueron tales, que no se oyesen y percibiesen; cuando es cierto que á toda la tierra se estendió el sonido de su voz, y hasta los mas remotos estremos de la tierra llegaron sus palabras: porque Vos, Señor, con vuestras bendiciones multiplicasteis los prodigiosos frutos de sus obras y predicacion.

(1) Gen. 1. 20.

27 ¿Pero acaso en esto falto á la verdad, ó la mezclo y la confundo, no distinguiendo los clarísimos conocimientos de estas cosas *en el firmamento del cielo*, de las operaciones corporales egecutadas en el *proceloso mar* del mundo, y debajo del *firmamento del cielo*? No por cierto: porque de unas mismas cosas hay noticias y conocimientos sólidos y fijos, que no se aumentan ni se producen de nuevo, como las luces de la *sabiduría y de la ciencia*; y de esas mismas cosas hay operaciones corporales, muchas y diferentes, que van naciendo unas de otras, y creciendo y multiplicándose con vuestra bendicion: porque Vos, Dios mio, tuvisteis por bien dar en esta variedad gusto y consuelo á los sentidos de los mortales, para que no tuviesen fastidio en el conocimiento de sus respectivos objetos; antes bien hicisteis que una misma cosa se figure, represente y diga de muchos modos en el conocimiento interior del alma, mediante las diversas sensaciones corporales.

Las aguas produgeron estos prodigiosos efectos, pero fue en virtud de vuestra *divina palabra*. Las necesidades en que se hallaban los pueblos que estaban remotos de vuestra verdad eterna, produgeron estos efectos maravillosos, pero fue mediante vuestro Evangelio: porque aquellas mismas *aguas* echaron fuera estas cosas, cuya amarga dolencia fue ocasion de que en virtud de vuestra divina palabra se produgéran.

28 Todas estas cosas son tan hermosas, teniéndoos á Vos por su hacedor; pero Vos sois indeciblemente mucho mas hermoso que ellas, que las hicisteis y comunicasteis hermosura á todas.

Y si Adan no se hubiera desviado de Vos, no hubiera dimanado de él *la amargura del mar*, ni difundido por todo el género humano, que es un mar profundamente curioso, procelosamente hinchado, y mudablemente inquieto; y asi no seria necesario que vuestros ministros hubieran obrado sensible y corporalmente en tanta multitud de pueblos, significados en las *muchas aguas*, místicas acciones y palabras (que es lo que ahora me ha ocurrido dar á entender bajo de la metáfora de los *peces*, que cruzan por entre las aguas, y de las *aves* que nacieron de ellas),

:

con las cuales instruidos y consagrados los hombres, sugetándose á los sacramentos sensibles y corporales, no hiciesen cosa alguna que no fuese adelantar algun grado en la vida espiritual: y despues de aquellas místicas acciones y palabras con que quedan iniciados y consagrados, aspirar á la consumacion y perfeccion de la obra.

CAPÍTULO XXI.

Qué se entiende por producir las aguas almas vivientes.

29 Y asi en virtud de vuestra palabra, no ya la profundidad del mar, sino la *tierra separada* de la amargura de las aguas, brota y produce, no los *reptiles y volátiles de las almas vivientes*, sino *las almas vivas.* Porque ya no necesita la tierra del bautismo, que es necesario para los gentiles, como lo necesitaba cuando estaba cubierta de las *aguas*; pues no se entra por otra puerta al reino de los cielos sino por el bautismo, desde que dispusisteis que solo por este medio se en-

tre en él. Ni busca ya milagros y maravillas con que se afianza la fe (1); porque ya no está en el estado de aquellos que no creen, si no ven egecutar milagros y prodigios (2), porque ya está separada la *tierra* fiel de las aguas del *mar*, amargo por su infidelidad; antes bien conoce y sabe que el *don* de lenguas se comunica á los hombres, para que haga su efecto en los infieles, no en los que ya son fieles (3).

Esta *tierra* que fundasteis sobre las aguas, no tiene ya necesidad de estos prodigios, significados por *el género de los volátiles*, que en virtud de vuestra palabra produgeron las aguas. Enviad, Señor, á ella vuestra palabra por medio de vuestros ministros evangélicos; pues aunque nosotros contemos sus obras milagrosas, Vos sois verdaderamente el que obra en ellos haciendo que den *vida á las almas*.

La tierra coopera tambien á producirla, por cuanto es causa de que vuestros ministros hagan en ella estas obras,

(1) Joan. 3. 5. (2) Joan. 4. 48.
(3) 1. Cor. 14. 22.

al modo que el *mar* lo fue, para que obrasen aquellos milagros para vida de las almas, figurados en los *peces* que cruzan por entre las aguas, y en las *aves* que vuelan bajo del *firmamento* del cielo, de los cuales la *tierra* ya no necesita, aunque es verdad que se alimenta de aquel *pez* sacado de lo *profundo*, en aquella mesa que teneis preparada para los fieles. Verdaderamente que fue este adorable *pez* elevado de lo profundo para alimento de la *tierra*; pero tambien las aves se multiplican sobre la *tierra*, aunque tuvieron en el mar su orígen. Porque aunque la infidelidad de los hombres dió motivo á que comenzasen á predicar los ministros del Evangelio; tambien los fieles reciben de ellos todos los dias muchas exhortaciones y bendiciones de diferentes modos.

Pero *las almas vivas* toman de la *tierra* su principio, por cuanto solamente á los fieles aprovecha el renunciar y abstenerse del amor de este siglo, para que su alma viva para Vos, la cual antes estaba muerta viviendo entre delicias; pero delicias mortíferas, Señor, pues solo Vos sois las vitales delicias de un corazon puro.

30 Obren pues ya en la *tierra* vuestros ministros, y no acompañen ya su predicacion con milagros, y misteriosas obras y palabras, como hacian cuando predicaban á los infieles, representados en la amargura de las *aguas*; por cuyo medio despertaban su atencion, y con los prodigios se hacia atenta su ignorancia (madre de la admiracion), y con las maravillas que les veian egecutar. Este era precisamente el camino que habia para que entrasen á la fe los hijos de Adan, que vivian olvidados de Vos, y queriendo esconderse de vuestra presencia, se hacian un *abismo* profundo y tenebroso. Pero obren y trabagen como en *tierra* que ha estado cubierta *de las aguas*, y ya está separada de las impetuosas olas del abismo, y obren de modo que sirvan de modelo á los fieles, viviendo en presencia de ellos de tal suerte, que los esciten á su imitacion. Asi los fieles no solamente oirán, sino tambien practicarán lo que dice el salmo: *Buscad al Señor, y*

tendrá vida vuestra alma (1), para que seais aquella *tierra* que produce almas vivientes: *No querais conformaros con el presente siglo* (2); absteneos de él y de sus vanidades, pues vive el alma evitándolas, y muere apeteciéndolas.

Absteneos de la crúel ferocidad de la soberbia, del pesado deleite de la lujuria, y del falso nombre de ciencia; y asi estarán las bestias mansas, los brutos domados, y las serpientes sin veneno. Estos son los movimientos del alma en sentido alegórico; pero el orgullo de la soberbia, el deleite de la lascivia, y el veneno de la curiosidad son movimientos de una alma muerta, porque no se muere de tal modo que carezca de todo movimiento, sino que su muerte consiste en apartarse de la fuente de la vida; y en aquella separacion la coge el siglo pasagero, y la hace conformarse con sus leyes y costumbres.

31 Pero vuestra palabra, Dios mio, es el principio y fuente de la vida eterna; que no es pasagera ni transitoria, y asi

(1) Ps. 68. 33. (2) Rom. 12. 2.

con la virtud de vuestra palabra se nos impide aquel apartamiento y separacion, cuando se nos dice: *No querais conformaros con el presente siglo* (1), para que la *tierra* regada con la fuente de la vida *produzca almas vivientes*; y asi en virtud de vuestra palabra, comunicada por vuestros evangelistas, produce almas continentes é imitadoras de aquellos que fueron imitadores de vuestro Hijo y Señor nuestro Jesucristo.

Esto es lo que quieren decir aquellas palabras, *conforme á su especie*; porque de lo que se ama es de donde toma el hombre lo que imita. Por eso dice el Apóstol: *Sed vosotros como yo, pues yo soy como vosotros* (2). Asi en el alma viviente habrá *bestias buenas*, por la mansedumbre de sus acciones. Porque Vos lo habeis mandado, diciendo: *Haz todas tus obras con mansedumbre, y serás amado de todos* (3). Tambien habrá *brutos buenos*, que ni en alimentarse pongan el concepto de su abundancia verdadera, ni en de-

(1) Rom. 12. 2. (2) Galat. 4. 12.
(3) Eccli. 3. 19.

jar de comer coloquen su verdadera indigencia. Tambien *serpientes buenas*, por cuanto no serán perniciosos, ni harán mal á ninguno; sino astutos y prudentes para guardarse del mal, y solamente ocupados en escudriñar la naturaleza de las cosas temporales, cuanto fuere suficiente para ir subiendo por el conocimiento de las cosas criadas á la inteligencia de la eternidad. Porque esta casta de fieras y animales sirven provechosamente á la razon, cuando refrenadas para que no hagan progresos mortíferos, viven y practican solamente su bondad.

CAPÍTULO XXII.

Por qué el hombre fue hecho á imágen y semejanza de Dios.

32 Ello es cierto, Dios y Señor mio y mi criador, que luego que nuestras afecciones (con las cuales viviamos mal, y viviendo mal moriamos), fueren reprimidas y apartadas del amor del siglo, y nuestra alma comenzare á tener *vida* verdadera viviendo bien, y cumplamos

aquel vuestro precepto que por vuestro Apóstol nos intimais, diciendo: *No querais conformaros con el presente siglo* (1): tambien conseguiremos lo que consecutivamente añadisteis, diciendo: *Pero la renovacion de vuestra alma produzca en vosotros una nueva vida*, no viviendo ya entonces *segun y conforme á los de nuestra especie*, esto es, no imitando ya el método de vida de nuestros prógimos que nos precedieron, ni viviendo gobernados y guiados por la autoridad de algun otro mejor y mas perfecto que nosotros.

Porque en nuestra creacion no digisteis; *Hagamos al hombre segun su especie*, sino, *hagamos al hombre á nuestra imágen y semejanza* (2), para que cuidemos de saber y cumplir vuestra voluntad. Para este fin aquel vuestro fiel dispensador y ministro, cuando engendraba tantos hijos espirituales por el Evangelio, no queriendo tener siempre pequeñuelos que alimentar con leche, y que llevar en sus brazos como una ama, les decia: *Reformaos, y haced qne la renovacion de vues-*

(1) Rom. 12. 2. (2) Gen. 1. 26.

tra alma produzca en vosotros una nueva vida, para que sepais cual sea la voluntad de Dios, cual lo bueno, agradable á sus ojos y perfecto (1).

Por eso no digisteis, *hágase el hombre*; sino, *hagamos al hombre.* Ni tampoco digisteis, *segun su especie*, sino *á imágen y semejanza nuestra.* Porque el hombre hecho ya nuevo, cuya alma renovada conoce y entiende vuestra verdad, no tiene necesidad de otro hombre que se la demuestre (2), ni de imitar á los de su misma especie, sino que enseñándole Vos mismo, sabe cual sea vuestra voluntad y lo que es bueno, perfecto y agradable á vuestros ojos; y enseñándole Vos, le haceis capaz de ver la Trinidad de vuestra Unidad, y la Unidad de vuestra Trinidad, insinuada en vuestras mismas palabras de la creacion, pues luego que se dijo en plural, *hagamos al hombre*, se añade en singular, *hizo Dios al hombre*; y despues de haber dicho en plural, *á nuestra imágen*, se añade en singular, *á imágen y semejanza de Dios.*

(1) Rom. 12. 2. (2) Col. 3. 10.

Asi el hombre se renueva para el conocimiento de Dios, y conformarse con la imágen y semejanza del que le ha criado. Y hecho *hombre espiritual*, *juzga todas las cosas* que deben juzgarse; *pero él de nadie es juzgado* (1).

CAPÍTULO XXIII.

Qué quiere decir que el hombre presida á los peces del mar, y á quienes juzgue el *cristiano.*

33 Que *el hombre espiritual juzga todas las cosas*, es tener potestad sobre *los peces del mar*, y las *aves* del cielo sobre todas las *bestias* y *fieras*, sobre toda la *tierra* y sobre todos los animales que por ella *se arrastran*, y andan y se mueven en ella (2). Esto lo egecuta por medio del entendimiento, que es aquella potencia del alma, con la cual percibe todas las cosas que le comunica el espíritu de Dios. No obstante, *colocado en este honor*, *no procedio como hombre de entendi-*

(1) 1. Cor. 2. 15. (2) Gen. 1. 26.

miento, y se hizo igual á los brutos y semejante á ellos (1). En vuestra Iglesia pues, Dios mio, los hijos espirituales que la componen, juzgan todas las cosas espirituales segun la gracia que os dignais comunicarles: porque todos los fieles, ya sean los superiores que segun vuestro espíritu mandan y gobiernan, ya sean los inferiores y súbditos que por el mismo espíritu se sugetan á ellos y los obedecen; todos somos hechura de vuestras manos, *criados en buenas obras* (2). Y ve aqui como tambien se verifica que hicisteis *varon y hembra* al hombre en el órden espiritual y de la gracia, donde segun el sexo del cuerpo no hay distincion alguna de varon y hembra, *pues tampoco la hay entre el judío y el griego, entre el esclavo y el libre.*

Los hombres pues espirituales, tanto los superiores que mandan, como los inferiores que obedecen, juzgan espiritualmente; pero no juzgan de los sentidos ó inteligencias espirituales que resplandecen en el *firmamento* de vuestras Escritu-

(1) Ps. 48. 21. (2) Ephes. 2. 10.

tas; pues no conviene (a) que el hombre juzgue de unas cosas de tan alta y sublime autoridad; ni tampoco del mismo sagrado libro vuestro, aun cuando alguna de sus sentencias no se manifiesta con toda claridad, porque nosotros sometemos y cautivamos nuestro entendimiento á ese vuestro libro; creyendo firmemente, que aun aquello que en él se oculta á nuestros entendimientos, está rectamente dicho y con verdad. Porque el hombre aunque ya sea espiritual y conforme á la imágen de aquel que le crió, por la re-

(a) *No conviene que el hombre juzgue de unas cosas de tanta autoridad.* De estas palabras de San Agustin se infiere, cuan contrario es el modo de pensar que en esta materia, como en otras, tienen los protestantes al de este Santo y antiquísimo padre de la Iglesia; pues ellos permiten y quieren que las sagradas Escrituras anden en las manos de todo el mundo, y que puedan interpretarlas á su arbitrio aun las mugeres mas ignorantes, y los hombres mas idiotas; cuando S. Agustin enseña, que aun á los hombres espirituales de la Iglesia les está prohibido propasarse á juzgar las verdades y misterios, de que estan llenos aquellos libros sagrados.

novacion que ha producido en su alma el conocimiento de Dios, debe ser observador de la ley, y no juez de ella (1).

Ni tampoco se ocupa en juzgar de aquella distincion que hay entre los hombres carnales y espirituales, que á vuestros ojos, Dios mio, son bien conocidos, aunque todavía no se hayan dado á conocer por sus obras, para que por sus frutos podamos conocerlos; pero Vos, Dios mio, ya los conoceis, y teneis hecha distincion de unos y de otros, y los llamasteis (a) en lo oculto de vuestro juicio, antes que fuese hecho el firmamento (2).

Tampoco finalmente juzga el hombre espiritual de la suerte de aquellos pue-

(a) *Las llamasteis en lo oculto de vuestro juicio.* Aunque es muy buen sentido el que da el P. J. M. á las palabras del Santo en este lugar, *Et vocasti in occulto, antequam fieret firmamentum*: Quand vous les avez tirés du néant sans les faire connoitre à personne; me parece mas conforme al texto la version que damos no solo aqui, sino tambien en el capítulo XVIII n. 22. seccion segunda.

(1) Colos. 3. 10. Jacob. 4. 11.

(2) Math. 7. 16.

blos que viven todavía en las inquietas y perturbadas olas de este siglo. Y á la verdad, ¿que le importa á él juzgar de los que estan fuera de la iglesia, cuando no sabe quien de ellos vendrá desde alli á participar la dulzura de vuestra gracia, y quién será el que para siempre quedará en la perpetua amargura de impiedad?

34 Por eso el hombre, á quien Vos hicisteis á vuestra imágen, no recibió de Vos potestad sobre los *luminares del cielo*, ni sobre aquel cielo superior y oculto, ni sobre *el dia y la noche*, que Vos llamasteis antes de criar el cielo; ni sobre la inmensa congregacion de las aguas, que es *el mar*, sino que las recibió *sobre los peces del mar*, *y sobre las aves del cielo*, y sobre todos los animales, y sobre toda la *tierra*, y los vivientes que andan arrastrando por ella.

Juzga pues el hombre espiritual todas estas cosas, y aprueba todo lo que hallare bueno, y reprueba todo lo que hallare malo, ya sea en la solemne administracion de aquellos sacramentos con que quedan iniciados y consagrados á Vos los que vuestra misericordia ha escogido y sacado de entre las *profundas aguas*, ya sea en la solemne administracion de aquel sacramento, en que la tierra cristiana y pia se alimenta de aquel divino *pez*, que fue sacado de lo profundo del mar: ya sea en la significacion de las palabras y voces subordinadas y conformes á la autoridad de vuestras Escrituras, las cuales estan figuradas en las aves que vuelan *bajo del firmamento*: interpretándolas, esponiéndolas, conferenciándolas, disputando acerca de ellas, bendiciéndoos con palabras claras y perceptibles, que forman y pronuncian públicamente, de modo que lo oiga todo el pueblo (a), para que responda *Amen*. Y la causa de necesitarse de todas estas voces y palabras corporal y sensiblemente pronunciadas, es el *abismo* y profundidad del siglo, y la ceguedad de la carne: por la cual no po-

(a) *Para que responda Amen.* Esta palabra hebrea *Amen*, que significa *en verdad*, *verdaderamente*, *fielmente*, *exactamente*, *asi sea &c.* la uso frecuentemente nuestro redentor Jesucristo, y por lo mismo se ha venerado como voz sagrada desde la primitiva Iglesia, y se ha destinado á finalizar con ella sus oracio-

demos los unos alcanzar á ver y penetrar los pensamientos de los otros; y asi es necesario valernos de voces y palabras que suenen en los oidos de los otros, para darles á entender nuestros pensamientos. Pero ello es verdad, que aunque estas *aves* que vuelan bajo del firmamento se multipliquen sobre la *tierra*, el orígen y principio de su ser espiritual le tuvieron de las *aguas*.

Tambien compete al hombre espiritual juzgar aprobando lo que halla justo y recto en las operaciones y costumbres de los fieles, y desaprobando lo que en ellas observare de malo y defectuoso; esto es, en sus limosnas, que son como el fruto de una *tierra fecunda*, en la mansedumbre que han adquirido ya sus pasiones,

nes, sus rogativas, sus alabanzas, sus bendiciones, sus invocaciones, sus exortaciones, y sus exorcismos. Antiguamente se acostumbraba en la Iglesia responder todo el pueblo *Amen*, al concluirse la oracion ó colecta, y tambien los particulares en otras ocasiones, principalmente cuando recibian algunos sacramentos. Mi P. S. Agustin hace en varias partes memoria de esta costumbre.

desde que su alma goza la vida de la gracia: en la castidad que observan: en los ayunos que guardan: en los piadosos pensamientos en que se egercitan, segun que todas estas cosas se nos manifiestan, y se perciben por los sentidos corporales. De todo lo cual se dice que juzga ahora el hombre espiritual, porque tiene tambien potestad de reprender los defectos de todas esas cosas.

CAPÍTULO XXIV.

De la bendicion que Dios echó á los animales, diciendo: Creced y multiplicaos sobre la tierra.

35 Pero, Señor, ¿que es esto que aqui observo, y qué misterio hay en lo que voy á decir? Hallo que Vos habeis *bendecido á los hombres, para que crezcan y se multipliquen, y llenen la tierra.* ¿Por ventura en esto no nos dais á entender alguna cosa que nos sea útil y conveniente saberla? ¿Pues por que no bendigisteis tambien del mismo modo á la luz, á la cual llamasteis *dia*, ni al

firmamento del cielo, ni al sol y luna; ni á las estrellas, ni á la tierra, ni al mar?

Yo diria, Dios y Señor mio, que como fue voluntad vuestra habernos criado á vuestra imágen y semejanza, quisisteis hacer al hombre este don particular de darle vuestra bendicion, si no viera que de este mismo modo bendigisteis á los peces y ballenas, para que crecieran y multiplicaran, y llenaran las aguas del mar y tambien á las aves para que se multiplicaran sobre la tierra.

Tambien diria que esta bendicion comprendia á todas las especies de criaturas, que se multiplican por verdadera generacion, produciéndose unas á otras de su propia sustancia, si hallara que se habia estendido esta bendicion á las plantas, y á los árboles, y á los animales de la tierra. Pero hallo que ni á las yerbas, ni á los árboles, ni á las bestias, serpientes y demas animales de la tierra digisteis: *creced y multiplicaos*; no obstante que todas estas cosas se aumentan y conservan sus especies respectivamente por via de generacion, asi como los peces, las aves y los hombres.

36 ¿Pues que diré en esta duda, oh verdad eterna y luz de mi alma? ¿Diré que esto no tiene misterio alguno? y que, ¿Moises lo dijo asi en valde y vanamente? De ningun modo lo diré, Padre de misericordia; ni permitais que tal cosa diga este vuestro siervo, que profundamente venera vuestra divina palabra. Y si yo no entiendo lo que en esta sentencia quisisteis significar, mejor usarán de ella otros mejores, esto es, otros que tengan mejor entendimiento, ó mejor penetracion que yo, á medida de lo que Vos, Dios mio, les hayais comunicado de talento y sabiduría. Pero sea agradable á vuestros ojos la confesion que os hago, de que firmemente creo, Señor, que el haber Vos hablado de aquel modo, no fue vanamente y sin algun misterio. Ni omitiré decir lo que se me ha ofrecido con ocasion de leer este sagrado testo, porque ello es verdad; y no veo que haya inconveniente que me impida entender asi estas locuciones figuradas de vuestras sagradas Escrituras.

Sé muy bien que lo que el entendimiento concibe de una manera sola, se puede esplicar de muchos modos por los sentidos corporales; y que aquello que de un modo se esplica por los sentidos del cuerpo, se puede entender de muchos modos por nuestro entendimiento. Por egemplo, este simple concepto *amor de Dios y del prógimo*, puede enunciarse con muchísimos signos y voces, y por innumerables lenguas, y en cada una de ellas puede significarse por innumerables modos y frases diferentes: y esto es crecer y multiplicarse *las producciones de las aguas*. Pues atienda tambien ahora el lector. He aqui que la sagrada Escritura dice de un modo solamente, y nuestra voz tambien solamente de un modo pronuncia estas palabras, *en el principio hizo Dios el cielo y la tierra*; y no obstante se entienden de muy diferentes modos, no por alguna falsedad de errores que haya en ellas, sino por los diferentes géneros de verdades que contienen: y esto es crecer y multiplicarse *las producciones de los hombres*.

37 Por lo cual si entendemos las mismas naturalezas de las cosas, no en sentido alegórico, sino literal y propiamente, es claro que aquellas palabras, *creced*

y multiplicaos, convienen á todas las cosas que se engendran y producen por sus propias virtudes seminales. Pero si las tomamos en sentido alegórico y figurado (que segun mi parecer fue el que mas principalmente intentó aqui el autor de la Escritura, que no en valde aplica esta bendicion solamente á los hombres, y á los animales producidos por las aguas), hallaremos tambien multiplicacion y muchedumbre en las criaturas espirituales y corporales, como si digeramos *en el cielo y en la tierra*; y en las almas justas y en las inicuas, como si digeramos en la *luz* y en las tinieblas; y en los autores sagrados, por cuyo medio nos habeis comunicado vuestra ley, como si digeramos *en el firmamento*, que se colocó entre *unas y otras aguas*; y en la multitud de pueblos que viven entre amarguras de infidelidad, como si digeramos *en el mar*; y en la ocupacion y zelo de las almas cristianas y piadosas, como si digeramos *en la tierra* apartada de las aguas; y en las obras de misericordia durante esta presente vida, como si digeramos en las *yerbas* seminales, y en los *árboles* fructíferos; y en los dones sobrenaturales y maravillosos manifestados para utilidad de los fieles, como si digeramos en los astros *y luminares del cielo*; y en los apetitos reglados por la templanza, como si digeramos en las *almas vivientes*. En todas estas cosas hallamos muchedumbres, abundancias y aumentos.

Pero que una cosa se aumente y multiplique de tal manera, que siendo no mas de una, se diga de muchos modos; y siendo no mas que una en sí la palabra que se profiere, se entienda de diferentes modos, no lo hallamos sino en las palabras que esteriormente decimos, y en los conceptos que interiormente formamos. Estas palabras que esteriormente pronunciamos, las entiendo figuradas en los peces y animales engendrados de *las aguas*, por la necesidad que tenemos de multiplicar aquellos signos y palabras, á causa de *la profundidad y abismo de la carne*; y las cosas que interiormente pensamos, las entiendo figuradas en las generaciones *humanas* por la fecundidad del entendimiento. Y por eso creo que precisamente estos dos géneros, en que se comprenden los hombres y los peces, fueron á quienes Vos, Señor, digisteis, *creced y multiplicaos*, porque en esta bendicion entiendo yo que nos disteis la potestad y facultad de decir y esplicar de muchos modos, lo que de una sola manera tenemos concebido; y tambien la facultad de entender de muchos modos aquellos pasages oscuros, que solamente de un modo los hallamos escritos.

De este modo se llenan *las aguas del mar*, que no se mueven sino con varias significaciones: y asi tambien se llena *la tierra de producciones humanas*, cuya aridez se descubre y manifiesta en su estudio y conato de descubrir la verdad, sugetándose al dominio de la razon.

CAPÍTULO XXV.

Que Dios señaló al hombre para su alimento todas las yerbas y plantas.

38. También quiero decir, ¡oh Dios y Señor mio! lo que entiendo de las palabras siguientes de la Escritura: y he de decirlo sin receto alguno. Porque sé

que diré verdad, inspirándome Vos lo que de tales palabras quereis que diga. Porque no creo que hablo verdad, inspirándome otro que no seais Vos, que sois la misma verdad (1), pues *todo hombre es mentiroso*; y asi todo el que dice mentira, habla de su propia cosecha. Luego para que yo hable verdad, he de hablar lo que me inspireis Vos.

Hallo pues en las palabras siguientes de vuestra Escritura (2), que para nuestro alimento nos disteis todas las yerbas y plantas que pueden sembrarse, sembrando Vos la semilla que de todas hay sobre toda la tierra: y tambien nos concedisteis para el mismo fin, todos los árboles que tienen en sí mismos la simiente propia de su especie. Pero no solamente á nosotros, sino tambien á todas las aves del cielo, cuadrúpedos y serpientes de la tierra, se los disteis para su alimento; pero á los peces y á las ballenas no les disteis estas cosas para su sustento. Pues como tengo dicho, en estos frutos de la tierra se significan y re-

(1) Ps. 115. 12. (2) Gen. 1. 29.

presentan en sentido alegórico las obras de misericordia, que para alivio de las necesidades de esta vida egercen las buenas almas representadas por *la tierra* fructifera. Tal como esta tierra era el piadoso Onesíforo, á cuya casa comunicasteis vuestra misericordia, por los frequentes beneficios que hizo á vuestro siervo Pablo, sin darle rubor alguno sus cadenas (1). Esto hicieron tambien otros hermanos, y con semejante fruto acreditaron ser tierra fructuosa aquellos que de las limosnas de Madeconia le asistieron en todo lo que necesitaba (2).

¡Pero cuanto se lamenta de otros, que como árboles infructuosos no le dieron el fruto que debian, cuando dice: *En mi primera defensa ninguno me asistió; antes bien todos me desampararon: pero esta falta no se les impute á culpa!* Porque estos socorros les son debidos á los ministros del Evangelio, que nos predican vuestra doctrina, y enseñan la verdadera inteligencia de los divinos misterios: y asi les son debidos en cuanto racionales ó como

(1) 2. Tim. 1. 16. (2) 2. Cor. 11. 9.

á hombres. Se les deben en cuanto son aquellas *almas vivientes*, que nos dan egemplos de su templanza para que los imitemos. Tambien se les deben considerados como *aves del cielo*, por sus bendiciones, que se multiplican sobre la tierra, porque en toda ella se escuchó su voz (1).

CAPÍTULO XXVI.

El deleite y el provecho que debe causar el beneficio hecho á nuestro prógimo.

39 Se alimentan de estos frutos que he dicho, los que se alegran con ellos; pero no tienen esta alegría *los que tienen por su Dios á su vientre* (2). Porque tampoco en aquellos que dan estas limosnas, se ha de juzgar que el *fruto* está y consiste en las mismas cosas que han dado, sino en la intencion y ánimo con que las dan. Y asi bien claramente descubro el motivo que tenia para alegrarse San Pablo, que servia á Dios en esto, y no á su vientre: claramente le veo y me regocijo

(1) Ps. 18. 5. (2) Phil. 3. 29.

sumamente con él por el mismo motivo. Habia recibido el Apóstol de los Filipenses los socorros que le habian enviado por mano de Epafrodito; pero bien claramente veo que el motivo de su alegría, no es material socorro que le habian enviado. Lo que en esta ocasion causaba su alegría era lo mismo de que San Pablo se alimentaba: pues hablando en verdad, dice: *He tenido una grande alegría en el Señor, viendo que aquella misma buena voluntad y aficion que me teniais, y que por una especie de tedio se habia como esterilizado: finalmente ha vuelto á reverdecer y á brotar fruto* (1). Con que estos Filipenses por un prolongado tedio se habian marchitado y cuasi secado, en cuanto á este *fruto* y buena obra de misericordia que antes habian hecho; y ahora San Pablo se alegra y regocija con ellos, porque volvian á brotar aquellos frutos; pero no por el provecho que él tuvo, cuando le socorrieron en sus necesidades. Por eso prosiguiendo, dice él mismo: *No digo esto mirando á que me haya faltado alguna co-*

(1) Phil. 4. 10.

sa, porque ya estoy hecho á contentarme con lo que basta al estado en que me hallo. Sé vivir con escasez, y sé vivir con abundancia: como he esperimentado de todo, á todo estoy acostumbrado: he sabido saciarme, y tambien estar hambriento: tener abundancia, y padecer penuria y escasez; y asi todo lo puedo en aquel que me conforta (1).

40 ¡Pues qué es, grande apóstol Pablo, lo que causa vuestra alegría? ¿Que es lo que os alegra? ¿Que es lo que os srive de alimento en esta ocasion, *hombre* santísimo, y tan *renovado* por el conocimiento de Dios (2), que habeis llegado á ser conforme á la imágen de aquel Señor que os crió: *alma viviente* con tan grande templanza: lengua *volátil* que nos habla misterios (pues á esta casta de aves del cielo les corresponde tambien este alimento) decid, ¿que es lo que en aquella obra de los Filipenses sirvió de pasto á vuestra alma? La alegría. Oigamos lo que se sigue: *Verdaderamente*, dice, *obrasteis bien, habiéndoos hecho voluntariamente*

(1) Phil. 4. 11. (2) Col. 3. 10.

participantes de mi tribulacion (1).

Este es el motivo de su alegría; esto es lo que sirvió de alimento á su alma: ver que los Filipenses habian egecutado aquella buena obra, y no el alivio que de ella le resultaba, ni que hubiesen hecho menor su necesidad y angustia; pues él os dice, Dios mio: *Vos habeis ensanchado mi corazon, cuando estaba en medio de la tribulacion* (2): porque en Vos que le dabais fortaleza aprendió á saber usar de la escasez. Y asi prosigue diciendo: *Bien sabeis ¡oh Filipenses! que desde que di principio á la predicacion del Evangelio, y desde que salí de Macedonia, con ninguna Iglesia he tenido comercio en cuanto á limosnas que me hayan dado, y yo haya recibido, sino solamente con la vuestra; pues aun á Tesalónica me enviasteis vosotros en dos ocasiones, con que pudiese yo socorrer mis necesidades* (3). Y ahora dice que se alegra de que hayan vuelto á egercitarse en tan buenas obras: y se regocija, viendo que brotan nuevamente frutos, como

(1) Phil. 4. 14. (2) Psalm. 4. 1.
(3) Phil 4. 20.

reverdeciendo la fertilidad de su campo.

41 ¿Pero acaso diremos que se alegra, porque le administraron con que poder acudir á sus necesidades y urgencias, pues él mismo confiesa que *le enviaron aquellas limosnas para que usase de ellas*? ¿Acaso es esto por lo que se alegra? No es ciertamente por esto. ¿Y de donde lo sabemos? De que él prosigue diciendo: *No porque busque yo vuestros donativos, sino porque procuro y solicito vuestros frutos y adelantamientos.*

Vos, Dios mio, me habeis enseñado á distinguir entre la *dádiva* y el *fruto* de ella. La *dádiva* es aquella misma cosa que da alguno para el socorro de las necesidades de otro, como es el dinero, la comida, la bebida, el vestido, el hospedage, la proteccion; pero el *fruto* es la buena voluntad y recta intencion del que da estas cosas. Por lo cual nuestro divino Maestro no dijo solamente, *el que recibiere ú hospedare al profeta*; sino que añadió, *en nombre y cualidad de profeta*. Ni dijo solamente, *el que hospedare á un justo*; sino que añadió tambien, *en nombre y cualidad de justo*, y en cuanto *tal* (1). Porque en este sentido se ha de entender lo que dice el testo despues inmediatamente, esto es, que el primero *recibirá el premio que corresponde al que hospeda á un profeta*, y el segundo *el que corresponde al que hospedare al justo*. Ni el Evangelio dice solamente, *el que diere de beber un vaso de agua fria á alguno de mis fieles pequeñuelos*; sino que espresamente añadió, que esta caridad se habia de hacer con él *solamente en atencion á que era de sus discípulos*. Y haciéndolo asi, añade: *Por verdad os digo, que este tal no dejará de recibir su premio*. En estos casos el recibir á un profeta, hospedar á un justo, dar un vaso de agua fria á un discípulo, es el *don* ó la *dádiva*; pero hacer esto con él en cuanto es profeta, en cuanto es justo, y en cuanto es discípulo de Jesucristo, esto es el *fruto*.

Asi Elías era alimentado con fruto por aquella viuda, que sabia que era un santo, y un hombre de Dios á quien hospedaba y sustentaba, y por tanto lo hacia ella; pero por el cuervo solamente era

(1) Matth. 10. 41.

alimentado con el don ó la dádiva; ni tampoco era el interior Elías el que era sustentado, sino solamente el esterior, que con la falta de aquel alimento pudiera destruirse.

CAPÍTULO XXVII.

Qué se signifique por los peces y cetáceos.

42 Por lo cual diré una cosa que delante de Vos, Señor, es verdad; y es, que cuando los hombres ignorantes é infieles, para cuya enseñanza y reduccion son necesarios los primeros sacramentos, y las grandes obras de los milagros, que juzgo estar significados por *los peces*, y por las *ballenas*, reciben en su casa á vuestros ministros, para alimentarlos corporalmente, y ayudarlos en alguna cosa necesaria á la vida; como ignoran la razon por qué se haya de egecutar con ellos aquella buena obra, y el fin que los habia de mover á egecutarla; ni ellos dan el verdadero pasto á vuestros siervos, ni estos son verdaderamente apacentados por ellos; porque ni aquellos obran con esta

santa intencion y recta voluntad, ni estos se alegran con sus *dádivas*, en las que todavía no perciben ni alcanzan á ver *el fruto*. Porque se alimenta el alma con aquello que la alegra. Y por eso *los peces y ballenas* no se alimentan de aquellas comidas, que no las produce la *tierra*, hasta que ya está distinguida y separada de la amargura de las olas del mar.

CAPÍTULO XXVIII.

Como Dios vió todas las criaturas juntas, y halló que eran en sumo grado buenas.

43 Vos, Señor, visteis todas las cosas que criasteis, y hallasteis que eran muy buenas; porque nosotros tambien las vemos, y nos parecen sumamente buenas. En cada uno de los géneros de vuestras obras, habiendo Vos dicho que se hiciesen, y siendo ellas hechas, visteis todos estos géneros, y cada uno de ellos digisteis que era bueno. Tengo observado en la Escritura que siete veces repite, que visteis *que era bueno* lo que habiais criado; y la octava vez que lo repite es di-

ciendo: que visteis todas las cosas que hicisteis, y que las hallasteis *no buenas* solamente, sino *bonísimas* ó *sumamente buenas*, como consideradas de una vez todas y juntas. Porque cada una de por sí era solamente *buena*; pero juntas todas *eran buenas y sumamente buenas*. Esto mismo dicen cualesquiera cuerpos que tienen hermosura; porque mucho mas hermoso es aquel cuerpo que consta de unos miembros que todos son hermosos, que cada uno de los miembros de cuya conexion ordenadísima se completa el universo, no obstante que sean hermosos, contemplados cada uno de por sí.

CAPÍTULO XXIX.

Cómo se deba entender que Dios vió ocho veces que sus obras eran buenas.

44 Tambien puse cuidado para ver si podia hallar, que siete ú ocho veces vieseis Vos que eran buenas vuestras obras cuando ellas os agradaron; y no hallando en vuestro ver sucesion de tiempos, por los cuales pudiese yo llegar á enten-

der, que por tantas veces vieseis Vos las obras que habeis criado, esclamé diciendo: ¡Oh Señor! ¿este pasage de vuestra Escritura puede acaso dejar de ser verdadero, cuando Vos, que sois veraz y la verdad misma, sois el autor de ella? Pues, Señor, ¿como me habeis enseñado que en vuestra accion de ver no hay sucesion de tiempos; si esta Escritura vuestra me dice, que en cada uno de los dias visteis que las cosas que habiais hecho eran buenas, y habiéndolas contado, hallé el determinado número de veces que las habiais visto? A esto os dignais responderme; y como sois mi Dios, cuya voz es tan fuerte y penetrante que llega al interior oido de mi alma y vence su sordera, me decis clamando: "Oye, Agustino. Es verdad que lo que dice la Escritura yo lo digo; pero ella lo dice en tiempo; mas no asi mi palabra, que es superior al tiempo, porque es igual en la eternidad conmigo. Asi tambien aquellas mismas cosas que vosotros conoceis y veis por la virtud de mi espíritu, yo tambien las conozco y veo, como tambien las que decis por virtud del propio espíritu, yo tambien las digo. Pero con esta diferencia, que cuando vosotros las veis y conoceis temporal y sucesivamente, yo no las conozco ni veo de ese modo, ni tampoco diciéndolas vosotros en tiempo, las digo de ese modo, sino de un modo superior á todo tiempo."

CAPITULO XXX.

Delirio de los maniqueos.

45 Esto oí en lo interior de mi alma, Dios y Señor mio, y recogí gustosísimamente esta gota de dulzura, dimanada de vuestra verdad eterna; y entonces conocí cuanta era la loca temeridad de algunos, á quienes desagradan vuestras obras, y hallan que reprender en ellas, y se atreven á decir que algunas de ellas las habeis hecho forzado y compelido de la necesidad, como son la fábrica de los cielos y el adorno de los astros; y que estas mismas cosas no tuvieron de Vos su primer ser y principio, sino que antes existian ya criadas en otra parte y por otro principio; y que

Vos las habiais contraido, compaginado y entretegido como estan, cuando vencidos vuestros enemigos, fabricasteis las murallas del mundo, para que cercados por todas partes con ellas, no pudiesen volver á rebelarse contra Vos. Que hay otras muchas cosas, que ni Vos las habeis criado, ni tampoco las habeis encadenado y compuesto, como son las carnes, los insectos y todo lo que echa raices en la tierra, sino que una potencia enemiga, que es otra naturaleza muy distinta de Vos y muy contraria, á la cual Vos no habeis criado, produce y forma todas estas cosas en los parages y senos mas profundos del universo.

Locos son los que dicen tales cosas; porque no consideran vuestras obras gobernadas de vuestro espíritu, y asi no os reconocen en ellas.

CAPÍTULO XXXI.

Que á los buenos les agrada lo que agrada á Dios.

46 Al contrario sucede á los que ven vuestras obras por medio de vuestro espíritu, porque entonces Vos mismo veis en ellos. Y asi cuando ven que son buenas, Vos mismo sois el que veis esa bondad que tienen; y cualquier cosa que les agrada por Vos, sois Vos mismo el que les agradais; y las cosas que nos agradan por vuestro espíritu, á Vos mismo os agradan en nosotros. Porque asi como ninguno de los hombres puede reconocer las obras del hombre, sino el espíritu del hombre que está en el hombre mismo; asi tambien las obras de Dios ninguno las conoce y sabe sino el espíritu de Dios. *Y asi* añade el Apóstol, *para que conozcamos los dones que Dios nos ha hecho, hemos recibido el espíritu de Dios, y no el espíritu de este mundo* (1). Por lo

(1) 1. Cor. 2. 11.

cual debo decir absolutamente, que es cierto que ninguno sabe las obras de Dios, sino el espíritu del mismo Dios. Y si yo preguntara: ¿pues como sabemos nosotros tambien los dones que nos ha hecho Dios? se me responderia, que las cosas que sabemos por el espíritu de Dios, no tanto es conocerlas y saberlas nosotros, como conocerlas por el mismo divino espíritu.

Pues asi como hablando Cristo Señor nuestro con los que hablaban con el espíritu de Dios, les dijo, y dijo rectamente, *no sois vosotros los que hablais* (1): asi tambien á los que saben y conocen las cosas con el espíritu de Dios, se les dice rectamente, *no sois vosotros los que las conoceis y sabeis*: y á los que ven las cosas con espíritu de Dios no menos rectamente, se les dice, *no sois vosotros los que las veis*. Y asi toda cuanta bondad ven ellos con espíritu de Dios, no tanto son ellos los que la ven, como el mismo Dios.

Por lo cual se ha de suponer, que es cosa muy diferente, que alguno juzgue

(1). Math. 10. 20.

que es malo lo que es bueno, como hacen aquellos insensatos de quienes hablé poco ha; y otra cosa es, que lo que es bueno, vea el hombre que lo es efectivamente, como á muchísimos agradan vuestras criaturas porque son buenas, sin que Vos les agradeis en vuestras criaturas, pues mas quieren gozar de ellas que de Vos; y otra cosa es que cuando el hombre ve alguna cosa buena, Dios mismo sea el que la ve en él, de modo que Dios sea amado en aquella obra que ha criado; pues asi no pudiera ser amado, sino por el Espíritu Santo que él mismo nos dió: porque *la caridad y amor de Dios se difundió en nuestros corazones por el Espíritu Santo que nos fue dado*; por el cual vemos que es bueno todo aquello que tiene algun ser, porque proviene de aquel que no solamente es bueno de algun modo, sino que es el infinito y soberano ser.

CAPÍTULO XXXII.

Refiere en compendio las obras de Dios.

47 Gracias á Vos, Dios mio. Vemos *al cielo y la tierra*, ya se entienda por ellos todo este corporal universo compuesto de una parte superior, y otra inferior; ya se entiendan las dos suertes de criaturas, espirituales y corpóreas, y ademas de esto (a) en el adorno que disteis á estas dos partes de que se compone esta grande máquina del universo, ó de que consta la universidad de vuestras criaturas, vemos criada *la luz*, y separada de *las tinieblas*.

Vemos tambien el *firmamento* del cielo:

(a) *En el adorno que disteis.* Este pasage ha sido mal entendido hasta ahora, dice el P. J. M.; y que en lugar de las diferentes inteligencias que se le han dado á San Agustin en este lugar, solamente dice el Santo que las hermosuras que descubrimos en las criaturas, nos ponen delante de los ojos la creacion de la luz, y como fue separada de las tinieblas.

ya por esto se entienda aquel primer cuerpo celestial colocado entre las *aguas* superiores y espirituales (a), y entre las inferiores y corpóreas, ó este grande espacio de aire en que vuelan las aves (pues tambien á este espacio se da nombre de cielo), colocado entre las aguas que suben en vapores mas arriba de donde llegan las aves, y que en las noches serenas caen resueltas en rocío, y entre estas aguas pesadas que corren por la tierra.

Vemos la *especie de las aguas* congregadas en los vastos espacios del mar, y tambien la tierra que las aguas dejaron en seco, ya la consideremos desnuda y sin forma alguna, ya formada de suerte que fuese visible y compuesta, y materia tambien de yerbas y de plantas.

Vemos los cuerpos luminosos que de lo alto del cielo nos alumbran, esto es, el *sol* que él solo hace el dia, y la luna y

(a) *Aguas superiores y espirituales.* Véase en el libro segundo de las Retractaciones el cap. 6., donde confiesa el Santo Doctor, que esto que dijo aqui de las *aguas superiores*, no está enteramente exacto.

estrellas que templan las tinieblas de la noche; y que con todos ellos se señalan (a) y significan los tiempos.

Vemos toda la húmeda region del universo llena de peces pequeños y grandes, y tambien llena de voladoras aves; porque la corpulencia del aire que sostiene á las aves, se engruesa con los vapores que suben exhalados de las aguas.

Vemos que la superficie de la tierra se adorna y hermosea con toda suerte de animales terrestres; y que el hombre, he-

(a) *Se señalan y significan los tiempos.* Este es sin duda el pensamiento de San Agustin en este lugar. Véase mas arriba en el libro 11. cap. 23. n. 29. Porque los astros no reglan ni dividen el tiempo, como algunos traductores franceses hicieron decir á San Agustin; no obstante que este mismo Santo Doctor observa que los astros mismos y todos los cuerpos particulares se mueven, y se miden con el tiempo. Y ademas de eso, aunque todos los astros se pararan, ó dejaran de ser enteramente, los reloges de arena, las muestras, los de péndola, los demas reloges &c. servirian siempre para distinguir los tiempos, los años, las estaciones, los dias, las horas y los momentos.

cho á vuestra imágen y semejanza, es preferido á todos los animales irracionales, en fuerza de la razon é inteligencia con que le dotasteis, haciéndole á vuestra imágen y semejanza.

Y al modo que en el alma racional hay una parte superior que rige y manda, y otra que es inferior y que obedece; asi para el hombre hicisteis corporalmente la muger, la cual tuviese sí en cuanto al alma igual naturaleza de razon é inteligencia; pero en cuanto al corporal sexo de tal suerte se sugetase al sexo masculino, como se sugeta y subordina el apetito sensitivo é inferior parte del alma á la superior y racional, para tomar de ella el régimen de sus acciones y reglas del bien obrar.

Todas estas cosas vemos; y vemos tambien que cada una de ellas mirada y contemplada de por sí, es ciertamente *buena*, y contempladas todas juntas de una vez son buenas en sumo grado.

CAPÍTULO XXXIII.

Que todas las cosas las crió Dios de la nada, ó de la materia concreada con las mismas cosas.

48 Vuestras obras, Señor, os alaben de suerte que nosotros os amemos; y amemoos nosotros de suerte que os alaben vuestras obras, que tienen sucesivamente y conforme corresponde al tiempo, su principio y su fin, su nacimiento y su ocaso, su aumento y disminucion, su forma y su privacion.

Con que todas tienen su *mañana* y su *noche*, que á todas se les sigue; aunque parte de esta *mañana y noche* la tienen y padecen oculta é invisiblemente, y parte la tienen y padecen clara y patentemente. Vos las hicisteis de la nada; no de vuestra sustancia, ni de alguna otra materia que existiese antes, y que no fuese obra vuestra, sino de una materia concreada con ellas, esto es, criada por Vos al mismo tiempo con ellas; porque á la informidad ó materia de que ellas constan, la formasteis y disteis su forma, sin medir entre lo uno y lo otro el mas brevísimo tiempo. Porque no obstante que es cosa muy distinta la materia del cielo y de la tierra, de la forma del cielo y de la tierra, criasteis de la nada la materia, pero de esa misma sacasteis la forma del cielo y tierra; pero juntamente y á un mismo tiempo hicisteis uno y otro, de modo que la materia no precedió á la forma con precedencia alguna de tiempo.

CAPÍTULO XXXIV.

Esposicion alegórica de toda la creacion del mundo.

49 También he llegado á conocer, qué cosas fueron las que quisisteis significarnos y darnos á entender, queriendo que estas cosas, ó se criasen con el órden que se refieren, ó se refiriesen con este órden con que estan escritas; y reconozco que tambien asi son *buenas*, miradas una por una, y *sumamente buenas*, miradas de una vez y todas juntas. *El cielo y la tierra*, que son figura de la ca-

beza y del cuerpo de la Iglesia, en vuestra predestinacion anterior á todos los tiempos, estaban en vuestro divino Verbo, que es vuestro único Hijo, sin *mañana* y sin *tarde*.

Mas luego que comenzasteis á egecutar en tiempo las cosas que teniais predestinadas, para manifestar lo que estaba oculto en lo profundo de vuestros decretos, y juntamente componer nuestras *descomposiciones*, por cuanto estabamos oprimidos de nuestros pecados, y con su gravedad y peso nos habiamos sumergido en un tenebroso abismo por apartarnos de Vos, vuestro divino espíritu era llevado de su amor sobre ese abismo en que estabamos, para socorrernos en el tiempo conveniente y oportuno.

Tambien hicisteis justos á los que eran impíos, y los distinguisteis y separasteis de los inicuos y malos.

Tambien hicisteis estable, firme y sólido el firmamento de vuestra santa Escritura, entre aquellos que Vos mismo enseñasteis (figurados por las aguas *superiores*), y aquellos que se les subordinasen y sugetasen (figurados por las aguas *inferiores*).

Tambien veo que juntasteis toda la multitud de los infieles congregados en una mala sociedad y conspiracion, para que manifestasen los estudios y cuidados de los fieles, y os ofreciesen sus obras de misericordia, hasta distribuir entre los pobres los bienes de la tierra, para adquirir los del cielo.

Vemos que tambien encendisteis en el cielo luminosos astros, figura de vuestros santos, á quienes comunicasteis vuestra palabra y doctrina, y una abundancia de vuestros dones espirituales, con que resplandecen entre el resto de los hombres con autoridad sublime y escelente.

Vemos tambien que para enseñar á los infieles y comunicarles vuestros misterios, produgisteis de la materia corporal sacramentos y milagros visibles, y tambien fórmulas de determinadas voces y palabras, sacadas del firmamento de vuestras santas Escrituras, con las cuales (a) bendigesen á los fieles vuestros ministros.

(a) No obstante que el Cl. P. J. M. afirma resolutoriamente, que la *bendicion* de que habla aqui San Agustin cuando dice: *Vo-*

Vemos tambien que la forma que disteis á *las almas* vivas de los fieles, es que arreglarian y ordenarian sus afectos por las leyes de la templanza y continencia.

Tambien despues de esto vemos, que á las almas que se sugetan á solo Vos, y que no necesitan de ningun egemplo de autoridad humana para emplearse en su

césque verbôrum... quibus étiam fidéles benediceréntur, "es la multiplicacion de los fieles, ó la virtud de multiplicarse: y por eso traduce él mismo estas palabras diciendo: Et de formules de priéres vocales....., avec quoi devoit se faire dans la suite des tems la multiplication des fideles;" yo, venerando mucho su parecer, juzgo que es mas conforme á la letra del testo la interpretacion que va puesta en el lugar que anoto. Pero no por eso deja de ser verdad lo que el citado P. añade sobre este lugar del Santo, esto es, "que las dichas bendiciones y palabras se ordenan á producir en las almas la abundancia de dones naturales y sobrenaturales, la ciençia, la rectitud é inocencia, el dominio del espíritu sobre el cuerpo, un amor perfecto al Criador, y una perfecta subordinacion á su voluntad; de cuyos bienes y prerogativas fue privado el hombre por el pecado." *D. Calmet* sobre este lugar.

imitacion, los renovasteis y rehicisteis *á vuestra imágen y semejanza.*

Y que sugetasteis la parte inferior del alma, que es la que se emplea en la egecucion de las acciones humanas, á la parte intelectiva que es la superior, al modo que subordinasteis la *muger al varon.*

Y vemos finalmente, que quisisteis que á todos vuestros ministros, que son precisos para perfeccionar á los fieles en está vida, los mismos fieles les contribuyesen con sus obras de misericordia, que les fuesen á ellos fructuosas para la vida eterna, y á los otros útiles para los usos y necesidades temporales.

Todas estas cosas vemos (que todas juntas hacen un todo sumamente bueno), porque Vos las veis en nosotros, pues nos disteis el espíritu con que pudiesemos verlas, y con que os amasemos al mismo tiempo de verlas.

CAPÍTULO XXXV.

Desea y pide el Santo Doctor aquella paz eterna que se sigue al sexto dia.

50 Dios y Señor mio, ya que nos habeis dado todas las cosas, dadnos tambien la paz que se sigue á las obras del sexto dia (a); la paz, digo, de aquella

(a) *La paz, quietud y descanso del dia séptimo.* Mi P. S. Agustin, y generalmente todos los padres, en este descanso que la Escritura atribuye á Dios en el dia séptimo, contemplan figurado aquel descanso eterno de la bienaventuranza, en que han de entrar los santos al salir de esta vida. Nuestro Redentor Jesucristo siguió tambien en la obra de nuestra redencion un órden semejante al de su Padre en la creacion del mundo: pues habiendo concluido la obra de nuestra redencion en el dia sexto, quiso que su sagrado cuerpo descansase en el dia siguiente en el sepulcro, donde cuidadosamente se le colocó como en depósito. Por otra parte observan que Dios bendice á este dia mas especialmente que á los otros. Y á esta especial bendicion se debe atribuir la gran veneracion con que aun los mismos gentiles miraban este dia. Por lo

quietud y descanso del dia séptimo, dia que no tiene *tarde.* Porque todo este hermosísimo órden de cosas que son tan buenas y escelentes, ha de pasar y acabarse en habiendo ellas cumplido todas las funciones para que fueron criadas, y en habiéndose egecutado en ellas todas las modificaciones para que las destinasteis; y asi se dice de todas ellas, que tienen su *mañana* y su *tarde.*

CAPÍTULO XXXVI.

Por qué al séptimo dia no se sigue noche.

51 Pero el séptimo dia ni tiene tarde ni ocaso, porque Vos le santificasteis para que permaneciese eternamente. En lo cual vuestra Escritura, que dice de Vos, que despues de vuestras obras tan escelentes y sumamente buenas, descansasteis al dia séptimo, aunque las hicis-

que Josefo dice, que ni entre los bárbaros, ni entre las naciones civilizadas y cultas, no habia ciudad alguna, donde no se tuviese en veneracion el séptimo dia. Véase á Calmet, Coment. in Genes. pág. 40.

teis sin cansancio alguno; nos previene y avisa anticipadamente, que tambien nosotros despues de nuestras obras, que siendo dadas de vuestras manos serán *sumamente* buenas, tambien descansaremos en Vos en el sábado de la vida eterna.

CAPÍTULO XXXVII.

Cuándo se verificará que Dios descanse en nosotros.

52 Entonces Vos mismo *descansareis* en nosotros, asi como ahora *obrais* en nosotros, *y aquel descanso* que entonces tendreis por medio de nosotros, *será descanso vuestro*, del mismo modo que son *vuestras estas obras* que haceis por medio de nosotros. Pero Vos, Señor, siempre estais obrando, y siempre descansando; ni veis en tiempo, ni os moveis en tiempo, ni descansais en tiempo; y no obstante eso, Vos sois el que haceis no solamente nuestras visiones ó actos de ver que egecutamos en tiempo, sino tambien los mismos tiempos, y la quietud y descanso que se sigue al tiempo.

CAPÍTULO XXXVIII.

De diversos modos ven las cosas criadas Dios y los hombres.

53 Así nosotros vemos estas cosas que Vos habeis hecho, porque ellas existen y tienen ser; pero en Vos es al contrario, porque si ellas tienen ser y existen, es porque Vos las veis.

Ademas de esto, nosotros vemos esteriormente que ellas existen y son, é interiormente conocemos que son buenas; pero Vos alli mismo las visteis hechas, donde las visteis para que se hicieran.

Tambien nosotros en un tiempo nos movimos á obrar bien, despues que vuestro divino espíritu fecundizó nuestras almas, pero en otro anterior tiempo nos moviamos á obrar mal, alejándonos de Vos; pero Vos, Señor, uno siempre y eternamente bueno, jamas habeis cesado de obrar bien.

Tambien es cierto que por beneficio de vuestra gracia algunas obras hay nuestras, que son buenas, mas no son eternas; pero esperamos que despues de emplearnos en estas obras, hemos de descansar en vuestra grande y eterna santificacion; pero Vos que sois aquel bien sumo, que no necesitais de ningun otro bien, siempre estais descansando y siempre quieto, porque vuestra quietud y descanso sois Vos mismo.

¿Pero quien de los hombres podrá dar á otro hombre la inteligencia de misterio tan grande? ¿Ni que ángel podrá dárselo á entender á otro ángel? ¿ni tampoco hacérselo entender á un hombre? Á Vos se os ha de pedir esta inteligencia, en Vos se ha de buscar, á vuestra puerta se ha de llamar para conseguirla; asi se nos dará, asi se hallará, asi se nos abrirá. Amen (1).

(1) Math. 27. 7.

Fin del libro XIII y último de las Confesiones del G. P. S. Agustin.

ÍNDICE

DE LOS CAPITULOS DEL TOMO SEGUNDO DE LAS CONFESIONES DEL GRAN PADRE SAN AGUSTIN.

LIBRO NOVENO.

CAP. I. *Reconociendo Agustino su miseria, alaba la suma bondad de Dios*.................. Pág. 3
II. *Dilata Agustino renunciar la cátedra de Retórica, hasta que llegasen las vacaciones del tiempo de la vendimia*.................. 7
III. *Como Verecundo le cedió á Agustino una casa de campo en que viviese, mientras llegaba el tiempo de recibir el bautismo*.................. 12
IV. *De los libros que escribió despues de retirado con todos los suyos á la dicha heredad de Casiciaco, de las cartas de Nebridio, efectos que esperimentaba leyendo los salmos; y cómo sanó milagrosamen-*

te de un vehementísimo dolor de dientes.. 18
V. *Consulta con San Ambrosio sobre qué libros sagrados le seria mas conveniente leer*........................... 32
VI. *Vuelve Agustino á Milan, y en compañía de Alipio y Adeodato recibe el sagrado bautismo*............... 33
VII. *Como en Milan comenzó la costumbre de cantarse himnos y salmos en la iglesia. Y como fueron hallados los cuerpos de los santos mártires Protasio y Gervasio*........ 37
VIII. *De la conversion de Evodio: de la muerte de su santa madre Mónica, y de la crianza y educacion que tuvo desde sus primeros años*.. 42
IX. *Continúa Agustino refiriendo las loables costumbres de su madre*..... 50
X. *Coloquio de Agustino con su madre acerca del reino de los cielos*... 57
XI. *Del éxtasis y muerte de su santa madre*.. 63
XII. *De como lloró la muerte de su madre*.. 67
XIII. *Ora Agustino á Dios por su difunta madre*.. 75

LIBRO DECIMO.

CAP. I. *Que en solo Dios halla un alma su esperanza y alegría......* 82
II. *Siendo claras y manifiestas á Dios las cosas mas ocultas, qué viene á ser lo que hace el hombre en confesarse á Dios..........................* 84
III. *Del fruto que sacaba de confesar á Dios el estado presente de su alma á distincion de lo que antes habia sido....................................* 86
IV. *Del grande fruto que esperaba hacer en los fieles con los libros de sus Confesiones...........................* 90
V. *Que el hombre no se conoce á sí mismo cabal y perfectamente.........* 95
VI. *Qué es lo que se ama cuando se ama á Dios, y cómo por las criaturas se llega á conocer al criador.* 97
VII. *Que ninguno puede hallar á Dios por medio de los sentidos corporales, ni de las potencias puramente sensitivas.......................* 104
VIII. *De la admirable virtud y facultad de la memoria....................* 105

IX. *Del lugar que tienen en la memoria las ciencias*........................ 113
X. *Las ciencias no entran á la memoria por ministerio de los sentidos; sino que salen de otro seno mas profundo de ella*.................. 115
XI. *Qué cosa sea aprender, hablando de las verdades que hallamos en nosotros mismos*...................... 117
XII. Del lugar que tienen en la memoria las ciencias matemáticas..... 119
XIII. Como la memoria es tan reflexiva, que con ella nos acordamos de habernos acordado...................... 121
XIV. Como tambien estan en la memoria las afecciones ó pasiones del ánimo.. 122
XV. Como tambien nos acordamos de las cosas que estan ausentes........ 126
XVI. Como tambien la memoria se acuerda del olvido..................... 128
XVII. Que no obstante ser tan grande la capacidad y virtud de la memoria, es necesario para hallar á Dios subir mas arriba de esta potencia.. 133
XVIII. Como no pudiera hallarse una

cosa perdida si no se conservara en la memoria 135
XIX. *Como vuelve á acordarse la memoria de lo que habia perdido ella misma* 137
XX. *Para desear la bienaventuranza, como todos los hombres la desean, es necesario que la conozcan* 140
XXI. *Del modo con que la bienaventuranza está en nuestra memoria* 144
XXII. *En qué consista la vida bienaventurada, y donde se ha de buscar* 148
XXIII. *Prosigue esplicando qué cosa sea la vida bienaventurada, y dónde se halla* 149
XXIV. *Se alegra Agustino de haber hallado á Dios dentro de su memoria* 153
XXV. *En qué grado de la memoria se halle á Dios* 154
XXVI. *Donde se halla á Dios* 156
XXVII. *Como la hermosura de Dios arrebata hácia sí al hombre* 157
XXVIII. *De las miserias de esta vida* 158
XXIX. *Que toda nuestra esperanza*

ha de ponerse en Dios........................ 160
XXX. *Confiesa Agustino el estado en que se hallaba en órden á las tentaciones libidinosas*........................ 162
XXXI. *Del estado en que se hallaba en órden á las tentaciones de la gula*........................ 167
XXXII. *Del estado en que se hallaba en órden á las tentaciones de los olores y fragrancias tocantes al olfato*........................ 177
XXXIII. *Del estado en que se hallaba en órden á los deleites tocantes al oido*........................ 178
XXXIV. *De cómo se hallaba en cuanto á los deleites de la vista*........................ 182
XXXV. *De cómo se hallaba en órden al segundo género de tentacion, que es el de la curiosidad*.... 190
XXXVI. *De cómo se hallaba en órden al tercer género de tentacion, que es el de la soberbia*........................ 198
XXXVII. *De cómo le movian las alabanzas de los hombres*........................ 203
XXXVIII. *Como la virtud tiene tambien peligro por la vanagloria*..... 211
XXXIX. *Epílogo de lo que ha trata-*

do en este libro.......................... 212
XL. *Como buscó á Dios dentro de sí mismo, y en todas las demas cosas*.......................... 216
XLI. *De tres géneros que hay de apetitos*.......................... 217
XLII. *Como algunos han recurrido infelizmente á los demonios, para que sirvieran de medianeros para convertirse los hombres á Dios*... 220

LIBRO UNDÉCIMO.

Cap. I. *Por qué le confesamos á Dios nuestras acciones, sabiéndolas su Magestad antes que se las confesemos*.......................... 225
II. *Pide á Dios muy fervorosamente la inteligencia de la sagrada Escritura*.......................... 228
III. *Que no se puede entender sin ilustracion divina, lo que Moises dejó escrito de la creacion del cielo y de la tierra*.......................... 237
IV. *Las criaturas claman que Dios es su hacedor*.......................... 239
V. *Que el mundo fue hecho de nada*.. 240

ha de ponerse en Dios......
XXX. *Confiesa Agustino el*
que se hallaba en órden
ciones libidinosas......
XXXI. *Del estado e*
en órden á las
gula..........
XXXII. *Del e*
ba en órd
los olor
al olfa
XXXIII 252
ba ...*nta antece-*
a' ... *eternidad de Dios*
XV ... *las diferencias que el*
...*po*.. 253
...I. *Qué hacia Dios antes de la*
creacion del mundo........................ 255
XIII. *Que antes de que Dios criase*
los tiempos, ningun tiempo habia. 257
XIV. *Que son tres las diferencias del*
tiempo... 260
XV. *En qué consiste la medida del*
tiempo.. 261
XVI. *Cual tiempo pueda medirse, y*
cual no.. 267
XVII. *Dónde estan los tiempos pa-*

Indice. 513
libro.................. 212
...ó á Dios dentro de sí
todas las demas
.... 216
que hay de
recurrido
.... 217
para

do y futuro........................ 268
Cómo los tiempos pasado y
sean presentes...................... 269
sa que no alcanza el mo
Dios enseña las cosas
.... 273
de nombrar las di
tiempos.............. 274
dirse el tiempo. 276
le enseñe la
na.............. 278
el tiempo............ 280
tiempo es con lo que me
mos el movimiento de los cuerpos. 285
XXV. Vuelve á pedir á Dios que le ilumine.. 287
XXVI. De qué modo medimos el tiempo.. 288
XXVII. Cómo medimos el tiempo que queda en nuestra mente.................. 291
XXVIII. Con el alma medimos los tiempos.. 297
XXIX. Como antes estuvo dividido en muchas cosas temporales, ya desea y pide fervorosamente ser unido y reunido á solo Dios.......... 300
XXX. Vuelve á redargüir á los que

VI. *Cual fué la palabra con que dijo Dios que se hiciese el mundo..* 243
VII. *La palabra divina es coeterna á Dios......................................* 246
VIII. *La palabra de Dios es el principio por donde se nos enseña toda verdad..* 247
IX. *Como la palabra de Dios nos habla al corazon..............................* 249
X. *Error de los que preguntan, qué hacia Dios antes que criase el cielo y la tierra..........................* 252
XI. *Responde á la pregunta antecedente, que la eternidad de Dios no tiene las diferencias que el tiempo..* 253
XII. *Qué hacia Dios antes de la creacion del mundo..........................* 255
XIII. *Que antes de que Dios criase los tiempos, ningun tiempo habia.* 257
XIV. *Que son tres las diferencias del tiempo...* 260
XV. *En qué consiste la medida del tiempo..* 261
XVI. *Cual tiempo pueda medirse, y cual no..* 267
XVII. *Dónde estan los tiempos pa-*

sado y futuro........................ 268
XVIII. *Cómo los tiempos pasado y futuro sean presentes*........................ 269
XIX. *Confiesa que no alcanza el modo con que Dios enseña las cosas futuras*........................ 273
XX. *Como se han de nombrar las diferencias de los tiempos*........................ 274
XXI *Cómo pueda medirse el tiempo*. 276
XXII. *Pide á Dios que le enseñe la solucion de este enigma*........................ 278
XXIII. *Qué sea el tiempo*........................ 280
XXIV. *El tiempo es con lo que medimos el movimiento de los cuerpos*. 285
XXV. *Vuelve á pedir á Dios que le ilumine*........................ 287
XXVI. *De qué modo medimos el tiempo*........................ 288
XXVII. *Cómo medimos el tiempo que queda en nuestra mente*........................ 291
XXVIII. *Con el alma medimos los tiempos*........................ 297
XXIX. *Como antes estuvo dividido en muchas cosas temporales, ya desea y pide fervorosamente ser unido y reunido á solo Dios*........................ 300
XXX. *Vuelve á redargüir á los que*

hacian aquella pregunta: qué hacia Dios antes de la creacion del mundo.................................... 302
XXXI. *Cómo conoce Dios, y cómo las criaturas*.................................... 304

LIBRO DUODÉCIMO.

Cap. I. *Dificultad que hay en hallar la verdad*.................................... 307
II. *De dos modos que hay de entender el cielo y la tierra*.................... 309
III. *Qué signifiquen las tinieblas sobre el abismo*.................................... 310
IV. *Qué significa la tierra invisible y sin compostura*.................................... 311
V. *Cómo concebia antes la materia informe, y cómo despues*.................... 313
VI. *De la nada hizo Dios la materia del cielo y de la tierra*.................... 317
VII. *De la nada hizo Dios el cielo, esto es, los ángeles; y la tierra tambien, esto es, la materia informe*.................................... 319
VIII. *La materia informe fue hecha de la nada, y de ella fueron hechas todas las cosas visibles*.................... 322

IX. *Por qué sin hacer mencion de dias, se dice en la Escritura que hizo Dios el cielo y la tierra*....... 323
X. *Esplica los deseos que tiene de que Dios le enseñe y le ilumine*.... 327
XI. *Confiesa lo que ha aprendido por ilustracion de Dios*.................... 330
XII. *De dos clases de criaturas que no se sugetan al tiempo*.............. 332
XIII. *Por qué sin nombrar los dias refiere la Escritura, que en el principio crió Dios el cielo y la tierra*. 334
XIV. *Que la creacion del mundo no fue efecto de una voluntad nueva en Dios: y de lo que une intimamente los ángeles á Dios*....... 336
XV. *No quiere disputar con los que contradicen á la verdad divina*..... 344
XVI. *Que con los nombres de cielo y tierra se pueden significar muy diferentes cosas*......................... 347
XVII. *Qué error pueda haber acerca de la Escritura que no sea perjudicial*.................................... 351
XVIII. *Cuales son en esta materia las sentencias ciertamente verdaderas*... 354

XIX. *Que las palabras del Génesis:* En el principio crió Dios &c., *se pueden entender de varios modos*.......... 356
XX. *Las palabras del Génesis:* La tierra era invisible &c., *se pueden entender de diversos modos*........ 359
XXI. No *hay repugnancia alguna en que el libro del Génesis no refiera algunas de las cosas que ha criado* Dios.......... 362
XXII. Dos *géneros de cuestiones que puede haber en la interpretacion de las Escrituras*.......... 366
XXIII. No *se debe afirmar con certeza entre muchos sentidos verdaderos, que este ó aquel determinadamente fue el que Móises intentó*.......... 368
XXIV. *Contra aquellos que desechan temerariamente el modo que otros tienen de interpretar la Escritura*.. 370
XXV. *Qué lenguage corresponda á la sagrada Escritura*.......... 375
XXVI. *Que es conveniente el estilo sencillo y llano de la sagrada Escritura*.......... 377

XXVII. *Que la Escritura se entiende de diversos modos por los mismos que estan versados en ella....* 380

XXVIII. *De cuantos modos pueda decirse que una cosa es primero que otra.......................................* 384

XXIX. *Que los que tratan de la Escritura, aunque lleven diversas sentencias, deben unirse en la caridad y en el deseo de acertar con la verdad.......................................* 389

XXX. *Cómo debe juzgarse que Moises sintió todo lo que en sus palabras se encuentra de verdad......* 392

XXXI. *Que los sentidos verdaderos de la Escritura son revelados por el Espíritu Santo..........................* 393

LIBRO DÉCIMO TERCIO.

Cap. I. *Invoca á Dios, de quien se reconoce favorecido.......................* 396

II. *Que las criaturas subsisten por la bondad de Dios, y por la misma se perfeccionan.......................* 398

III. *De la creacion y perfeccion de la naturaleza angélica, entendida en*

las palabras, hágase la luz, y fue hecha la luz........................ 402
IV. *Dios, sin necesitar de sus criaturas, las produjo por su bondad, y las perfeccionó para que le agradaran*........................ 403
V. *El misterio de la Trinidad, que es Dios, se descubre en las primeras palabras del Génesis*........ 405
VI. *Por qué se dice en el Génesis, que el Espíritu Santo era llevado sobre las aguas*........................ 407
VII. *De los efectos del Espíritu Santo*........................ 408
VIII. *Cómo á la naturaleza intelectual ninguna cosa que sea menos que Dios, la basta para su felicidad*........................ 410
IX. *Por qué de solo el Espíritu Santo se dice que era llevado sobre las aguas*........................ 413
X. *Cómo los ángeles se hicieron luz, y cómo hubieran sido tinieblas*.... 416
XI. *Que en el hombre se hallan algunos símbolos del misterio de la Santísima Trinidad*........................ 417
XII. *La creacion del mundo es una*

imágen de la formacion de la Iglesia.. 420
XIII. *Que no es perfecta la renovacion del hombre mientras está en esta vida*.. 422
XIV. *Que recibimos fortaleza con la fe y con la esperanza*........................ 425
XV. *Qué se entienda por el firmamento y las aguas superiores*........ 428
XVI. *Solo Dios se conoce á sí mismo perfectamente como es*........................ 434
XVII. *Qué deba entenderse por la congregacion de las aguas, qué por el mar y qué por la tierra árida*... 435
XVIII. *Cuáles son los luminares que dividen el dia de la noche*.......... 438
XIX. *Prosigue tratando de los mismos luminares*........................ 443
XX. *Qué se entiende por los animales volátiles, y qué por los que andan arrastrando*.. 448
XXI. *Qué se entiende por producir las aguas almas vivientes*.......... 452
XXII. *Por qué el hombre fue hecho á imágen y semejanza de Dios*.... 458
XXIII. *Qué quiere decir que el hombre presida á los peces del mar,*

y á quienes juzgue el *cristiano*..... 461
XXIV. *De la bendicion que Dios echó á los animales, diciendo: creced y multiplicaos sobre la tierra*......... 468
XXV. *Que Dios señaló al hombre para su alimento todas las yerbas y plantas*.................................. 474
XXVI. *El deleite y el provecho que debe causar el beneficio hecho á nuestro prógimo*...................... 477
XXVII. *Qué se signifique por los peces y cetáceos*.......................... 483
XXVIII. *Como Dios vió todas las criaturas juntas, y halló que eran en sumo grado buenas*.................. 484
XXIX. *Como se deba entender que Dios vió ocho veces que sus obras eran buenas*.......................... 485
XXX. *Delirio de los maniqueos*........ 487
XXXI. *Que á los buenos agrada lo que agrada á Dios*.................... 489
XXXII. *Refiere en compendio las obras de Dios*.............................. 492
XXXIII. *Que todas las cosas las crió Dios de la nada, ó de la materia concreada con las mismas cosas*.... 496
XXXIV. *Esposicion alegórica de toda*

la creacion del mundo.................. 497
XXXV. *Desea y pide el Santo Doctor aquella paz eterna que se sigue al sesto dia*.................................. 502
XXXVI. *Porque al séptimo dia no se sigue noche*.................................. 503
XXXVII. *Cuándo se verificará que Dios descanse en nosotros*............. 504
XXXVIII. *De diversos modos ven las cosas criadas Dios y los hombres*.. 505

ERRATAS.

Pág.	*Lin.*	*Dice.*	*Léase.*
53..	10	esperer.....	esperar
63..	5	esparar.....	esperar
164..	18	cierta...	cierra.
243..	8	vuestras....	vuestra
290..	24	tiempa.....	tiempo
373..	4	las......	la
387..	1 y 2	tatablas. ...	tablas
425..	4	Tambian...	Tambien
479..	23	srive..	sirve
497..	2	medir.......	mediar

CATÁLOGO

de las obras que se hallan venales en la portería de San Felipe el Real, convento de PP. Agustinos de Madrid.

La España Sagrada, que se está continuando de órden del Rey nuestro Señor (que Dios guarde): 43 tomos en cuarto. Se daran sueltos.

Clave Historial, corregida y añadida: un tomo en cuarto. Decima sesta edicion, con el mapa de las batallas de los romanos.

Clave Geográfica: un tomo en octavo.

História de la ciudad de Leon: dos tomos en cuarto.

La Cantabria: un tomo en cuarto.

Vindicacion de la Cantabria: un tomo en cuarto.

Reinas Católicas, sin retraros: dos tomos en cuarto.

Viage Santo de Ambrosio de Morales: un tomo en folio menor.

Profesion cristiana, por el P. M. Risco: un tomo en cuarto.

Historia y Vida del Cid, por el mismo: un tomo en cuarto.

La Regla de N. P. S. Agustin, con una breve declaracion de algunos lugares que la necesitan, por el V. P. Fr. Alonso de Orozco.

Vida de N. P. S. Agustin, por el M. Gante: un tomo en cuarto.

Los cuatro libros de la *Doctrina Cristiana* de San Agustin, traducidos al castellano por el M. Cevallos: dos tomos en octavo.

Confesiones de N. P. S. Agustin, traducidas al castellano por el P. M. Ceballos: dos tomos en octavo.

Meditaciones, Soliloquios y Manual, del mismo: un tomo en octavo.

Suspiros de San Agustin, hallados en la Biblioteca Vaticana, traducidos por el Ilmo. Sr. Avila: un tomo en dozavo.

El Alma de San Agustin, colegida de sus confesiones, por la condesa de Argil, y dedicada á la Ser.ma Sra. Infanta de España Doña Isabel Clara Eugenia: un tomo en octavo.

Varios Sermones del mismo Santo, traducidos por el Dr. D. Manuel Rosell, canónigo de la Real iglesia de S. Isidro: dos tomos en octavo.

Oficio de la octava de San Agustin: un tomo en dozavo.

Ceremonial de la órden de S. Agustin: un tomo en cuarto.

Manual de la misma: un tomo en cuarto.

Vida de Santo Tomas de Villanueva, por el M. Salón: un tomo en cuarto.

Obras del V. P. Fr. Alonso de Orozco, 7 tomos en folio, que contienen sermones de las dominicas y fiestas del año, y muchos tratados de piedad.

Coleccion de las obras castellanas del M. Fr. Luis de Leon: 6 tomos en octavo mayor.

Traduccion y esplicacion parafrástica de los Salmos y Cánticos Sagrados, en verso castellano con notas de los Santos Padres: obra de un anónimo del siglo XVI, y dada ahora á luz: 3 tomos en octavo mayor.

Trabajos de Jesus, por el V. P. Fr Tomé de Jesus: 4 tomos en octavo manuales.

S. Augustini Opuscula, quibus institutio universæ theologiæ comprenditur, in usum candidatorum theologiæ: 7 tomos en octavo mayor.

S. Beati Presbyteri Lebaniensis Commentaria in Apocalipsin: un tomo en cuarto.

Frat. Laurentii Berti de Theologicis Disciplinis. Compendium à P. Butio: cuatro tomos en octavo mayor.

Guerrero: *Theologia Moralis Augustiniana*: tres tomos en folio menor.

Del mismo: *Egercicios espirituales*: un tomo en octavo.

Villavicencio: *De formando studio theologiæ*: un tomo en cuarto.

El mismo: *De formandis sacris concionibus*, con la célebre oracion latina de Fr. Brandolino Lippo: un tomo en cuarto.

Gobierno del hombre por la razon: dos tomos en un volúmen en cuarto.

Carta de S. Leon el Grande sobre la humildad, traducida al castellano: un tomo en octavo.

Cliquet: *Opusculo moral*, sobre los casos reservados, con el *juicio dogmático* de los fracmasones: un tomo en cuarto.

Defensa de la Aparicion de San Isidro Labrador, por el Doctor Rosell: un tomo en cuarto.

Deberes del cristiano en tiempo de persecucion: un tomo en octavo.

Manual Cristiano, con las epístolas y evangelios, y varias oraciones para celebrar las principales fiestas del año: un tomo en octavo.

La Paráfrasis del Cantar de Cantares de Salomon, en varios géneros de verso castellano, por el Doctor Benito Arias Montano: un cuadernito.

Política Religiosa: Carta de un padre á su hijo: un cuaderno.

Elogio fúnebre del Marques de la Romana, por el M. Villaroig.

Del mismo: *Oratio funebris* in laudem Francisci Perezii Bayer.

Varias estampas del Santo Cristo de Burgos, de N. P. S. Agustin, Santa Rita, Santa Clara de Monte-falco, y del V. Padre Orozco.